VERLAG
ÖSTERREICH

Eberhard • Holoubek • Kröll
Krönke • Lienbacher • Pabel
Polzin • Storr • Vranes

Europäisches und öffentliches Wirtschaftsrecht I

13. Auflage

2021

Lehrbuch

VERLAG
ÖSTERREICH

Univ.-Prof. Dr. Harald Eberhard
Univ.-Prof. Dr. Michael Holoubek
az. Prof. Dr. Thomas Kröll
Univ.-Prof. Dr. Christoph Krönke
Univ.-Prof. Dr. Georg Lienbacher
Univ.-Prof. Dr. Katharina Pabel
Univ.-Prof. Dr. Monika Polzin, LL.M. (NYU)
Univ.-Prof. Dr. Stefan Storr
Univ.-Prof. Dr. Erich Vranes, LL.M.

Institut für Österreichisches und Europäisches Öffentliches Recht,
Institut für Europarecht und Internationales Recht,
Wirtschaftsuniversität Wien

www.verlagoesterreich.at
Gedruckt in Ungarn

Satz: Susanne Karner, Wien
Druck und Bindung: Prime Rate Kft., 1044 Budapest, Ungarn

Gedruckt auf säurefreiem, chlorfrei gebleichtem Papier

Bibliografische Information der Deutschen Nationalbibliothek

Die Deutsche Nationalbibliothek verzeichnet diese Publikation
in der Deutschen Nationalbibliografie; detaillierte bibliografische Daten
sind im Internet über http://dnb.d-nb.de abrufbar.

ISBN 978-3-7046-8032-7 12. Aufl Verlag Österreich
ISBN 978-3-7046-8780-7 13. Aufl Verlag Österreich

Vorwort

„Europäisches und öffentliches Wirtschaftsrecht I“ oder kurz „EÖR I“ ist eine seit Jahren bewährte einführende Lehr- und Lernunterlage. Sie will Studierende, die am Beginn ihres wirtschafts- und sozialwissenschaftlichen Studiums stehen, in den Gegenstand „Europäisches und öffentliches Wirtschaftsrecht“ einführen und ihnen die Problemstellungen, Grundstrukturen und wissenschaftlichen „Denkweisen“ des öffentlichen Rechts und des Europarechts näherbringen. Sie ist Teil eines umfassenden Konzepts der Studieneingangsphase an der Wirtschaftsuniversität (WU), die den Studierenden an einer Großuniversität leichtere Orientierung und Hilfestellung insbesondere auch bei der Entscheidung über die künftige Studienausrichtung bieten soll. In diesem Sinn bildet das Fach EÖR I den „juristischen Kompass“ in der Studieneingangsphase und führt dabei in die Grundsatzfragen und Kerngebiete des öffentlichen Wirtschaftsrechts einschließlich seiner unionsrechtlichen Grundlagen ein. Zu diesem Konzept gehören das Angebot eines organisierten Studienprogramms in dieser Eingangsphase und eine in dieser Art einmalige Unterstützung der Lehr- und Lernprozesse durch e-Learning.

Didaktisch verfolgt der Lehrbehelf, der im bewährten Lehrbuchformat des Verlag Österreich erscheint, den Ansatz, die im Rahmen eines unverzichtbaren „common body of knowledge“ erforderlichen Einblicke in das österreichische und europäische öffentliche Wirtschaftsrecht als notwendige Rahmenbedingungen wirtschaftlichen Handelns aus einer integrativen Sichtweise sowohl des europäischen und des innerstaatlichen als auch des materiellen und des formellen Rechts zu geben. Der Einstieg erfolgt über die Darstellung der Grundstrukturen der nationalen Rechtsordnung. Anhand von Fällen und zahlreichen kleinen Beispielen sollen die Bedeutung öffentlich-rechtlicher Rahmenbedingungen für die Wirtschaft, die Zielsetzungen und Instrumente der Wirtschaftsregulierung sowie die grundsätzlichen Regelungsanliegen des europäischen und staatlichen Wirtschaftsrechts in ihrem Zusammenwirken vom konkreten Anwendungsfall her vermittelt werden. Auf diese Weise sollen die Studierenden zu einem Systemüberblick über das europäische und innerstaatliche öffentliche Recht hingeführt werden.

Geübt und überprüft werden kann das im vorliegenden Lehrbuch vermittelte Wissen an der WU mit Hilfe der e-Learning Plattform learn@WU, die den Wissenserwerb über Lehrveranstaltung und Lehrunterlage begleitet. Die dadurch ermöglichte telematische Lernfortschrittskontrolle ist – ebenso wie Lecturecasts und Vortragsfolien zum Lehrbehelf, Musterklausuren und Self Assessments sowie das betreute Forum – über die Lernplattform der WU abrufbar: http://learn.wu.ac.at.

Wir freuen uns, *Christoph Krönke*, *Katharina Pabel*, *Monika Polzin* und *Stefan Storr* im Kreis der für diesen Lehrbehelf Verantwortlichen begrüßen zu dürfen. *Christoph Grabenwarte*r danken wir für seine Mitarbeit an den bisherigen Auflagen. Wie die früheren ist auch die vorliegende Auflage das Ergebnis kontinuierlicher Anstrengungen einer Vielzahl von Mitarbeiterinnen und Mitarbeitern des Instituts für Österreichisches und Europäisches Öffentliches Recht sowie des Instituts für Europarecht und Internationales Recht der WU. Allen früheren und gegenwärtigen Mitarbeiterinnen und Mitarbeitern der beiden beteiligten Institute, die die einzelnen Abschnitte dieses Lehrbehelfs im Laufe der bisherigen Auflagen wesentlich gestaltet, überarbeitet und damit das Gesamtprojekt tatkräftig unterstützt und auch mitgeprägt haben, sind wir zu großem Dank verpflichtet. Um die vorliegende Auflage haben sich in diesem Sinn insbesondere *Theresa Höfinger, Alice Lea Nikolay, Maximilian Ponader, Felix Reimann, Stephan Reisenberger, Stephanie Szenkurök, Sarah Werderitsch* und *Sophia Witz* verdient gemacht. *Sebastian Lendl, Sophie Praniess, Valentina Pschorn* und *Elissa Tschachler* haben die aufwendige Gesamtkoordination der Neuauflage übernommen, wofür ihnen unser herzlicher Dank gebührt.

Wien, im Juni 2021

Harald Eberhard *Michael Holoubek* *Thomas Kröll*
Christoph Krönke *Georg Lienbacher* *Katharina Pabel*
Monika Polzin *Stefan Storr* *Erich Vranes*

Inhaltsverzeichnis

Lektion 1
Innerstaatliches Organisationsrecht

Lektion 3
Grundrechte der Wirtschaft

Lektion 4
Binnenmarktrecht

Lektion 6
Betriebsanlagenrecht und Baurecht

Lektion 7
Verwaltungsverfahren und nationaler Rechtsschutz

Lektion 1

Innerstaatliches Organisationsrecht

Der eigenmächtige Gemeinderat

In Großkleinstadt ticken die Uhren noch anders. In diesem malerischen Städtchen hält man von der modernen Konsumgesellschaft nicht viel. Der Gemeinderat will sich von den „Ignoranten" im Nationalrat und im Landtag distanzieren und seine eigene Wirtschaftspolitik betreiben.

Der Gemeinderat beschließt daher ein „Gesetz, das die Ausübung von Gewerben in Großkleinstadt regelt" und veröffentlicht es in der Gemeindezeitung Nr 6/2021.

Unter anderem findet sich in diesem Gesetz die Bestimmung, dass der bzw die Bgm die Gewerbebehörde erster Instanz ist. Gewerbebehörde zweiter und letzter Instanz ist der Gemeinderat. Weiters ist festgelegt, dass die Gewerbebehörde für die Entscheidung zuständig ist, welche Waren zu welchen Preisen in den Geschäften von Großkleinstadt verkauft werden dürfen und dass auf Warenlieferungen, die von außerhalb kommen, Zölle eingehoben werden. Schließlich ist ausdrücklich festgelegt, dass nur diese von der Gemeinde festgelegte „Gewerbeordnung" gelten soll und keine andere.

Sie betreiben in Großkleinstadt eine kleine Modeboutique. Die Gewerbebehörde verbietet Ihnen, die von Ihnen eigens aus Paris eingeführte *Haute Couture* zu verkaufen. Für alle weiteren Kleidungsstücke legt die Gewerbebehörde die Preise fest. Ist diese Vorgehensweise der Gewerbebehörde rechtmäßig?

Die zentralen Fragen dieses Kapitels sind:

- Wer übt in Österreich die Staatsgewalt aus?
- Was ist ein Gesetz und wer darf Gesetze erlassen?
- Welche Grenzen sind der Gesetzgebung gesteckt?
- Wer übt die Vollziehung in Österreich aus?

I. Die Staatsgewalt

Unter Staatsgewalt sind jene Einrichtungen und Handlungsformen zu verstehen, die dem Staat zur Erreichung seiner Aufgaben zur Verfügung stehen. Die Bestimmungen über die Staatsgewalt regeln, wer im Staat auf welche Weise allgemein verbindliche Vorgaben erlassen und durchsetzen kann. Die Staatsgewalt zerfällt in die Gesetzgebung (Legislative) und die Vollziehung. Die Vollziehung unterteilt sich wiederum in die Verwaltung (Exekutive) und in die Gerichtsbarkeit (Judikative). Diese drei Gewalten finden sich in jedem Staatswesen. Je nachdem, auf wen die Ausübung der Staatsgewalt zurückzuführen ist, werden die Staatsformen unterschieden. Von einer Diktatur spricht man etwa, wenn die gesamte Staatsgewalt in der Hand einer Person monopolisiert wird. Von einer Demokratie spricht man, wenn die Staatsgewalt letztlich (unmittelbar oder mittelbar) vom Volk ausgeht.

In einem demokratischen Bundesstaat wie Österreich geht die Staatsgewalt zwar letztlich vermittelt über die parlamentarische Willensbildung vom Volk aus, sie ist aber zunächst auf die Gebietskörperschaften Bund und Länder aufgeteilt. Wesentlich in einer bundesstaatlichen Struktur ist, dass sowohl der Bund als auch die Gliedstaaten (Bundesländer) Anteil an allen drei Staatsgewalten haben. Darüber hinaus haben auch andere juristische Personen des öffentlichen Rechts, wie etwa Selbstverwaltungskörper (zB die als Gebietskörperschaften eingerichteten Gemeinden oder die Kammern und die Sozialversicherungsträger), beschränkten Anteil an der Staatsgewalt Verwaltung. Ihnen kommen aber keine Aufgaben im Bereich der Gesetzgebung und der Gerichtsbarkeit zu. Österreich besteht aus neun Bundesländern, die sich in Bezirke und in Gemeinden gliedern.

Auf den Ebenen der Gesetzgebung und der Gerichtsbarkeit werden der Bund und die Länder, auf der Ebene der Verwaltung der Bund, die Länder, die Gemeinden und andere Selbstverwaltungskörper tätig.

II. Die drei Gebietskörperschaften

Eine Gebietskörperschaft ist eine juristische Person des öffentlichen Rechts. Gebietskörperschaften werden als „Personengesamtheiten“ bezeichnet, weil sie alle Personen erfassen, die in einer örtlichen Beziehung (zB Wohnsitz, Aufenthalt) zu einem bestimmten geografischen Gebiet stehen. Diese Körperschaften werden durch Verfassungsgesetz eingerichtet, haben Hoheitsgewalt und sind Träger von Rechten und Pflichten. Als Gebietskörperschaften sind der Bund, die Länder und die Gemeinden zu qualifizieren. Bezirke sind keine Gebietskörperschaften, sondern nur Verwaltungssprengel, also organisatorische Einteilungen des Staatsgebiets ohne eigene Rechtspersönlichkeit.

A. Bund

Der Bund als größte Gebietskörperschaft umfasst das gesamte Gebiet der Republik Österreich. Die Gesetzgebungsorgane des Bundes sind der Nationalrat (NR) und der Bundesrat (BR). Bundesregierung (BReg), Bundesminister (BM) und Bundespräsident (BPräs) sind die obersten Verwaltungsorgane. Die Höchstgerichte (Verfassungsgerichtshof [VfGH], Verwaltungsgerichtshof [VwGH], Oberster Gerichtshof [OGH]) sind als nebeneinanderstehende, gleichberechtigte Höchstgerichte Kontrollinstanzen für Gesetzgebung, Verwaltung und Gerichtsbarkeit.

B. Länder

Nach der Kompetenzverteilung der Art 10 bis 15 B-VG (und weiteren Kompetenzbestimmungen, die in der Rechtsordnung verstreut sind) ist die Staatsgewalt, also Gesetzgebung und Vollziehung, zwischen Bund und Ländern geteilt. Die Gesetzgebungsorgane der Länder sind die Landtage. Die höchsten Verwaltungsorgane sind die LReg (bestehend aus den Landesräten unter dem Vorsitz des LH) und die einzelnen Mitglieder der LReg. Durch die Landesverwaltungsgerichte (LVwG) haben die Länder auch Anteil an der Staatsfunktion Gerichtsbarkeit.

C. Gemeinden

Die Gemeinde ist gem Art 116 Abs 1 Satz 2 B-VG Gebietskörperschaft mit (1) dem Recht auf Selbstverwaltung (im eigenen Wirkungsbereich, vgl Art 118 B-VG) und zugleich (2) Verwaltungssprengel (soweit sie im übertragenen Wirkungsbereich als unterste Behörde der Bundes- oder Landesverwaltung fungiert, vgl Art 119 B-VG). Den Gemeinden sind daher bestimmte Angelegenheiten der Verwaltung als Teil der Staatsgewalt übertragen. Ihnen kommen allerdings keine Gesetzgebungskompetenzen und auch keine Kompetenz in der Gerichtsbarkeit zu. Die Gemeinden nehmen nur Aufgaben der Verwaltung wahr. Organe der Gemeinde sind gem Art 117 B-VG der Bgm, der Gemeindevorstand (oder Stadtsenat) und der Gemeinderat.

Für den eingangs geschilderten Fall ergeben sich deswegen Zweifel an der Rechtmäßigkeit des Handelns der Gewerbebehörde. Der Gemeinderat von Großkleinstadt ist kein Gesetzgebungsorgan und kann somit gar keine „Gesetze" erlassen. Das in der Gemeindezeitung Nr 6/2021 veröffentlichte „Gesetz" als Handlungsgrundlage der Gewerbebehörde ist daher gar kein Gesetz, weil es nicht von einer gesetzgebenden Körperschaft erlassen wurde.

III. Verfassungsrechtliche Grundlagen

A. Die österreichische Bundesverfassung

1. Allgemeines

Das Stammgesetz der österreichischen Bundesverfassung ist das Bundes-Verfassungsgesetz (B-VG vom 1. Oktober 1920 idF BGBl I 2/2021). Verfassungsrecht bezeichnet in Österreich jedoch nicht eine Verfassungsurkunde, in der alle Verfassungsbestimmungen enthalten sind und in die neue Verfassungsbestimmungen aufgenommen werden müssen (es besteht kein sog Inkorporationsgebot, wie zB in Deutschland). Vielmehr versteht man unter Verfassungsrecht in Österreich die besondere Qualität, die einer Regelung aufgrund der erschwerten Bedingungen, die zu ihrer Erzeugung erforderlich sind, zukommt. Der Grund für diese – im Vergleich zu sonstigen Gesetzen – erhöhten Erzeugungsanforderungen liegt darin, dass Verfassungsrecht (jedenfalls seiner konzeptionellen Ausrichtung nach) die Rechtserzeugungsregeln und damit die Grundlagen und Grundsätze des staatlichen Handelns festlegt, die gleichsam auch als Handlungsanleitung für das gesellschaftliche Zusammenleben verstanden werden können. Verfassungsbestimmungen finden sich nicht nur im B-VG. Unter diesen „sonstigen Bestimmungen" des Bundesverfassungsrechts sind zahlreiche einzelne spezifische Bundesverfassungsgesetze (BVG) wie etwa die Grundrechtskataloge der österreichischen Rechtsordnung – das Staatsgrundgesetz aus dem Jahr 1867 (StGG) und die Europäische Menschenrechtskonvention (EMRK) oder zB das BVG über den Schutz der persönlichen Freiheit – ebenso zu verstehen, wie die vielen Verfassungsbestimmungen in „einfachen" Gesetzen (zB § 103 Abs 2 Kraftfahrgesetz, in dem lediglich der letzte Satz als Verfassungsbestimmung bezeichnet ist).

Die Bundesverfassung enthält die Grundregeln für das Funktionieren des (österreichischen) Staates, man spricht auch von „Spielregeln" und von der Bundesverfassung als „Spielregelverfassung". Freilich gibt es auch einzelne Verfassungsbestimmungen, die die Durchbrechung von verfassungsrechtlichen Grundregeln absichern. In der Bundesverfassung ist bspw geregelt: Österreich ist eine demokratische Republik (Art 1 B-VG). Sie besteht aus neun Bundesländern. Der NR, der BR und die Landtage sind die gesetzgebenden

Organe. Weiters ist bestimmt, wie Recht zu erzeugen ist (Normerzeugungsregeln), wer die obersten Staatsorgane sind und wie diese eingerichtet werden, welche Grundrechte gewährt werden etc.

Aufgrund dieser Leitfunktion und ihrer erschwerten Abänderbarkeit kommt den Verfassungsbestimmungen innerhalb der Rechtsordnung ein besonderer Rang zu. Für eine Änderung der Bundesverfassung oder die Erlassung neuen Bundesverfassungsrechts bedarf es der Anwesenheit mindestens der Hälfte der Abgeordneten zum NR (Präsenzquorum) und der Zustimmung von zwei Dritteln dieser anwesenden Abgeordneten (Konsensquorum). Weiters sind Verfassungsbestimmungen ausdrücklich als solche zu bezeichnen (siehe zB § 103 Abs 2 letzter Satz Kraftfahrgesetz). Auch wenn Verfassungsbestimmungen idR Grundsätzliches über das Funktionieren des Staates enthalten, kommt es in Österreich für den Verfassungsrang einer Bestimmung nicht auf deren Inhalt an. Maßgeblich ist einzig und allein, dass sie als Verfassungsbestimmung (erhöhte Präsenz- und Konsensquoren und Bezeichnung als Verfassungsgesetz) erzeugt wurde, unabhängig davon, welchen Inhalt diese Verfassungsbestimmung hat.

Gegenüberstellung Erzeugungsregeln von Gesetzen im NR

• **einfaches Gesetz**	• **Verfassungsgesetz**
– Anwesenheit von mind einem Drittel der Abgeordneten	– Anwesenheit von mind der Hälfte der Abgeordneten
– Zustimmung der Mehrheit der anwesenden Abgeordneten	– Zustimmung von zwei Dritteln der anwesenden Abgeordneten
	– ausdrückliche Bezeichnung als Verfassungsgesetz oder -bestimmung

2. Grundprinzipien der österreichischen Bundesverfassung

Aus der Gesamtheit der Verfassungsrechtsordnung werden sog Grundprinzipien (Baugesetze) der Bundesverfassung abgeleitet, die nur im Wege einer Gesamtänderung der Bundesverfassung mit einem erschwerten Verfahren nach Art 44 Abs 3 B-VG abgeändert werden können. Neben dem herkömmlichen Verfahren für die Erzeugung von Verfassungsrecht bedarf es zusätzlich einer obligatorischen Volksabstimmung, die nach dem Abschluss des Verfahrens in NR und BR und vor der Beurkundung durch den BPräs durchzuführen ist. Als Grundprinzipien (Baugesetze) der Bundesverfassung gelten das demokratische, das republikanische, das bundesstaatliche und das rechtsstaatliche Prinzip, das verschiedentlich auch noch in ein gewaltenteilendes und ein liberales Prinzip unterteilt wird. Diese Grundprinzipien (Baugesetze) sind als solche nicht ausdrücklich formuliert oder gekennzeichnet, sondern ergeben sich aus dem Gesamtzusammenhang der Bundesverfassung. Sie sind als tragende Grundsätze der österreichischen Rechts- und Wertegemeinschaft und aufgrund der erschwerten Erzeugungsbedingungen die höchsten Normen innerhalb der österreichischen Rechtsordnung. Alle anderen Bestimmungen, also auch „normales" Verfassungsrecht, müssen ihnen entsprechen. Widersprechende Bestimmungen kann der VfGH im Wege der bei ihm monopolisierten Gesetzesprüfung aufheben. Die österreichische Bundesverfassung kennt keine „Ewigkeitsgarantien", dh unabänderliches Verfassungsrecht, wie es zB in Art 79 des deutschen Grundgesetzes festgelegt ist. Eine Gesamtänderung der Bundesverfassung war der Beitritt Österreichs zur Europäischen Union (EU) am 1. Jänner 1995. Dieser wurde durch das Beitritts-Bundesverfassungsgesetz bewerkstelligt, das im Verfahren für die Gesamtänderung, also mit obligatorischer Volksabstimmung, beschlossen wurde. Dieses Bundesverfassungsgesetz hat im Zusammenhang mit dem EU-Beitrittsvertrag mehrere Grundprinzipien der Bundesverfassung wesentlich abgeändert und ist bislang die einzige Gesamtänderung, die das Bundesverfassungsrecht in Österreich seit 1920 erfahren hat.

a. Demokratisches Prinzip

Art 1 B-VG bestimmt programmatisch: „Österreich ist eine demokratische Republik. Ihr Recht geht vom Volk aus." Die konkrete verfassungsrechtliche Ausgestaltung der Demokratie ergibt sich insb aus den Bestimmungen des B-VG über die Gesetzgebung auf Bundes- und Landesebene (zB Art 26 – Wahl des NR, Art 41 ff – Weg der Bundesgesetzgebung, Art 95 B-VG – Wahl der Landtage).

Die österreichische Verfassungsordnung sieht eine parlamentarische Demokratie (Gesetzgebung durch gewählte Organe), dh ein System mittelbarer (repräsentativer) Demokratie vor. Ein Übergang zu einem System der unmittelbaren (direkten) Demokratie oder die Einführung von einzelnen Rechtserzeugungsprozessen auf direktem Wege (unmittelbar durch das Volk, wie zB die verpflichtende Durchführung einer Volksabstimmung nach einem entsprechend unterstützten Volksbegehren und eine damit verbundene Rechtsetzung ohne parlamentarische Mitbestimmung) wäre als Gesamtänderung der Bundesverfassung anzusehen. Die Einführung solcher Rechtserzeugungsformen bzw die Schaffung der dafür notwendigen verfassungsrechtlichen

Grundlagen ist daher nur im Wege der Gesamtänderung der Bundesverfassung möglich.

Die Bundesverfassung enthält aber auch Elemente der unmittelbaren oder direkten Demokratie. Diese sind das Volksbegehren, die Volksabstimmung und die Volksbefragung.

Ein **Volksbegehren** führt, wenn es von mehr als 100.000 Personen unterstützt wird, zur verpflichtenden Behandlung des Gegenstandes im NR.

Beispiel

Das (bislang erfolgreichste) Volksbegehren der zweiten Republik war das Volksbegehren gegen den Bau des Wiener Konferenzzentrums mit 1.361.562 Unterstützern und Unterstützerinnen, dicht gefolgt vom Gentechnik-Volksbegehren mit 1.225.790 Unterstützern und Unterstützerinnen. Weitere aktuelle nennenswerte Volksbegehren sind etwa das Klimavolksbegehren aus 2020 und das Volksbegehren „Don't smoke" aus 2018.

Bei einer **Volksabstimmung** wird dem Volk eine Gesetzes- oder Verfassungsänderung zur Entscheidung vorgelegt, wie dies bspw bei der Volksabstimmung über die Inbetriebnahme des Kernkraftwerkes Zwentendorf geschehen ist. Eine Volksabstimmung ist verpflichtend bei einer Gesamtänderung der Bundesverfassung durchzuführen, ansonsten kann sie fakultativ durchgeführt werden, wenn der NR dies beschließt. Das Ergebnis der Volksabstimmung ist – anders als ein Volksbegehren – bindend.

Im Gegensatz dazu wird bei der **Volksbefragung** den Staatsbürgern ebenfalls eine Frage zur Abstimmung vorgelegt, deren Ergebnis aber nicht bindend ist. Die Volksbefragung unterscheidet sich vom Volksbegehren dadurch, dass eine Volksbefragung immer eine konkrete Frage mit zwei alternativen Lösungsvorschlägen formuliert, während das Volksbegehren auf die Erlassung eines Gesetzes abzielt (Art 49b B-VG). Im Jahr 2013 wurde bspw eine bundesweite Volksbefragung über die Wehrpflicht durchgeführt.

Volksbegehren, Volksabstimmungen oder Volksbefragungen führen nie unmittelbar bzw alleine zur verbindlichen Rechtserzeugung. Dies bleibt ausschließlich den dafür durch Wahl legitimierten Gesetzgebungsorganen (NR, Landtage) vorbehalten. Direktdemokratische Instrumente sind auch in den Ländern und Gemeinden vorgesehen und haben dort in der Praxis mehr Bedeutung als auf Bundesebene.

Ausnahmsweise werden auch Organe der Vollziehung (Verwaltung) direktdemokratisch gewählt (zB Direktwahl des BPräs und der Gemeinderäte oder zT der Bgm). IdR erfolgt die Einsetzung von Verwaltungsorganen jedoch losgelöst von einer unmittelbaren Mitwirkung durch das Volk durch andere Verwaltungsorgane auf Grundlage entsprechender (verfassungs-)gesetzlicher Vorschriften (zB ernennt der BPräs den Bundeskanzler).

Beispiel

Demokratische Elemente in der Vollziehung sind zB die Mitwirkung der Bevölkerung an der Strafgerichtsbarkeit als Schöffinnen und Schöffen bzw Geschworene bei politischen und bestimmten anderen schwerwiegenden Straftaten (Raub, Mord etc) oder die demokratische Organisation der Gemeinden und sonstiger Selbstverwaltungskörper.

Mit dem Beitritt Österreichs zur EU am 1. Jänner 1995 erfuhr das demokratische Prinzip bedeutende Änderungen. So geht zB das sekundäre Unionsrecht nicht unmittelbar „vom (österreichischen) Volk“ aus, sondern wird von EU-Organen erzeugt (siehe dazu auch LE 2).

Im Rat der EU ist Österreich durch Fachministerinnen und Fachminister vertreten, dh, dass der Rat der EU nicht direkt vom österreichischen Volk legitimiert ist. Freilich sind zumindest die österreichischen Abgeordneten zum Europäischen Parlament unmittelbar vom österreichischen Volk gewählt. Es darf aber nicht übersehen werden, dass das Europäische Parlament nicht in allen Angelegenheiten mitentscheidungsbefugt ist und dass die Mitglieder des Europäischen Parlaments nicht das österreichische Volk, sondern alle Völker der Mitgliedstaaten vertreten.

Das Über- und Unterordnungsverhältnis zwischen Gesetzgebungs- und Vollziehungsorganen kehrt sich auf Ebene der EU teilweise um: Als Teilorgane der „EU-Gesetzgebung“ können österreichische Ministerinnen und Minister im Rat der EU-Richtlinien und Verordnungen erlassen, die das österreichische Parlament binden bzw einen höheren Rang als österreichische Gesetze und zwar sogar Verfassungsgesetze (nicht aber Grundprinzipien der Bundesverfassung!) haben.

Das demokratische Konzept im Sinne des B-VG hat durch die EU-Mitgliedschaft gravierende Veränderungen erfahren.

b. Republikanisches Prinzip

Auch das republikanische Prinzip ist bereits in Art 1 B-VG programmatisch festgelegt: „Österreich ist eine demokratische Republik“ und damit keine Monarchie. Das republikanische Prinzip konkretisiert sich in der zeitlich begrenzten, politisch und rechtlich verantwortlichen Position des Staatsoberhauptes, des BPräs (Art 60 B-VG – Wahl des BPräs, Art 68 B-VG – der BPräs ist der [durch NR und BR gebildeten] Bundesversammlung gegenüber rechtlich verantwortlich, Art 142 B-VG – der BPräs kann wegen Verletzung der Bundesverfassung durch Beschluss der Bundesversammlung vor dem VfGH angeklagt werden). Die das republikanische Prinzip flankierende Bestimmung, dass Mitglieder regierender Häuser oder solcher, die ehemals regiert haben, vom passiven Wahlrecht zum Amt des BPräs ausgeschlossen sind, wurde 2011 aufgehoben. Sie war nur aus den historischen Zusammenhängen verständlich. Heute kann daher auch ein Mitglied des spanischen Königshauses oder des Hauses Habsburg, sofern es die verfassungsrechtlichen Voraussetzungen erfüllt (passives Wahlrecht zum NR und Vollendung des 35. Lebensjahres am Tag der Wahl), zum BPräs gewählt werden.

Das republikanische Prinzip wurde durch den EU-Beitritt nicht verändert.

c. Bundesstaatliches Prinzip

Art 2 Abs 1 B-VG lautet programmatisch: „Österreich ist ein Bundesstaat".

Das bundesstaatliche Prinzip besagt, dass die Staatsfunktionen auf den Bund und die Länder aufgeteilt sind.

Die österreichische Verfassungsordnung legt dazu Folgendes fest:

– Die Kompetenzverteilung in den Art 10 bis 15 B-VG weist die Staatsgewalt (Gesetzgebung und Vollziehung) entweder dem Bund oder den Ländern zu. Verstößt ein Gesetz oder ein Vollziehungsakt gegen diese Vorschriften, ist das Gesetz oder der Vollziehungsakt verfassungswidrig und kann vom VfGH aufgehoben werden. Die beiden Rechtskreise (Bundesrecht und Landesrecht) sind einander prinzipiell gleichgeordnet. Es gibt keinen Vorrang von Bundesrecht gegenüber Landesrecht („Bundesrecht bricht nicht Landesrecht"). Bund und Länder müssen aber die Akte der jeweils anderen Gebietskörperschaft berücksichtigen. Im Bereich der Gesetzgebung besteht ein Kompetenzübergewicht zugunsten des Bundes (insb wirtschaftlich zentrale Gesetzgebungskompetenzen wie bspw Gewerbe und Industrie, Finanzmärkte, Außenwirtschaft etc, aber auch Kompetenzen im Bereich des Äußeren, der Sicherheit, der Bildung usw kommen gem Art 10 B-VG dem Bund zu). Demgegenüber verbleiben den Ländern zur Gesetzgebung wenige bzw wenig bedeutsame Bereiche (wie etwa Naturschutz, Baurecht, Raumordnung, Landwirtschaft, Jagd-, Veranstaltungs- und Jugendschutzrecht). Den Ländern kommt aber im Bereich der Vollziehung eine wichtige Stellung zu. Abgesehen von der ordentlichen Gerichtsbarkeit, die beim Bund konzentriert ist, sind in den meisten Bereichen Landesverwaltungsbehörden und LVwG zur Vollziehung zuständig (man spricht daher auch vom „Vollzugsföderalismus"). Der überwiegende Teil der Verwaltungsangelegenheiten des Bundes wird von Landesorgangen vollzogen (sog mittelbare Bundesverwaltung). Das gilt selbstredend auch für die Verwaltungsangelegenheiten der Länder (Landesverwaltung). In all diesen Angelegenheiten obliegt die gerichtliche Kontrolle den LVwG. Unmittelbare Bundesverwaltung durch eigene Bundesbehörden existiert zB in der Finanzverwaltung oder im Bereich des Telekommunikationsrechts. In Angelegenheiten der unmittelbaren Bundesverwaltung obliegt die gerichtliche Kontrolle grundsätzlich dem Bundesverwaltungsgericht (BVwG) oder dem Bundesfinanzgericht (BFG).

- Die Länder wirken an der Gesetzgebung des Bundes durch den BR mit. Der BR kann die Funktion einer „Länderkammer" in der politischen Praxis infolge des Parteieneinflusses und des freien Mandats der Bundesräte allerdings nur beschränkt wahrnehmen. Überdies ist der Einfluss des BR auf die Bundesgesetzgebung eher gering. IdR kann der BR gegen Gesetzesbeschlüsse nur ein suspensives Veto einlegen; der NR kann einen Beharrungsbeschluss fassen und sich damit gegenüber dem BR durchsetzen.
- Den Ländern kommt innerhalb der Bundesverfassung eine relative Verfassungshoheit bzw Verfassungsautonomie zu. Sie haben die Befugnis, sich innerhalb der Bundesverfassung selbst eine Verfassung zu geben (siehe dazu Abschnitt III.A.5.). Die Landesgesetzgebung und die Landesverfassungsgesetzgebung dürfen aber die Bundesverfassung nicht „berühren". Dies bedeutet, sie dürfen ihr nicht widersprechen.

Durch den Beitritt zur EU wurde auch das bundesstaatliche Prinzip geändert: Da das Unionsrecht „bundesstaatsblind" ist, nimmt es auf die bundesstaatliche Kompetenzverteilung keine Rücksicht. Es ist der staatlichen Verfassungsordnung überlassen, ob Unionsrecht durch Bundes- oder Landesorgane auszuführen ist. Insofern bleibt die innerstaatliche Kompetenzverteilung zwischen dem Bund und den Ländern unberührt. Im Falle der Säumigkeit eines Landes geht jedoch die Zuständigkeit zur Durchführung von Unionsrecht, insb zur Erlassung der erforderlichen Gesetze, auf den Bund über (Devolution). Dies ist allerdings nur dann der Fall, wenn die Säumigkeit von einem Gericht im Rahmen der EU (idR im Zuge eines Vertragsverletzungsverfahrens oder Vorabentscheidungsverfahrens) festgestellt wurde. Die Devolution der Zuständigkeit an den Bund endet aber, sobald das Land seiner Verpflichtung nachkommt.

Der Bund ist zudem verpflichtet, Länder und Gemeinden über alle Vorhaben im Rahmen der EU, die deren selbständigen bzw eigenen Wirkungsbereich betreffen oder sonst für sie wichtige Interessen berühren, unverzüglich zu informieren und ihnen Gelegenheit zur Stellungnahme zu geben. Eine einheitliche Stellungnahme der Länder zu einem solchen Vorhaben ist für den Bund verbindlich (sofern er nicht aus zwingenden außen- oder integrationspolitischen Gründen davon abweichen darf).

d. Gewaltenteilendes Prinzip

Das B-VG beruht auf dem Gedanken, dass staatliche Funktionen (Gesetzgebung, Rechtsprechung, Verwaltung) getrennt sein müssen, um staatliche Macht zu begrenzen (diese Theorie wird mehrheitlich mit *Montesquieus* Werk „De l'esprit des lois" in Verbindung gebracht, findet sich jedoch bereits bei *Aristoteles*). Der Grundsatz der Gewaltenteilung ist in der österreichischen Bundesverfassung nicht ausdrücklich festgelegt, ergibt sich aber aus:

- der organisatorischen Trennung von Gesetzgebungs- und Verwaltungsorganen;
- dem (ausdrücklich festgeschriebenen) Grundsatz der Trennung von Verwaltung und Justiz (Art 94 B-VG: „Die Justiz ist von der Verwaltung in allen Instanzen getrennt."). Diese Trennung kann in einzelnen Angelegenheiten durch bundes- oder landesgesetzliche Regelung durchbrochen werden (Art 94 Abs 2 B VG);
- den Unvereinbarkeitsbestimmungen (zB Unvereinbarkeit der Mitgliedschaft in der BReg mit anderen Organfunktionen, wie zB BPräs, Präsident des Rechnungshofs, Mitgliedschaft in VfGH, VwGH, OGH) und
- dem verfassungsrechtlich vorgegebenen Zusammenwirken der obersten Verfassungsorgane im Rahmen ihrer jeweils begrenzten Kompetenzen einschließlich der damit bewirkten wechselseitigen Kontrolle (System der „checks and balances" – Parlament, BReg, BPräs).

Beispiel

Die Möglichkeit des BPräs, den Bundeskanzler zu ernennen und zu entlassen; die Ernennung der BM auf Vorschlag des Bundeskanzlers durch den BPräs bzw die Entlassung der BM durch den BPräs auf Vorschlag des Bundeskanzlers; die Möglichkeit der (durch NR und BR gebildeten) Bundesversammlung gegen den BPräs vor dem VfGH Anklage zu erheben; das Misstrauensvotum des NR gegenüber der BReg bzw einem BM etc.

Die freiheitssichernde Funktion der Begrenzung der Staatsgewalt durch deren Aufteilung kommt auch in der Unabhängigkeit der Gerichtsbarkeit von den Organen der Gesetzgebung und der Verwaltung (Richterinnen und Richter sind in der Ausübung ihres Amtes unabhängig, unabsetzbar und unversetzbar), in der bundesstaatlichen Gliederung und in der Errichtung von Selbstverwaltungskörpern (insb Gemeinden, Kammern, Sozialversicherungsträger, Österreichische HochschülerInnenschaft) zum Ausdruck. Nicht auf rechtlicher, aber auf politischer Ebene ergänzen die Funktionstrennung von Regierung und Opposition und das politische Nebeneinander verschiedener politischer Parteien und Verbände des Wirtschafts- und Soziallebens (Kammern, ÖGB, Industriellenvereinigung etc) diese Funktionstrennung.

Der Beitritt zur EU brachte auch Änderungen im Bereich der Gewaltenteilung: Im europäischen Wettbewerbsrecht wirkt zB ein Vollziehungsorgan, die Europäische Kommission, sehr weitgehend an der Rechtsetzung mit. Überdies gibt es einen Rechtszug von der Europäischen Kommission zum Europäischen Gerichtshof (EuGH) bzw zum Europäischen Gericht (EuG) (siehe dazu auch LE 2).

e. Rechtsstaatliches Prinzip

Das Recht der demokratischen Republik Österreich geht gem Art 1 B-VG vom Volk aus. Die Bundesverfassung konstituiert ein Gemeinwesen, in dem staatliche Macht nur anhand strikter (verfassungs-)gesetzlicher Vorgaben ausgeübt werden darf und die Richtigkeit von Entscheidungen eines Organs überprüft werden kann.

(1) Rechtsstaat

Zu unterscheiden sind der Rechtsstaat im formellen Sinn und der Rechtsstaat im materiellen Sinn:

- Rechtsstaat im formellen Sinn ist ein Staat, in dem das Zusammenleben der Menschen durch Rechtsregeln bestimmt wird, deren Durchsetzung dem Staat vorbehalten ist (Gewaltmonopol des Staates – Friedenspflicht der Rechtsunterworfenen), in dem auch die Staatsgewalt an positive Rechtsvorschriften gebunden ist und entsprechende Einrichtungen zur Sicherung der Einhaltung von Rechtsvorschriften zur Verfügung stehen.
- Rechtsstaat im materiellen Sinn ist ein Staat, dessen Rechtsordnung auf verschiedenen inhaltlichen Wertvorstellungen wie Gerechtigkeit, Humanität, Freiheit, Ordnung etc basiert.

Das Gegenteil des Rechtsstaates besteht in der Willkür der Machthaber oder in anarchischen Strukturen. Der Rechtsstaat ist „berechenbar“, er ist am Gedanken der Rechtssicherheit orientiert. Er muss Verfassungsstaat, Gesetzesstaat und Rechtsschutzstaat sein. Die Rechte und Pflichten der Einzelperson müssen gesetzlich relativ präzise festgelegt und deren Durchsetzung durch entsprechende Institutionen garantiert sein.

Die österreichische Bundesverfassung enthält eine Reihe von Vorschriften, die den Rechtsstaat im formellen Sinn kennzeichnen, wie zB das Legalitätsprinzip und das verfassungsrechtlich verankerte Rechtsschutzsystem. Es finden sich aber auch Bestimmungen, die Ausdruck einer materiellen Rechtsstaatsvorstellung sind: Zu nennen sind zB die Grundrechte, die insgesamt gesehen auf dem Prinzip der Freiheit und der Würde des Menschen beruhen und die durch das Sachlichkeitsgebot, das dem Gleichheitssatz entnommen werden kann, bestimmte grundlegende Gerechtigkeitsvorstellungen verwirklichen.

(2) Legalitätsprinzip

In der österreichischen Bundesverfassung zeigt sich das (formelle) rechtsstaatliche Prinzip insb in der strikten Bindung allen staatlichen Handelns an Gesetz und Verfassung (Legalitätsprinzip) sowie in zahlreichen verfassungsrechtlichen Einrichtungen im Dienst des individuellen Rechtsschutzes und der Kontrolle der Rechtmäßigkeit des Staatshandelns (insb ordentliche Gerichtsbarkeit, öffentlich-rechtliches Rechtsschutzsystem – Verwaltungsgerichte [VwG], VwGH, VfGH).

Das Legalitätsprinzip (Grundsatz der Gesetzmäßigkeit der Verwaltung) ist in Art 18 Abs 1 B-VG verankert: „Die gesamte staatliche Verwaltung darf nur auf Grund der Gesetze ausgeübt werden". Jeder Verwaltungsakt (zB Bescheid oder Verordnung) muss im Gesetz begründet sein. Das Legalitätsprinzip gilt aber auch für die Gerichtsbarkeit. Damit muss auch jeder Gerichtsakt (zB Urteil oder Erkenntnis) im Gesetz begründet sein. Das wird von der Bundesverfassung vorausgesetzt, weil die strikte Bindung an das Gesetz für die Gerichtsbarkeit im Gegensatz zur Verwaltung auch schon vor dem Inkrafttreten des B-VG gegolten hat. Deshalb ist in Art 18 B-VG nur die Verwaltung erwähnt (sog Antwortcharakter der Verfassung). Zudem untersagt Art 89 Abs 1 B-VG den ordentlichen Gerichten die Prüfung der Gültigkeit gehörig kundgemachter Gesetze und lässt daher ebenfalls keinen Zweifel, dass auch die Rechtsprechung an das gehörig kundgemachte Gesetz gebunden ist. Der Gesetzgeber ist demnach verpflichtet, das Verhalten der Verwaltungsbehörden in formeller (Organisation und Verfahren) und materieller Hinsicht (Vorherbestimmung des Inhalts von Verwaltungsakten) zu determinieren.

Das Legalitätsprinzip hat daher sowohl für die Vollziehung als auch für die Gesetzgebung Bedeutung. Die Vollziehung darf nur hoheitlich handeln, wenn es dafür eine eigene gesetzliche Ermächtigung gibt (sog Vorbehalt des

Gesetzes). Des Weiteren muss die Vollziehung die Anforderungen beachten, die das Gesetz an ihr Handeln stellt, und darf sich nicht in Widerspruch zu gesetzlichen Vorgaben stellen (sog Vorrang des Gesetzes). Die Gesetzgebung muss überdies das Vollziehungshandeln, insb das Handeln der Verwaltungsbehörden, entsprechend determinieren, damit Vorhersehbarkeit des Verwaltungshandelns und dessen gesetzliche „Steuerung" gewährleistet sind. Tut die Gesetzgebung das nicht, handelt es sich um ein verfassungswidriges Gesetz. Ein mangelhaft determiniertes Gesetz kann daher vom VfGH wegen Verstoßes gegen Art 18 B-VG aufgehoben werden. Man nennt dies das „Bestimmtheitsgebot" des Art 18 B-VG. Die ständige Judikatur des VfGH verneint allerdings ein unmittelbar aus Art 18 Abs 1 B-VG erfließendes subjektives Recht des Einzelnen auf Gesetzmäßigkeit der Verwaltung. Durch die Gesetzesbindung wird die Verwaltung demokratisch legitimiert, das Verhalten der Vollziehungsorgane wird vorhersehbar. Mit dem Beitritt zur EU erfolgte eine partielle Verdrängung des österreichischen Legalitätsprinzips durch das europäische Legalitätsprinzip, das geringere Anforderungen an die Bestimmtheit genereller Rechtsvorschriften stellt. In Erweiterung der Vorgaben von Art 18 Abs 1 B-VG darf die staatliche Verwaltung nicht nur aufgrund von Gesetzen, sondern auch aufgrund von unmittelbar anwendbarem Unionsrecht ausgeübt werden.

Die Rechtmäßigkeit des Handelns der Gewerbebehörde in Großkleinstadt setzt daher voraus, dass sich die Behörde auf eine gesetzliche Grundlage stützen kann und das Handeln den formellen und materiellen gesetzlichen Anforderungen genügt. Da es sich bei dem „Gesetz, das die Ausübung von Gewerben in Großkleinstadt regelt", nicht um ein Gesetz im Sinne des Art 18 B-VG handelt und sich das Handeln der Behörde offensichtlich auch nicht auf die Gewerbeordnung 1994 (GewO) des Bundes stützen kann, ist es bereits wegen Verstoßes gegen Art 18 B-VG rechtswidrig.

(3) Ermessen und unbestimmte Gesetzesbegriffe

Ein Spielraum der Vollziehungsbehörden kann sich aus der Möglichkeit des Gesetzgebers ergeben, ihnen Ermessen (Art 130 Abs 3 B-VG) einzuräumen, und aus der Verwendung von unbestimmten Gesetzesbegriffen.

Man unterscheidet zwischen Handlungsermessen (die Behörde kann, muss aber nicht handeln) und Auswahlermessen (die Behörde hat die Wahl zwischen mehreren Reaktionen, sie muss aber jedenfalls handeln). Die Behörde muss vom Ermessen immer „im Sinne des Gesetzes" Gebrauch machen.

Beispiel

Als Indiz für die Einräumung von Ermessen wird die Verwendung des Wortes „kann" in einem Gesetz angesehen. Dies trifft aber nicht immer zu; „kann" drückt oft auch ein „müssen" oder „dürfen" aus (zB § 10 Staatsbürgerschaftsgesetz).

Ermessensüberschreitung (die Behörde überschreitet den vom Gesetz eingeräumten Spielraum) und Ermessensmissbrauch (die Behörde agiert zwar im Ermessensspielraum, verhält sich dabei aber nicht „im Sinne des Gesetzes", sondern lässt sich von irrelevanten Erwägungen leiten) machen den betreffenden Akt rechtswidrig und bekämpfbar. (Echte) Ermessensbestimmungen kommen in der Rechtsordnung selten vor.

Auch ein unbestimmter Gesetzesbegriff gibt den Vollziehungsorganen einen gewissen Spielraum. Ist ein Gesetzesbegriff unbestimmt („Dunkelheit", „in angemessener Weise"), muss die Behörde den Begriff auslegen. Dabei hat sie sich insb am systematischen Zusammenhang und an den Zielsetzungen des Gesetzes zu orientieren.

Unbestimmte Gesetzesbegriffe kommen sehr häufig vor. Zum einen ist eine exakte Umschreibung oftmals nicht möglich oder zumindest unpraktikabel.

Beispiel

Die Gesetzgebung könnte zB angeben, ab welcher Lichtstärke in Lux sie „Dunkelheit" annimmt. Eine solche Regelung wäre aber in den wenigsten Fällen als Handlungsanleitung praktikabel.

Zum anderen sind die vielen Möglichkeiten des Einzelfalls nicht vorhersehbar. Die Gesetzgebung will daher bewusst auch im Interesse der „Einzelfallgerechtigkeit" der Vollziehung ein flexibles Vorgehen „in angemessener Weise" ermöglichen. Das Legalitätsprinzip verlangt, dass die Gesetzgebung die Kriterien, an denen im konkreten Zusammenhang die „Angemessenheit" zu beurteilen ist, im Gesetz nennt. Das Vollziehungsorgan muss dem Gesetz entnehmen können, worauf es bei der Einzelfallbeurteilung ankommt.

Inhalt, Verfahren und entscheidendes Organ müssen gesetzlich festgelegt werden. Bei Mängeln in diesem Zusammenhang verstößt ein Gesetz gegen das im Art 18 B-VG verankerte Legalitätsprinzip und ist verfassungswidrig.

(4) Rechtsschutz

Als wesentliches Element des Rechtsstaates stellt die Rechtsordnung Verfahren zur Verfügung, in denen behauptete Fehler von Vollziehungsakten (zB Urteile von Gerichten oder Bescheide von Verwaltungsbehörden) geltend gemacht und diese gegebenenfalls beseitigt bzw korrigiert werden können (man spricht vom „Fehlerkalkül“ der Rechtsordnung; siehe dazu auch LE 7). Dieses dient insb dem Rechtsfrieden. Es soll in einem geordneten Verfahren durch übergeordnete Verwaltungsbehörden bzw Gerichte entschieden werden, ob ein Fehler vorliegt. Der Rechtsstaat gewährt dem Individuum verfahrensförmigen Rechtsschutz.

Die Kehrseite ist, dass Vollziehungsakte, etwa Bescheide von Verwaltungsbehörden, auch in einem solchen Verfahren bekämpft werden müssen. Wird es unterlassen, rechtzeitig Rechtsschutz in den dafür vorgesehenen Verfahren zu suchen, werden Vollziehungsakte typischerweise verbindlich (man spricht von „rechtskräftig“). Dies ist auch dann der Fall, wenn sie rechtswidrig sind!

Beispiel

Ein Bescheid, aufgrund dessen zB eine Geldstrafe verhängt wird, kann im Rahmen einer Bescheidbeschwerde an das zuständige VwG bekämpft werden. Diese Möglichkeit steht dem Bescheidadressaten jedoch stets nur innerhalb der Rechtsmittelfrist (vier Wochen) offen. Unterlässt es dieser, den Bescheid zu bekämpfen, wird der Bescheid rechtskräftig. Die Geldstrafe ist selbst dann zu bezahlen, wenn der Bescheidadressat nach fünf Wochen beweisen kann, dass eine Verwaltungsübertretung nie stattgefunden hat. Etwas anderes gilt nur, wenn der Bescheid (ganz ausnahmsweise!) an einem derart schwerwiegenden Fehler leidet (zB Erlass eines „Bescheids“ durch eine Privatperson, die keine Behördenqualität hat), dass er als „Nichtbescheid“ und somit als rechtliches Nullum zu qualifizieren ist.

Dabei ist das Rechtsschutzsystem der österreichischen Bundesverfassung vor dem Hintergrund der exponierten Stellung der Gerichtshöfe des öffentlichen Rechts zu sehen: Im Zivil- und Strafrecht obliegt der Rechtsschutz der ordentlichen Gerichtsbarkeit, im Verwaltungsrecht den VwG und dem VwGH und in speziellen Fällen auch dem VfGH (im Einzelnen siehe dazu auch die LE 3 und 7).

Das rechtsstaatliche Prinzip der Bundesverfassung enthält also das Gebot, dass dem Individuum bei Eingriffen in seine Rechtsposition erstens der Zugang zu einem Rechtsschutzsystem gewährleistet sein muss. Dieses Rechtsschutzsystem hat zweitens so ausgestaltet zu sein, dass ein Mindestmaß an faktischer Effizienz dieses Rechtsschutzes gewährleistet ist.

f. Liberales Prinzip

Das liberale Prinzip (insb die Gewährleistung der Grundrechte) und das rechtsstaatliche Prinzip sind eng miteinander verbunden: Der Grundrechtsschutz und dessen verfahrensförmige, letztlich gerichtliche Durchsetzbarkeit gehören im österreichischen Verfassungssystem untrennbar zusammen. Das liberale Prinzip – insb in Gestalt der Grundrechte – gewährt der Einzelperson Freiheit in Gestalt von staatsgerichteten Abwehrrechten. Dem Individuum wird etwa in Form des Eigentumsschutzes, der Freiheit der Religionsausübung und weiteren sog „liberalen Grundrechten“ ein Bereich eingeräumt, in den der Staat nicht oder nur unter bestimmten Voraussetzungen eingreifen darf (siehe dazu auch LE 3).

3. Staatszielbestimmungen und Gesetzesaufträge

Staatszielbestimmungen und Gesetzesaufträge zählen nicht zu den Grundprinzipien der österreichischen Bundesverfassung. Ihre Änderung oder Aufhebung bedarf daher keiner Volksabstimmung iSd Art 44 Abs 3 B-VG. Anders als Grundrechte gewähren sie dem Individuum auch kein subjektives Recht. Sie stellen aber eine Art „Programmauftrag“ an die Gesetzgebung dar, die danach zu trachten hat, sie zu verwirklichen.

a. Gleichstellung von Menschen mit Behinderung

1997 wurde der allgemeine Gleichheitssatz gem Art 7 Abs 1 B-VG um folgende Sätze ergänzt: „Niemand darf wegen seiner Behinderung benachteiligt werden. Die Republik (Bund, Länder und Gemeinden) bekennt sich dazu, die Gleichbehandlung von behinderten und nichtbehinderten Menschen in allen Bereichen des täglichen Lebens zu gewährleisten.“ Damit wurde neben einem ausdrücklichen Verbot der Diskriminierung wegen Behinderung auch eine Staatszielbestimmung zur Gleichbehandlung von behinderten und nichtbehinderten Menschen in allen Lebensbereichen geschaffen. In Ausführung dieser Verfassungsbestimmung und aufgrund unionsrechtlicher Verpflichtungen wurde 2005 auf einfachgesetzlicher Ebene das Bundesgesetz über die Gleichstellung von Menschen mit Behinderungen (BGStG) erlassen.

b. Gleichstellung von Frauen und Männern

1998 wurde mit Art 7 Abs 2 B-VG folgende Staatszielbestimmung in die Bundesverfassung aufgenommen: „Bund, Länder und Gemeinden bekennen sich zur tatsächlichen Gleichstellung von Mann und Frau. Maßnahmen zur Förderung der faktischen Gleichstellung von Frauen und Männern insbesondere durch Beseitigung tatsächlich bestehender Ungleichheiten sind zulässig.“ Neben dem „Bekenntnis“ der Gebietskörperschaften zur Herstellung der faktischen Gleichstellung bedeutet diese Regelung auch eine verfassungsrechtliche Legitimierung von Maßnahmen zur Beseitigung tatsächlich bestehender Ungleichheiten, wie zB sog Quotenregelungen für den öffentlichen Dienst.

c. Umwelt- und gesellschaftsbezogene Staatsziele

Durch das BVG über die Nachhaltigkeit, den Tierschutz, den umfassenden Umweltschutz, die Sicherstellung der Wasser- und Lebensmittelversorgung und die Forschung aus dem Jahr 2013 „bekennt" sich die Republik zu den einzelnen im Titel dieses BVG genannten Staatszielen. Durch die nachhaltige Nutzung der natürlichen Ressourcen soll auch zukünftigen Generationen die bestmögliche Lebensqualität gewährleistet werden. Der umfassende Umweltschutz wurde zuvor schon im Jahr 1984 als Staatsziel verankert. Dieser wird zur Bewahrung der natürlichen Umwelt als Lebensgrundlage des Menschen vor schädlichen Einwirkungen verstanden. Er besteht insb in Maßnahmen zur Reinhaltung der Luft, des Wassers und des Bodens sowie zur Vermeidung von Störungen durch Lärm. Diese Verfassungsbestimmung hat in der Rechtsprechung des VfGH als Auslegungsmaßstab Bedeutung erlangt. Der VfGH hat etwa Umweltschutzinteressen als Kriterium der Bedarfsprüfung bei der Erteilung von Konzessionen für die Binnenschifffahrt angenommen. Das Staatsziel der Sicherstellung der Wasserversorgung soll gewährleisten, dass der Staat diese Aufgabe selbst erfüllt oder die Erbringung durch Dritte in entsprechender und kontrollierbarer Qualität garantiert.

d. Sicherung der Unabhängigkeit des Rundfunks

Nach Art I Abs 3 des BVG-Rundfunk, BGBl 396/1974, ist Rundfunk eine öffentliche Aufgabe. Mit diesem Satz soll eine besondere Bedeutung des Mediums Rundfunk (Hörfunk und Fernsehen) für eine demokratische Gesellschaftsordnung und die Verantwortung des Gesetzgebers für eine funktionierende Rundfunkordnung angesprochen werden.

e. Immerwährende Neutralität?

Die Republik Österreich hat sich durch das BVG vom 26. Oktober 1955 über die Neutralität Österreichs zum immerwährend neutralen Staat erklärt. Damit war eine Reihe von völkerrechtlichen und zugleich verfassungsrechtlichen Verpflichtungen verbunden, die die Einordnung als Staatsziel fraglich erscheinen ließen. Durch die Änderung des Art 23f B-VG wurde (seit BGBl I 57/2010 in Art 23j B-VG) klargestellt, dass Österreich auch an humanitären Aufgaben und Rettungseinsätzen, friedenserhaltenden Aufgaben sowie Kampfeinsätzen bei der Krisenbewältigung einschließlich friedenschaffender Maßnahmen teilnehmen kann. Selbstverständlich ist Österreich nicht daran gehindert, sich neutral zu verhalten, aber es hat keine verfassungsrechtliche und völkerrechtliche Verpflichtung mehr dazu. Gerade die allgemeine Verpflichtung, sich im Kriegsfall neutral zu verhalten, ist aber das entscheidende Element einer dauernden und va immerwährenden Neutralität, die zudem noch eine Reihe von sog „Vorwirkungspflichten" enthält, dh das Verbot, auch in Friedenszeiten Verpflichtungen einzugehen, die die Neutralität im Kriegsfall gefährden würde. Es kann daher gesagt werden, dass Österreich nicht mehr „immerwährend neutral" ist.

f. Weitere Staatszielbestimmungen und Gesetzesaufträge

Weitere Staatszielbestimmungen und Gesetzesaufträge betreffen zB die umfassende Landesverteidigung, den Schutz der verschiedenen Volksgruppen oder das gesamtwirtschaftliche Gleichgewicht.

4. Die soziale Marktwirtschaft

Die österreichische Bundesverfassung hat sich nicht ausdrücklich für ein bestimmtes Wirtschaftssystem entschieden. Zahlreiche Verfassungsbestimmungen, insb Art 4 B-VG (Grundsatz eines einheitlichen Wirtschaftsgebiets) und die Wirtschaftsgrundrechte (siehe dazu auch LE 3) lassen erkennen, dass sich aus der österreichischen Bundesverfassung ein grundsätzlich marktwirtschaftliches System ableiten lässt.

Im Rahmen dieses „Grundsatzes" kommen der Gesetzgebung jedoch deutliche Gestaltungsmöglichkeiten zu, bspw aus sozialen Gründen zugunsten der Absicherung sozial schwacher Gruppen, aber etwa auch zur Durchsetzung umweltpolitischer Zielsetzungen.

Eine Reihe einfachgesetzlicher Regelungssysteme (Sozialversicherungsrecht, Pensionssystem, Gleichbehandlungsgesetze etc) und das System der Sozialpartnerschaft (unbeschadet des Wandels, dem es unterliegt) weisen Österreich als soziale Marktwirtschaft aus.

Diese Grundentscheidung der österreichischen Rechtsordnung ist heute freilich durch das unionsrechtlich determinierte Bekenntnis zu einem wettbewerbsfähigen, sozialen, marktwirtschaftlich funktionierenden Binnenmarkt auf europäischer Ebene überlagert.

5. Landesverfassungen

Den Ländern kommt das Recht zu, sich selbst Verfassungen zu geben. Diese Landesverfassungen dürfen aber nicht gegen die Bundesverfassung verstoßen. Im Rahmen der relativen Verfassungshoheit bzw Verfassungsautonomie können durch die Landesverfassungen jene Bereiche, die durch die Bundesverfassung nicht vorgegeben sind, frei geregelt werden. So kann bspw jedes Land in seiner Landesverfassung selbst entscheiden, ob in den Gemeinden die Bgm vom Gemeinderat oder direkt vom Gemeindevolk gewählt werden, wie viele Mitglieder der LReg angehören sollen oder ob die Mitglieder der LReg vom Landtag durch Verhältniswahl oder durch Mehrheitswahl bestimmt werden.

Beispiel

Beispiele für eine verpflichtende inhaltliche Determinierung der Landesverfassungen durch das B-VG sind etwa: Art 99 Abs 2 B-VG, der das Präsenz- und Konsensquorum für die Erzeugung oder Abänderung von Landesverfassungsrecht bestimmt. Weiters enthält Art 97 B-VG verpflichtende Vorgaben für das Verfahren des Landesgesetzgebung.

B. Einfache Gesetze

Einfache Gesetze regeln in ihrer Funktion als Steuerungs- und Ausgestaltungsinstrumente verschiedenste Sachbereiche, Verfahren oder organisatorische Rahmenbedingungen. Der Gesetzgebung steht es – innerhalb der verfassungsrechtlichen Grenzen – frei, jeden Sachbereich zu regeln („rechtspolitischer Gestaltungsspielraum"). Aufgrund der Notwendigkeit, eine Vielzahl möglicher Lebenssachverhalte allgemeinverbindlichen Rahmenbedingungen zu unterwerfen, um ein geordnetes Zusammenleben in einer Gesellschaft zu ermöglichen, sind zahlreiche Fragen des täglichen Lebens, der Wirtschaft und der Gesellschaft als solcher derartigen Regelungen unterworfen: Straßenverkehr, Universitäten, Bauvorhaben, wirtschaftliche Transaktionen, Fragen der Gewerbeausübung, der Sicherheitspolizei, des Naturschutzes sowie auch der Nutzung von Friedhöfen oder Ansprüche und Verpflichtungen aus dem Sozialversicherungswesen uvm.

In der österreichischen Bundesverfassung sind nur zwei Gesetzgebungsorgane vorgesehen – der NR (gemeinsam mit dem BR) und die Landtage. Andere Organe oder Behörden können keine Gesetze erlassen. Der Gemeinderat von Großkleinstadt ist – wie bereits oben dargelegt – kein Gesetzgebungsorgan. Erlässt dieser dennoch ein „Gesetz", wird dieses rechtlich nicht existent, es erlangt keine Geltung. Es handelt sich um ein „absolut nichtiges Gesetz", an das sich niemand halten muss. Unter Umständen kann dieser Beschluss des „Gesetzes" als Verordnung qualifiziert werden. Es handelt sich um einen generell-abstrakten außenwirksamen normativen Akt einer Verwaltungsbehörde (dem Gemeinderat), der in der Gemeindezeitung kundgemacht wurde. Die fehlerhafte Bezeichnung als „Gesetz" stünde dem grundsätzlich nicht im Weg.

C. Stufenbau der Rechtsordnung

Recht entsteht in einem Erzeugungsprozess, der von den obersten, abstrakten Normen über mehrere Stufen zu immer konkreteren Rechtsnormen führt. Auf jeder einzelnen Stufe dieses Rechtserzeugungs- und Rechtskonkretisierungsprozesses wird Recht gesetzt. Dabei ist der Rechtsetzer stets an die übergeordnete Norm gebunden („heteronome Determinante"). Es verbleibt dem Rechtsetzer aber auf der jeweiligen Ebene rechtliche Gestaltungsfreiheit, soweit die übergeordneten Rechtsnormen keine Bindungen vorsehen („autonome Determinante").

Verwaltungsbehörden und Gerichte sind bei der Erlassung von Bescheiden und Urteilen an Gesetze und Verordnungen gebunden. Die verordnungserlassende Behörde ist an die Gesetze gebunden, die Gesetzgebung an die Verfassung und die Verfassungsgesetzgebung an die Grundprinzipien. Eine niedrigere Rechtsstufe muss also mit der höheren Rechtsstufe in Einklang stehen.

Sollte der Beschluss des Gemeinderats als Verordnung zu qualifizieren sein, ist er dennoch gesetzeswidrig. Er verstößt gegen höherrangiges Recht. Auch als Verordnung müsste er sich auf eine gesetzliche Grundlage stützen können (Art 18 Abs 2 B-VG). Eine solche ist hier nicht ersichtlich, insb enthält die GewO keine entsprechende Ermächtigung. Die Ausübung von Gewerben ist im Übrigen durch die GewO geregelt, die ein einfaches Bundesgesetz ist. Die Verordnung würde somit nicht nur gegen Art 18 Abs 2 B-VG verstoßen, sondern auch den Regelungen der GewO widersprechen, weil sie die Anwendung der GewO in der Gemeinde Großkleinstadt ausschließt.

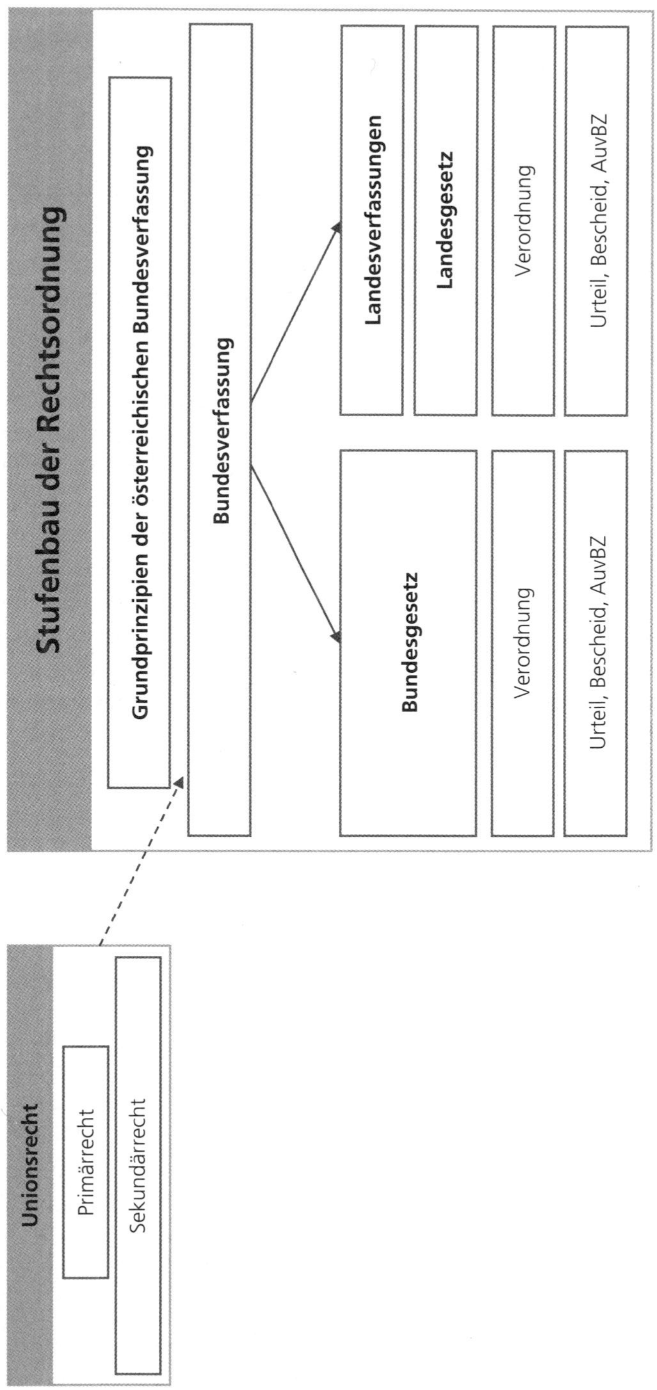
Stufenbau der Rechtsordnung
Grundprinzipien der österreichischen Bundesverfassung
Bundesverfassung
Bundesgesetz
Verordnung
Urteil, Bescheid, AuvBZ
Landesverfassungen
Landesgesetz
Verordnung
Urteil, Bescheid, AuvBZ
Unionsrecht
Primärrecht
Sekundärrecht

IV. Gesetzgebung

Gesetzgebung ist jener Vorgang, bei dem generell-abstrakte Normen (Gesetze) von den Gesetzgebungsorganen (NR und BR, Landtage) geschaffen werden. Diese gesetzlichen Bestimmungen werden deshalb als **„generell-abstrakt"** bezeichnet, weil sie nicht auf spezifische Einzelsachverhalte und konkrete Individuen abstellen, sondern in den geregelten Bereichen für die Allgemeinheit verbindliche Wirkung entfalten. Das Gegenstück dazu bilden sog **„individuell-konkrete"** Rechtsakte, die sich auf eine bestimmte Person oder einen bestimmten Personenkreis beziehen und nur für diese bzw diesen Rechtskraft entfalten (zB Bescheid, Urteil). Durch Gesetze (einfache Gesetzgebung und Verfassungsgesetzgebung) werden politische Zielsetzungen verwirklicht (zB Ausbau oder Abbau des Sozialsystems, wie hoch sollen die Steuern sein, welche Handlungen sind vom Staat unter Strafe zu stellen, wie soll die universitäre Bildung aussehen, oder grundlegender: Sollen die Instrumente, die der Bevölkerung unmittelbare Mitbestimmung ermöglichen, ausgebaut werden?).

A. Bundesgesetzgebung

In den Bereichen, in denen der Kompetenzverteilung der Art 10 bis 15 B-VG zufolge der Bund zur Gesetzgebung berufen ist, übt der NR gemeinsam mit dem BR die Gesetzgebung aus. Der BR soll Länderinteressen im Prozess der Bundesgesetzgebung wahrnehmen (siehe dazu auch Abschnitt III.A.2.c.).

Die Initiative zu Gesetzen geht dabei meist von der BReg in Form sog Regierungsvorlagen aus, die von den Mitarbeitenden in den Bundesministerien nach den politischen Vorgaben der BM erstellt (Ministerialentwürfe) und von der BReg als Regierungsvorlage beschlossen werden. Diese Gesetzesvorschläge werden dann im NR in den zuständigen Ausschüssen beraten und in drei Lesungen im Plenum diskutiert. In der ersten Lesung wird über den allgemeinen Inhalt des Gesetzesvorschlages beraten und idR die Zuweisung an einen Ausschuss beschlossen. In der zweiten Lesung werden die Ergebnisse der Beratungen des Ausschusses dem Plenum berichtet. Die zweite Lesung ist in eine General- und eine Spezialdebatte unterteilt: In der Generaldebatte wird die generelle Zielsetzung des Gesetzesvorschlages diskutiert, in der Spezialdebatte kann auf einzelne Bestimmungen oder Problemstellungen eingegangen werden. In weiterer Folge wird über den Gesetzesvorschlag im Plenum als Ganzes abgestimmt (dritte Lesung). Handelt es sich um ein einfaches Gesetz, muss im NR ein Drittel der Abgeordneten anwesend sein, mehr als die Hälfte der anwesenden Abgeordneten muss zustimmen. Bei einem Verfassungsgesetz muss die Hälfte der Abgeordneten anwesend sein, mindestens zwei Drittel der anwesenden Abgeordneten müssen zustimmen, um das Gesetz beschließen zu können. Wird der Gesetzesvorschlag von der Mehrheit der Abgeordneten (bzw von zwei Dritteln der Abgeordneten bei Verfassungsgesetzen) als Gesetzesbeschluss verabschiedet, muss er dem BR zur Durchführung des Einspruchsverfahrens übermittelt werden. Nach der Beendigung der Verfahren in NR und BR beurkundet der BPräs das verfassungsmäßige Zustandekommen des Gesetzesbeschlusses, der Bundeskanzler nimmt die Gegenzeichnung vor. Danach wird der Gesetzesbeschluss des NR vom Bundeskanzler im (nunmehr: elektronisch unter www.ris.bka.gv.at abrufbaren) Bundesgesetzblatt verlautbart und mit diesem letzten Schritt der Kundmachung zum Gesetz. Das Gesetz tritt idR mit Ablauf des Tages der Kundmachung in Kraft, soweit nicht das Gesetz anderes bestimmt.

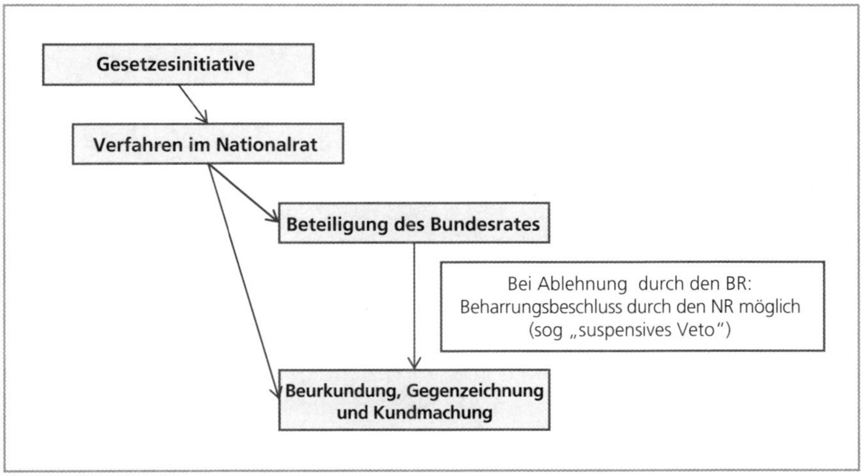

Der NR ist ein Kollegialorgan mit 183 Mitgliedern (Abgeordneten), die vom österreichischen Bundesvolk zumindest alle fünf Jahre durch allgemeine, unmittelbare, freie, gleiche, geheime und persönliche Wahlen nach den Grundsätzen der Verhältniswahl bestimmt werden. Der BR stellt die Länderkammer dar (bundesstaatliches Prinzip). Die Mitglieder des BR werden von den jeweiligen Landtagen gewählt. In den meisten Fällen der einfachen Bundesgesetzgebung und Bundesverfassungsgesetzgebung kommt dem BR nur das Recht zu, ein „suspensives Veto“ einzulegen. Erhebt der BR gegen einen Beschluss des NR begründeten Einspruch, kann dieser einen Beharrungsbeschluss fassen (dafür ist ein erhöhtes Anwesenheitsquorum von der Hälfte der Abgeordneten erforderlich, das Konsensquorum bleibt gleich). Der Gesetzesbeschluss wird dann trotz Einspruchs des BR neuerlich gefasst und an den Bundeskanzler zur Vorlage an den BPräs zur Beurkundung weitergeleitet. Bei einzelnen Angelegenheiten muss der BR zustimmen (zB bei Gesetzesbeschlüssen des NR, die die Zusammensetzung und Organisation des BR betreffen, oder bei Bundesverfassungsbestimmungen, welche die Kompetenzen der Länder einschränken). Bei einzelnen anderen Angelegenheiten hat der BR überhaupt kein Mitwirkungsrecht (zB Bundesbudget – Art 42 Abs 5 B-VG; siehe dazu auch EÖR II, LE 5).

B. Gesetzgebung der Länder

Die Gesetzgebung der Länder erfolgt durch den jeweiligen Landtag. Die Mitglieder des Landtages werden vom Landesvolk gewählt. Das Gesetzgebungsverfahren ist jenem im NR sehr ähnlich, wobei ausnahmsweise dem Bund eine Mitwirkung an der Landesgesetzgebung zukommt, zB wenn diese Abgaben zum Gegenstand hat.

Verfahren im NR

Erste Lesung
- Debatte über allg. Grundsätze der Vorlage
- findet statt
  - bei Initiativanträgen auf Verlangen des Antragstellers / der Antragstellerin
  - nicht bei Vorschlägen eines Ausschusses
  - bei Regierungsvorlage, Gesetzesvorschlägen des BR und Volksbegehren auf Beschluss des NR

Ausschussverfahren

Zweite Lesung
- Generaldebatte
  \+ Spezialdebatte

Dritte Lesung
- Abstimmung im Ganzen
- idR im Anschluss an 2. Lesung
- positive Abstimmung = Gesetzesbeschluss

Mitwirkung des Bundesrates (Art 42 B-VG)

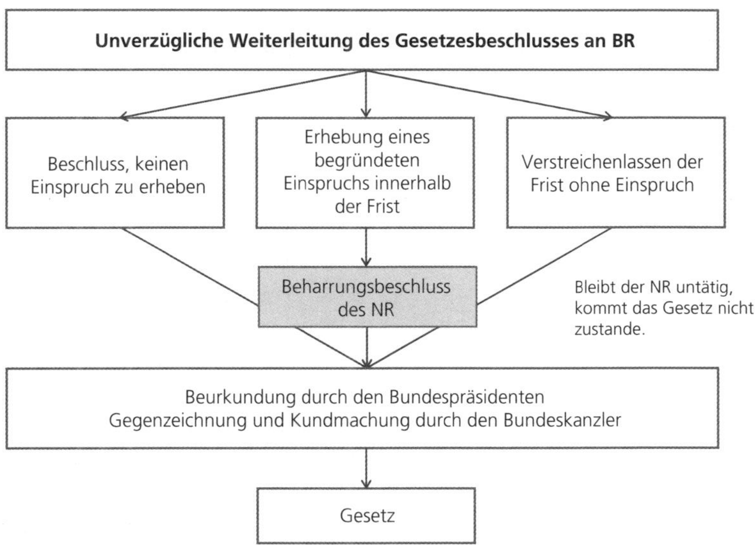

V. Vollziehung

Der Begriff der Vollziehung umfasst sämtliche Akte, die aufgrund der Gesetze zu deren Konkretisierung und Durchführung gesetzt werden. Die Vollziehung teilt sich in zwei Bereiche: Gerichtsbarkeit und Verwaltung. Die gesamte Vollziehung darf nur aufgrund der Gesetze ausgeübt werden (Art 18 B-VG – Legalitätsprinzip). Lässt sich ein Vollziehungsakt nicht auf ein Gesetz zurückführen, ist der Akt rechtswidrig und vernichtbar, dh er kann aufgehoben werden.

A. Wer handelt, wenn der Staat handelt?

Wenn der Staat handelt, handeln Personen in Vertretung für den Staat. Man unterscheidet dabei:

1. Organe, Organwalterinnen und Organwalter

Organe sind „Bündel von Zuständigkeiten". Darunter sind vom Gesetz vorgesehene Einrichtungen zu verstehen, die bestimmte Staatsaufgaben wahrnehmen. Der NR ist ein Organ der Gesetzgebung, eine Polizistin und ein Polizist sind Organe der öffentlichen Sicherheitsverwaltung, die Bezirksverwaltungsbehörde (BVB) ein Organ der Landesverwaltung. Die Menschen, die hinter dem Organ stehen, sind Organwalterinnen und Organwalter.

Beispiel

Das Organ ist der BPräs; der Organwalter ist *Alexander van der Bellen.*

Man kann weiters „Organ im organisatorischen Sinn" und „Organ im funktionellen Sinn" unterscheiden. Die BVB ist ein Landesorgan im organisatorischen Sinn (der Landesgesetzgeber ist zuständig, ihre Organisation zu regeln). Die BVB wird aber nicht nur im Bereich der Landesverwaltung, sondern auch im Rahmen der mittelbaren Bundesverwaltung (und damit funktionell für den Bund) tätig; insoweit ist sie funktionell ein Bundesorgan (siehe dazu auch Abschnitt V.B.2.a.). Organe und damit auch die dahinter stehenden Organwalterinnen und Organwalter handeln für eine juristische Person und berechtigen bzw verpflichten diese. Wenn das Organ Bezirkshauptmann

(BH) in der mittelbaren Bundesverwaltung zB im Wasserrecht handelt – einen Bescheid erlässt – wird es für die juristische Person Bund tätig. Schäden aus einem solchen Handeln können Dritte daher nur im Wege der Amtshaftung beim Bund geltend machen.

2. Behörden

Behörden sind Organe, die über Hoheitsgewalt, sog *imperium*, verfügen. *Imperium* ist die rechtliche, durch Gesetz verliehene Fähigkeit, einseitig verbindliche Rechtsakte zur Vollziehung der Gesetze zu erlassen (Bescheide, Erkenntnisse, Urteile, Verordnungen).

Beispiel

Ein BM ist eine Behörde, das Bundesministerium ist der Verwaltungsapparat (Hilfsapparat), der ihm zur Erledigung seiner Aufgaben beigegeben ist. BVB, LH, LReg, VwG, Landesgrundverkehrsbehörde und Gemeinderat sind Behörden.

3. Kollegialorgane (-behörden) – monokratische Organe (Behörden)

Diese Unterscheidung ergibt sich daraus, ob innerhalb eines Organs (einer Behörde) die Willensbildung durch einen Organwalter bzw eine Organwalterin (zB BM, LH, BH, Bgm) allein oder durch mehrere Personen gemeinsam erfolgt (zB BReg, LReg, Gemeinderat).

Bgm und Gemeinderat sind zwar Behörden und können daher grundsätzlich Vollziehungsakte erlassen. Jedoch stützen sie sich im Ausgangsfall auf ein „absolut nichtiges Gesetz“ bzw eine rechtswidrige Verordnung. Wenn die Gemeinde ihnen daher auf dieser Grundlage durch Bescheid Preise vorschreibt oder den Verkauf bestimmter Kleidungsstücke verbietet, fehlen diesen Vollziehungsakten die Voraussetzungen für ihre Rechtmäßigkeit. Es handelt sich somit um rechtswidrige und damit bekämpfbare Rechtsakte, die in den dafür vorgesehenen Verfahren insb durch die VwG aufgehoben werden können.

B. Vollziehung: Gerichtsbarkeit und Verwaltung

1. Gerichtsbarkeit

Die Gerichtsbarkeit gliedert sich in die ordentliche Gerichtsbarkeit und die Gerichtsbarkeit des öffentlichen Rechts. Über Streitigkeiten zwischen Privatpersonen urteilen gem § 1 JN (Jurisdiktionsnorm) die ordentlichen Gerichte (man spricht vom Privatrecht). In Angelegenheiten, an denen der hoheitlich handelnde Staat bei der Erfüllung seiner Staatsaufgaben beteiligt ist (man spricht vom öffentlichen Recht), sind Verwaltungsbehörden und die Gerichte des öffentlichen Rechts (VwG, VwGH und VfGH) zuständig.

Die Unterscheidung zwischen Privatrecht und öffentlichem Recht ist somit auch wichtig, um zu ermitteln, ob Verwaltungsbehörden und Gerichte des öffentlichen Rechts oder ordentliche Gerichte zuständig sind. Die österreichische Rechtsordnung baut auf dieser Unterscheidung auf. Allerdings nimmt die Gesetzgebung die Zuteilung zu den jeweiligen Behörden und Gerichten in den meisten Fällen in den Materiengesetzen selbst vor. Das erspart die Feststellung, ob Privatrecht vorliegt (und somit die ordentlichen Gerichte zuständig sind) oder ob öffentliches Recht gegeben ist (und eine Verwaltungsbehörde oder ein Gericht des öffentlichen Rechts zuständig ist).

Neben der Zuständigkeit zur Entscheidung von Zivilrechtsstreitigkeiten kommt den ordentlichen Gerichten nach der österreichischen Bundesverfassung auch die Zuständigkeit zur Vollziehung des großen Teils des Strafrechts (man spricht vom gerichtlichen Strafrecht) zu. Daneben gibt es auch im Verwaltungsrecht Strafbestimmungen, die von der Verwaltung und den Gerichten des öffentlichen Rechts vollzogen werden. Zum Justizstrafrecht gehören insb der „klassische“ strafrechtliche Schutz elementarer Rechtsgüter wie Leib, Leben, Eigentum (Körperverletzung, Mord, Diebstahl, Betrug usw) und alle Delikte, deren Verwirklichung mit schweren Strafen (insb Freiheitsstrafen) sanktioniert sind. Für das Strafrecht sind in der Bundesverfassung, insb in Art 6 EMRK, besondere Garantien vorgesehen (siehe dazu auch LE 3, Abschnitt IV.).

Das Besondere an der Gerichtsbarkeit ist, dass sie von unabhängigen, unabsetzbaren und unversetzbaren Organen (Richterinnen und Richtern) ausgeübt wird. Diese sind an keine Weisungen gebunden, sie entscheiden allein aufgrund des Gesetzes. Auch ein übergeordnetes Gericht hat keinerlei Weisungsbefugnis an ein untergeordnetes Gericht. Ordentliche Gerichte sind Bundesbehörden; das Zivil- und Strafrecht sind Angelegenheiten des Bundes in Gesetzgebung und Vollziehung.

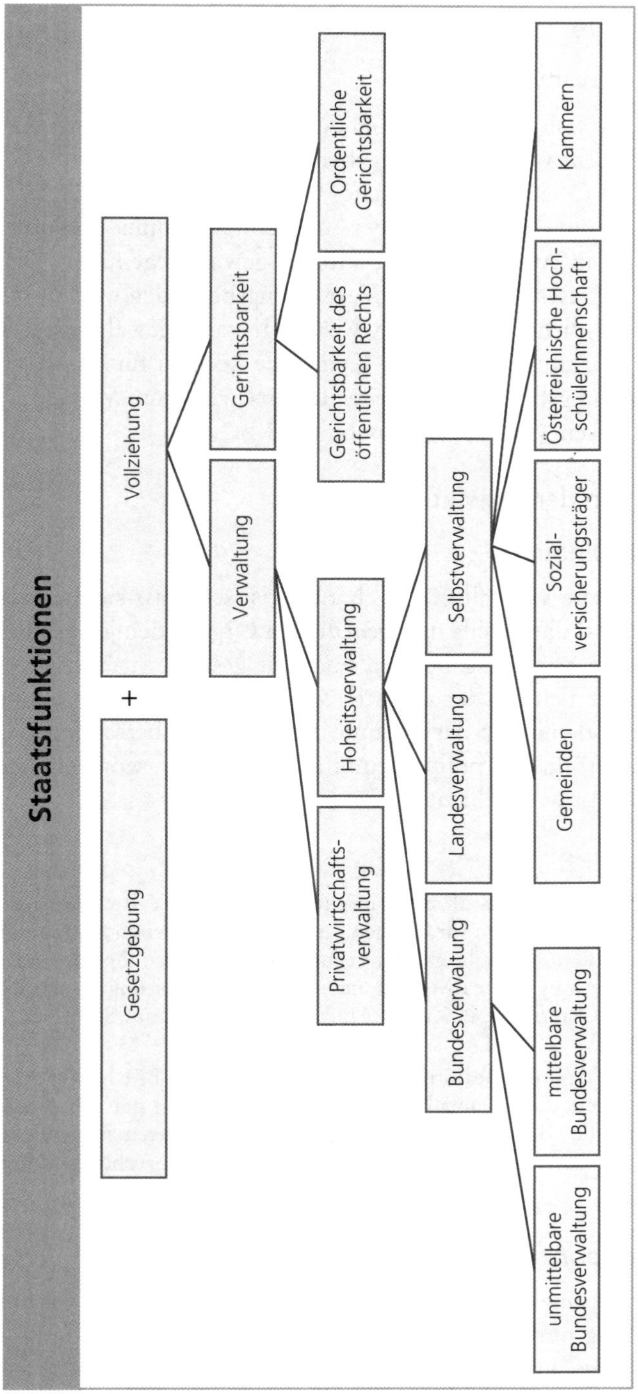
Staatsfunktionen
Gesetzgebung
+
Vollziehung
Verwaltung
Gerichtsbarkeit
Privatwirtschafts-verwaltung
Hoheitsverwaltung
Gerichtsbarkeit des öffentlichen Rechts
Ordentliche Gerichtsbarkeit
Bundesverwaltung
Landesverwaltung
Selbstverwaltung
unmittelbare Bundesverwaltung
mittelbare Bundesverwaltung
Gemeinden
Sozial-versicherungsträger
Österreichische Hoch-schülerInnenschaft
Kammern

2. Verwaltung

a. Hoheitsverwaltung

Die Hoheitsverwaltung ist jener Teil der Staatsgewalt, in dessen Rahmen das öffentliche Recht von Verwaltungsbehörden vollzogen wird. Die Vollziehung der GewO ist bspw klassisches Verwaltungsrecht. Die Behörde tritt dem Einzelnen in einer durch Über- und Unterordnung gekennzeichneten Konstellation in Ausübung ihrer Hoheitsgewalt gegenüber. Der Rechtsschutz gegen Entscheidungen der Verwaltungsbehörden wird durch die Gerichte des öffentlichen Rechts (idR VwG I. Instanz) gewährleistet. Lediglich im eigenen Wirkungsbereich der Gemeinde können für den Rechtsschutz gegen Verwaltungshandeln in zweiter Instanz wiederum Verwaltungsbehörden zuständig sein (siehe dazu Abschnitt III.B.2.).

(1) Prinzipien der Verwaltung

i. Weisungsbindung

Für die staatliche Verwaltung ist charakteristisch, dass sie hierarchisch organisiert ist und die jeweils nachgeordneten Organe den jeweils übergeordneten Organen weisungsgebunden sind. Die gesamte staatliche Verwaltung steht unter der Leitung der obersten Organe, die ihrerseits für ihre Amtsführung (und damit für das gesamte Ressort) den betreffenden gesetzgebenden Körperschaften politisch und rechtlich verantwortlich sind (staatsrechtliche Verantwortlichkeit).

Beispiel

Die Abteilungsleiterin weist ihre Mitarbeiterin für die EDV-Betreuung an, am Wochenende acht Überstunden für dringend notwendige Arbeiten am Computerserver der Abteilung, die nicht während der regulären Dienstzeit möglich sind, zu leisten (individuelle Weisung). Der BM für Inneres erlässt die Weisung an alle Bundespolizeibehörden in Österreich, in Zukunft nur mehr zu zweit auf Streife zu gehen (generelle Weisung).

Kommt es vor, dass die Beamtinnen und Beamten eines BM häufig rechtswidrige Bescheide erlassen, die regelmäßig aufgehoben werden, hat der NR – aufgrund der Verantwortung des BM für die Handlungen der Bediensteten seines Ressorts – die Möglichkeit, dem zuständigen BM das Misstrauen auszusprechen und ihn so abzuberufen.

ii. Legalitätsprinzip (Grundsatz der Gesetzmäßigkeit der Verwaltung)

Das Legalitätsprinzip (Art 18 Abs 1 B VG) fordert, dass die gesamte staatliche Verwaltung nur aufgrund der Gesetze ausgeübt werden darf. Jeder Verwaltungsakt (Bescheid, VO, unmittelbarer verwaltungsbehördlicher Befehls-

und Zwangsakt) muss im Gesetz begründet sein (siehe dazu Abschnitt III.A. 2.e.).

(2) Einfaches Verwaltungshandeln

Im Rahmen der Hoheitsverwaltung werden Behörden und Organe aber auch tätig, ohne hoheitliche Akte zu erlassen. In diesem Fall spricht man von schlichter Hoheitsverwaltung. Auch dieses Verwaltungshandeln lässt sich im weiteren Sinne auf Gesetze zurückführen. Unter diese schlichte Hoheitsverwaltung fallen die Vorbereitung von Entscheidungen, Erstellung von Gesetzesentwürfen, Ausstellung von Urkunden, Bürotätigkeiten, Auskunftserteilung etc. Die meisten Staatsangelegenheiten fallen unter diese schlichte Hoheitsverwaltung. Greift der Staat aber in subjektive Rechte von Personen ein, muss er sich einer Rechtsform bedienen, die eine nachfolgende Kontrolle ermöglicht (Bescheid, VO, unmittelbarer verwaltungsbehördlicher Befehls- und Zwangsakt), um die Gesetzmäßigkeit der Verwaltung zu gewährleisten (Prinzip des Rechtsstaates).

(3) Bundesverwaltung

Auf höchster Ebene der Bundesverwaltung stehen BPräs, die BReg (BM unter dem Vorsitz des Bundeskanzlers; auch Bundes- und Vizekanzler sind BM) als Kollegialorgan und der Bundeskanzler, der Vizekanzler und die einzelnen BM als monokratische Organe. Sie alle werden als oberste Organe der Bundesverwaltung bezeichnet. Diese Organe sind einander gleichgeordnet, es besteht kein Weisungszusammenhang zwischen ihnen. Allerdings sind sie bei der Setzung von bestimmten Akten voneinander abhängig (Art 29, 67, 68, 70, 74, 76 B-VG). Jeder BM ist für seinen Vollziehungsbereich oberstes Verwaltungsorgan (bzw Behörde) und für diesen verantwortlich.

Im Bundesministeriengesetz (BMG) sind die einzelnen Sachgebiete den BM zugeordnet. Dabei gibt die Bundesverfassung Rahmenbedingungen dafür vor, ob und welche Angelegenheiten unmittelbar von Behörden des Bundes oder mittelbar von Landesbehörden zu vollziehen sind.

i. Unmittelbare Bundesverwaltung

Im Rahmen der unmittelbaren Bundesverwaltung werden bundeseigene Behörden tätig. Dies stellt in der österreichischen Verwaltung eher die Ausnahme dar (zB Bundespolizei, Finanzämter, Studienbeihilfenbehörden) (siehe dazu auch LE 7, Abschnitt III.C.2.a). Es können nur solche Angelegenheiten in unmittelbarer Bundesverwaltung vollzogen werden, deren Vollziehung nach Art 10 B-VG dem Bund übertragen ist und für die nach Art 102

Abs 2 B-VG die Möglichkeit der unmittelbaren Bundesverwaltung eröffnet wird. Ob Angelegenheiten, die diese beiden Voraussetzungen erfüllen, tatsächlich in unmittelbarer Bundesverwaltung vollzogen werden, entscheidet die einfache Bundesgesetzgebung, indem sie im entsprechenden Materiengesetz eigene Bundesbehörden zur Vollziehung vorsieht. Geschieht dies nicht, werden auch solche Angelegenheiten in mittelbarer Bundesverwaltung vollzogen. Gegen Entscheidungen der Verwaltungsbehörden in unmittelbarer Bundesverwaltung kann Beschwerde an das BVwG erhoben werden.

ii. Mittelbare Bundesverwaltung

Zahlreiche Angelegenheiten der Bundesverwaltung werden von Landesbehörden vollzogen (zB Gewerberecht, Wasserrecht). Dies sieht die Bundesverfassung in Art 102 B-VG vor. Diese Landesbehörden (insb die BVB und der LH) werden dann für den Bund, also funktionell als Bundesbehörden, tätig, obwohl sie organisatorisch Landesbehörden sind. In den Angelegenheiten der mittelbaren Bundesverwaltung besteht ein Weisungszusammenhang zwischen den Bundesbehörden und den Landesbehörden (der zuständige BM kann – nur – dem LH Weisungen erteilen, Verbot des Weisungsdurchgriffs). Dies hat mehrere Vorteile. Zum einen vermeidet man in weiten Teilen eine doppelte Verwaltungsorganisation. Zum anderen werden die Länder, die über wenige eigene Gesetzgebungs- und Vollziehungskompetenzen verfügen, stärker an der Staatsgewalt beteiligt (bundesstaatliches Prinzip). Dem LH als Träger der mittelbaren Bundesverwaltung sind die BVB der Länder unterstellt und somit ihrerseits seinen Weisungen unterworfen.

In der mittelbaren Bundesverwaltung entscheiden über Beschwerden gegen Bescheide der Verwaltungsbehörden die LVwG, sofern nicht die Zuständigkeit des BVwG gesetzlich vorgesehen ist. Aufgrund der richterlichen Unabhängigkeit besteht kein Weisungszusammenhang zu Bundes- oder Landesorganen (siehe dazu auch LE 7, Abschnitt III.C.2.a.).

Beispiel

Die Betriebsanlagenbewilligung erfolgt im Rahmen der mittelbaren Bundesverwaltung. Die zuständige Verwaltungsinstanz ist die BVB, die zuständige Rechtsmittelinstanz ist das LVwG (kein administrativer Instanzenzug). Der LH als sachlich in Betracht kommende Oberbehörde bzw Aufsichtsbehörde kann aber der BVB Weisungen erteilen.

(4) Landesverwaltung

Die Landesverwaltung wird von Landesbehörden besorgt. Jedes Bundesland ist in politische Bezirke gegliedert, die von den BVB verwaltet werden. Als BVB wird regelmäßig die BH tätig. In der Landesverwaltung ist die

LReg als Kollegialorgan (bzw die einzelnen Mitglieder der LReg, soweit dies in der Geschäftsordnung der LReg vorgesehen wird) als oberstes Organ der Landesverwaltung gegenüber der BVB weisungsbefugt. Über Beschwerden gegen Bescheide der Verwaltungsbehörden in Landesverwaltungssachen entscheiden die LVwG (siehe dazu auch LE 7, Abschnitt III.C. 2.b.).

(5) Gemeinden

Gemeinden spielen innerhalb der österreichischen Verwaltung eine besondere Rolle. Ihnen kommt ein eigener und ein übertragener Wirkungsbereich zu. Ihr eigener Wirkungsbereich umfasst alle Angelegenheiten, die im ausschließlichen oder überwiegenden Interesse der örtlichen Gemeinschaft gelegen und geeignet sind, durch die Gemeinschaft innerhalb ihrer örtlichen Grenzen besorgt zu werden (Art 118 Abs 2 B-VG). Was somit in den eigenen Wirkungsbereich fällt (örtliche Sicherheitspolizei, örtliche Straßenpolizei etc, siehe insb Art 118 Abs 3 B-VG), soll von der Gemeinde auch besorgt werden (nur unter besonderen Voraussetzungen können Organen anderer Gebietskörperschaften einzelne Befugnisse der Gemeinde übertragen werden). Aufgaben des eigenen Wirkungsbereichs sind in den die jeweiligen Angelegenheiten regelnden Gesetzen explizit als solche zu bezeichnen. Diese Bezeichnung wirkt konstitutiv, dh erst aufgrund einer solchen einfachgesetzlichen Anordnung zählt eine bestimmte Aufgabe tatsächlich zum eigenen Wirkungsbereich. Der Instanzenzug im eigenen Wirkungsbereich der Gemeinde ist zweigliedrig, sofern der Gesetzgeber den Instanzenzug nicht ausschließt (so zB in Tirol). Es entscheidet damit eine Verwaltungsbehörde über Rechtsmittel gegen Entscheidungen einer anderen Verwaltungsbehörde.

Beispiel

Die jeweiligen Gemeindeordnungen regeln den Instanzenzug. Ein zweistufiger Instanzenzug im eigenen Wirkungsbereich der Gemeinde ist etwa in Bauangelegenheiten typischerweise der Fall. Der Bgm wird dann als erste und der Gemeinderat als zweite Instanz tätig.

Nach Erschöpfung des (administrativen) innergemeindlichen Instanzenzugs besteht die Möglichkeit der Beschwerde an die VwG. Dort, wo ein Instanzenzug innerhalb der Gemeinde ausgeschlossen ist, wie zB in Tirol, entscheidet idR nach dem Bgm das VwG.

In den Angelegenheiten des eigenen Wirkungsbereichs der Gemeinden besteht kein Weisungsrecht von Bundes- oder Landesbehörden an Gemeindeorgane. Allerdings steht die Gemeinde (wie Selbstverwaltungskörper im Allgemeinen) unter staatlicher Aufsicht, um eine Verantwortlichkeit der obersten Organe gegenüber den (gewählten) gesetzgebenden Organen begründen zu können.

Neben dem eigenen Wirkungsbereich haben die Gemeinden auch einen übertragenen Wirkungsbereich. In diesen Angelegenheiten werden sie, je nachdem, um welchen Kompetenztatbestand es sich handelt (Bundes- oder Landesvollziehung), funktionell für das Land oder für den Bund tätig. Das zuständige Organ ist hier der Bgm, es besteht ein Weisungszusammenhang über die Gemeinde hinaus zu den übergeordneten Landes- bzw Bundesorganen (Art 119 B-VG). Zum Beispiel obliegt den Gemeinden die Führung der Landeswählerevidenz (in Vollziehung von Landessachen) oder das Meldewesen (in Vollziehung von Bundessachen) im übertragenen Wirkungsbereich.

(6) Andere Selbstverwaltungskörper

Neben den Gemeinden bestehen noch andere – ebenfalls verfassungsrechtlich verankerte – Selbstverwaltungskörper: Für sie gilt Ähnliches wie für die Gemeinden (eigener und übertragener Wirkungsbereich, staatliche Aufsicht und Weisungsfreiheit vs Weisungsbindung etc). Die wichtigsten Selbstverwaltungsköper neben den Gemeinden sind: Kammern (Wirtschaftskammer, Arbeiterkammer), Sozialversicherungsträger, Österreichische HochschülerInnenschaft und Jägerschaften.

b. Privatwirtschaftsverwaltung

Der Staat (Bund, Länder und Gemeinden) kann auch im Rahmen des Privatrechts handeln und zB Verträge abschließen. Art 17 B-VG verleiht Bund und Ländern, Art 116 Abs 2 B-VG den Gemeinden „Privatrechtsfähigkeit" („Die Gemeinde ist selbständiger Wirtschaftskörper."). In diesen Fällen handelt der Staat rechtlich gesehen wie jede „Privatperson". Seine Verträge unterliegen wie Verträge zwischen Privatpersonen der Kontrolle der ordentlichen Gerichtsbarkeit.

Allerdings ist diese „Privatrechtsfähigkeit" des Staates inhaltlich – insb durch die sog Fiskalgeltung der Grundrechte (siehe dazu auch LE 3) – begrenzt. Anders als Privaten kommt dem Staat eben keine umfassende Privatautonomie, sondern nur eine verfassungsrechtlich begrenzte Privatrechtsfähigkeit zu.

Beispiel

Die Gemeinde ist Eigentümerin eines Seegrundstückes und betreibt dort ein Strandbad; der Bund gründet eine Aktiengesellschaft für die Erhaltung, Errichtung und den Betrieb des hochrangigen Straßennetzes; die LReg vergibt einen Bauauftrag für ein neues Amtsgebäude; die Gemeinde kauft Büroutensilien.

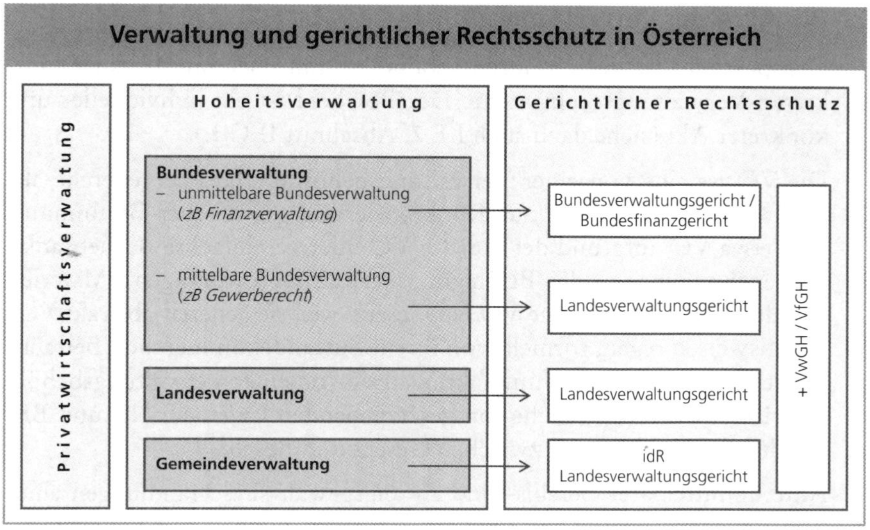

C. Die Akte der Vollziehung

Die Akte der Vollziehung sind in der Gerichtsbarkeit insb das Urteil (ordentliche Gerichte) bzw das Erkenntnis (Gerichtsbarkeit des öffentlichen Rechts) und der Beschluss, in der Verwaltung insb die VO, der Bescheid und der Akt unmittelbarer verwaltungsbehördlicher Befehls- und Zwangsgewalt. Greift ein Akt der Vollziehung in ein subjektives Recht einer Person ein, muss sich das staatliche Vollziehungsorgan eines dieser Akte bedienen. Dies ergibt sich aus dem Prinzip der Rechtsstaatlichkeit. Diese Akte unterliegen der nachprüfenden Kontrolle durch Gerichte (der VwG oder der ordentlichen Gerichte) und durch die Höchstgerichte (VfGH, VwGH, OGH).

1. Die Akte der Gerichtsbarkeit

- Das Urteil und das Erkenntnis sind individuell-konkrete Rechtsakte. Sie beziehen sich auf bestimmte Rechtssubjekte (individuell) und verpflichten diese zu einem bestimmten Tun oder Unterlassen, gestalten Rechtsverhältnisse oder stellen das Bestehen oder Nichtbestehen eines Rechtsverhältnisses (konkret) fest, zB Stattgebung bzw Abweisung eines Prüfungsantrags bzw einer Beschwerde durch den VfGH.
- Beschlüsse sind ebenfalls individuell-konkrete Entscheidungen der Gerichte. Oft sind dies Entscheidungen über prozessuale Fragen, wie zB die Zurückweisung einer Klage, weil die Angelegenheit bereits streitanhängig ist, oder die Einstellung des Verfahrens.

2. Die Akte der Verwaltung

- Der Bescheid ist die verfahrensgebundene Entscheidung in einer konkreten Verwaltungsrechtssache. Der Bescheid ist ein individueller und konkreter Akt (siehe dazu auch LE 7, Abschnitt II.C.3.).
- Die VO ist eine von einer Verwaltungsbehörde erlassene generelle-abstrakte Norm und dient zur Konkretisierung gesetzlicher Bestimmungen (etwa VO aufgrund der GewO: VO über vereinfachte Betriebsanlagengenehmigungen oder Befähigungsnachweisverordnungen). Materiell (inhaltlich) gesehen ist eine VO ein Gesetz, weil sie generell-abstrakt Verhaltensweisen regelt, formell (von ihrem Zustandekommen her) betrachtet ist die VO ein Verwaltungsakt, weil sie von einer Verwaltungsbehörde erlassen wird (und nicht von gesetzgebenden Organen: NR und BR, Landtag). Sie steht somit zwischen Gesetz und Bescheid.
- Akte unmittelbarer Befehls- und Zwangsgewalt sind Handlungen eines Organs einer Behörde aufgrund des Gesetzes, die ohne vorhergehendes ordentliches Verfahren gesetzt werden.

Beispiel

Sie sind alkoholisiert zu schnell mit dem Auto gefahren und Ihre Identität war, weil Sie keinen Führerschein und auch keinen sonstigen Ausweis dabei hatten, nicht feststellbar. Sie werden daher von einer Polizistin bzw einem Polizisten (Organ der öffentlichen Sicherheitsverwaltung) verhaftet, weil Sie bei einer Verwaltungsübertretung auf frischer Tat betreten wurden. Bei der Verhaftung handelt es sich um einen Akt unmittelbarer Befehls- und Zwangsgewalt.

- Weisungen sind „Befehle" eines übergeordneten Organs an ein untergeordnetes (zB LH an BVB in Landesverwaltung oder in mittelbarer Bundesverwaltung). Weisungen sind auch innerhalb ein- und derselben Behörde möglich (zB BM an Sektionschef). Sie richten sich immer nur an staatliche Organe und nie an Dritte (Privatpersonen). Sie können generell-abstrakt (Erlässe) oder individuell-konkret (dh an ein bestimmtes Organ gerichtet) sein (siehe Abschnitt V.B.2.a.).
- Einfaches Verwaltungshandeln: Dieser Begriff umfasst jenes Verwaltungshandeln, das – wenn auch im Zusammenhang mit der Vollziehung von Gesetzen – formlos geschieht.

Beispiel

Sie erhalten bei einer Behörde eine (unverbindliche) telefonische Auskunftserteilung.

- Privatwirtschaftliches Verwaltungshandeln: Handelt die Verwaltung rechtstechnisch mit denselben Mitteln, wie sie auch jeder Privatperson zur Verfügung stehen (schließt sie zB Verträge ab, errichtet Gesellschaftsverträge oder übt zivilrechtliche Eigentümerbefugnisse aus), spricht man davon, dass die Verwaltung hier „privatwirtschaftlich" tätig wird (siehe Abschnitt V.B.2.b.).

D. Rechtsschutz bei der Vollziehung

Dem rechtsstaatlichen Prinzip zufolge muss es möglich sein, fehlerhafte Entscheidungen einer Verwaltungsbehörde oder eines Gerichts von einer übergeordneten Behörde auf ihre Gesetzmäßigkeit überprüfen zu lassen (siehe dazu auch LE 7, Abschnitt III.).

Die Rechtsmittel gegen zivilrechtliche Entscheidungen der Gerichte werden Berufung, Rekurs, Revision und Revisionsrekurs genannt. In gerichtlichen Strafverfahren spricht man von Berufung und Nichtigkeitsbeschwerde. Die höchste Instanz in Zivilrechtssachen und gerichtlichen Strafsachen ist der Oberste Gerichtshof (OGH), in bestimmten Fällen die Oberlandesgerichte oder die Landesgerichte.

In Verwaltungsangelegenheiten sind idR die VwG als Rechtsmittelinstanz vorgesehen, sie sind mit dem Rechtsmittel der Beschwerde anzurufen. Gegen deren Entscheidung steht der Rechtsweg an den VwGH (Art 133 B-VG) oder VfGH (Art 144 B-VG) offen.

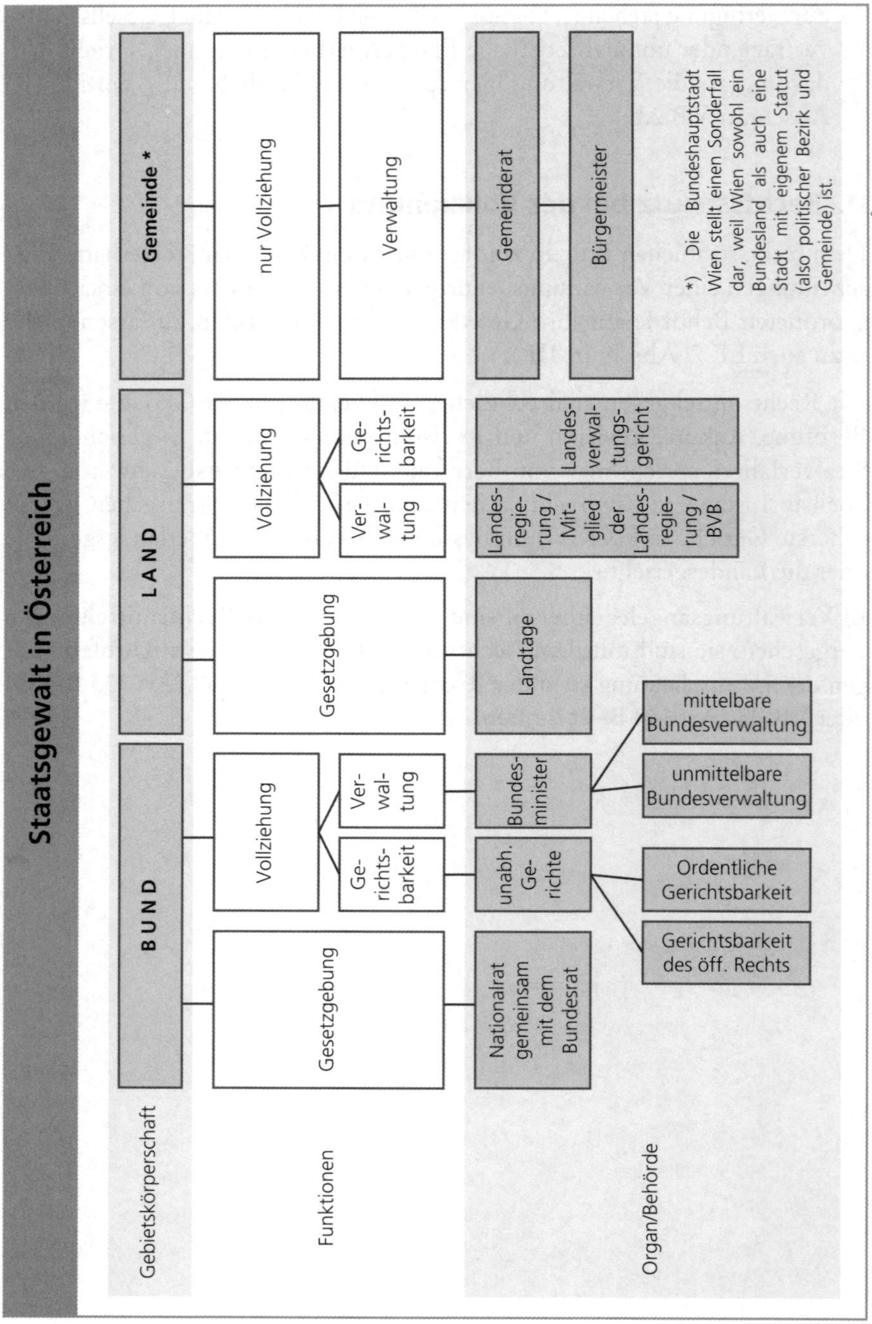
Staatsgewalt in Österreich
Gebietskörperschaft
BUND
LAND
Gemeinde *
Funktionen
Gesetzgebung
Vollziehung
Gerichtsbarkeit
Verwaltung
Gesetzgebung
Vollziehung
Verwaltung
Gerichtsbarkeit
nur Vollziehung
Verwaltung
Organ/Behörde
Nationalrat gemeinsam mit dem Bundesrat
unabh. Gerichte
Bundesminister
Landtage
Landesregierung / Mitglied der Landesregierung / BVB
Landesverwaltungsgericht
Gemeinderat
Bürgermeister
Gerichtsbarkeit des öff. Rechts
Ordentliche Gerichtsbarkeit
unmittelbare Bundesverwaltung
mittelbare Bundesverwaltung
*) Die Bundeshauptstadt Wien stellt einen Sonderfall dar, weil Wien sowohl ein Bundesland als auch eine Stadt mit eigenem Statut (also politischer Bezirk und Gemeinde) ist.

Weiterführende Literatur

Adamovich/Funk/Holzinger/Frank, Österreichisches Staatsrecht Band 2: Staatliche Organisation[3] (2014)
Berka, Verfassungsrecht[8] (2021)
Grabenwarter/Holoubek, Verfassungsrecht – Allgemeines Verwaltungsrecht[4] (2019)
Kahl/Weber, Allgemeines Verwaltungsrecht[7] (2019)
Mayer/Kucsko-Stadlmayer/Stöger, Grundriss des österreichischen Bundesverfassungsrechts[11] (2015)
Öhlinger/Eberhard, Verfassungsrecht[12] (2019)
Raschauer, Allgemeines Verwaltungsrecht[5] (2016)

Wiederholungsfragen

- Wie ist die Staatsgewalt gegliedert?
- Welche Gebietskörperschaften gibt es?
- Welche Arten von Gesetzen gibt es und wie werden sie erlassen?
- Nennen Sie die Grundprinzipien der österreichischen Bundesverfassung!
- Was ist das gewaltenteilende Prinzip, was besagt das rechtsstaatliche Prinzip?
- Welche Organe der Gesetzgebung gibt es?
- Beschreiben Sie den Stufenbau der Rechtsordnung!
- Wodurch unterscheidet sich die Hoheitsverwaltung von der Privatwirtschaftsverwaltung?
- Was sind Organe, Organwalter und Behörden?
- Welche Angelegenheiten gehören vor ein ordentliches Gericht, welche vor eine Verwaltungsbehörde?
- Wer sind die obersten Organe der Bundesverwaltung?
- Was versteht man unter mittelbarer und unmittelbarer Bundesverwaltung?
- Wer ist oberstes Organ der Landesverwaltung?
- Welche Aufgaben haben die Gemeinden nach der österreichischen Bundesverfassung?
- Was sind Akte der Gerichtsbarkeit, was Akte der Verwaltung?
- Aus welchem Prinzip der österreichischen Bundesverfassung ergibt sich der Rechtsschutz?

Lektion 2

Organisationsrecht der EU

Der Konkurs und die Richtlinie

Nehmen Sie an, Sie arbeiten schon seit Längerem in einem Unternehmen, das Halbleiter-Chips vor allem für Handys herstellt. Da aufgrund des bereits gesättigten Handy-Marktes die Nachfrage nach Handys immer stärker sinkt, müssen die Handyhersteller ihre Produktion zurückschrauben. Das bekommt auch Ihr Unternehmen zu spüren, weil die Aufträge der Handyhersteller zur Lieferung von Halbleiter-Chips drastisch zurückgehen. Ihr Unternehmen versucht daher, sich durch Teilzeitregelungen, Personalabbau etc über Wasser zu halten, doch leider vergebens: Ihr Arbeitgeber muss schließlich wegen Zahlungsunfähigkeit Insolvenz anmelden.

In der letzten Zeit vor der Insolvenz haben Sie von Ihrem Arbeitgeber nur noch gelegentlich Lohnzahlungen erhalten. Ihrer Klage auf Zahlung des noch ausständigen Restlohnes im Ausmaß von zwei Monatsgehältern wird zwar stattgegeben, aufgrund der Zahlungsunfähigkeit Ihres Arbeitgebers nützt Ihnen das jedoch leider auch nichts mehr. Verärgert über den Lohnausfall erfahren Sie allerdings kurz darauf von Ihrer Nachbarin, die an der WU „Wirtschaftsrecht" studiert, dass es eine Richtlinie der EU gibt, welche die Mitgliedstaaten verpflichtet, Garantieeinrichtungen (zB Fonds) zu schaffen, die im Fall einer Insolvenz von Unternehmen sicherstellen sollen, dass die noch ausstehenden Lohnforderungen der Arbeitnehmer befriedigt werden. Sie erkundigen sich daher nach einem solchen „Insolvenz-Fonds", erhalten aber lediglich die Auskunft, dass es so etwas nicht gebe. Sie wundern sich über diese Auskunft, hatte doch Ihre Nachbarin erklärt, dass eine entsprechende Richtlinie der EU existiere und dass Richtlinien der EU von den Mitgliedstaaten umgesetzt werden müssten.

Die zentralen Fragen dieses Kapitels sind:

- Was ist die EU und wie ist sie aufgebaut?
- Welche Unionsrechtsvorschriften gibt es?
- Was ist das Besondere am Unionsrecht und wie verhält sich das Unionsrecht zum nationalen Recht?

I. Was ist die EU?

A. Die Ursprünge der Europäischen Union – die drei Europäischen Gemeinschaften (EGKS, EAG, EWG)

Die Gründung der Europäischen Union (EU) im Jahr 1993 markiert den bedeutendsten Schritt des schon nahezu 70 Jahre andauernden Prozesses der Europäischen Integration. Heute nimmt die EU in vielen Bereichen vormals staatliche Aufgaben wahr und beeinflusst das in den Mitgliedstaaten geltende Recht weitreichend.

Der erste Schritt zur EU wurde im Jahr 1951 mit der Gründung der Europäischen Gemeinschaft für Kohle und Stahl (EGKS) durch einen völkerrechtlichen Vertrag, der 1952 in Kraft getreten ist, gesetzt.

Mit der Schaffung dieser Organisation und der damit einhergehenden gemeinsamen Regelung der beiden Wirtschaftssektoren Kohle und Stahl strebten Deutschland und Frankreich (der damalige französische Außenminister Robert Schuman und der Unternehmer Jean Monnet entwickelten den Plan dafür) nach einer politischen Aussöhnung nach dem Zweiten Weltkrieg. An dem Vorhaben beteiligten sich zunächst neben Deutschland und Frankreich noch die Benelux-Staaten (Belgien, Niederlande, Luxemburg) und Italien.

Um die Europäische Integration durch die Verflechtung weiterer Wirtschaftssektoren bzw Lebensbereiche voranzutreiben, wurden 1957 die Europäische Wirtschaftsgemeinschaft (EWG) und die Europäische Atomgemeinschaft (EAG, auch EURATOM genannt) durch entsprechende völkerrechtliche Verträge gegründet, die 1958 in Kraft traten. Dahinter stand die Idee, durch eine zunächst sektorale Integration der Wirtschaftsbeziehungen der Mitgliedstaaten einen „Spill over"-Effekt auch für eine Integration in weiteren Politikbereichen zu bewirken. Die weitere Geschichte der EU ist dann auch eine solche immer weiterer Integrationsschritte, wobei diese immer wieder von desintegrativen Entwicklungstendenzen durchbrochen werden.

B. Die Weiterentwicklung der EU

1. Vom Maastrichter Vertrag bis zum Vertrag über eine Verfassung für Europa

Die Europäische Union (EU) wurde durch einen völkerrechtlichen Vertrag, den Vertrag von Maastricht (VvM), gegründet. Dieser wurde von den zwölf damaligen Mitgliedstaaten der Europäischen Gemeinschaften 1992 unterzeichnet. Dieser Vertrag über die Europäische Union (EUV), der 1993 in Kraft trat, sah einen europäischen Raum ohne Binnengrenzen, eine gemeinsame Außen- und Sicherheitspolitik (GASP) und die Zusammenarbeit in den Bereichen Justiz und Inneres vor.

Die EU ersetzte zum damaligen Zeitpunkt nicht die Europäischen Gemeinschaften (EGKS, EAG und EWG), sondern stellte diese mit den neuen Politiken und Formen der Zusammenarbeit unter ein gemeinsames Dach. Dies führte zu den sog drei Säulen der EU: 1. die Europäischen Gemeinschaften, 2. die GASP und 3. die Zusammenarbeit in den Bereichen Justiz und Inneres (seit dem Vertrag von Amsterdam „Polizeiliche und Justizielle Zusammenarbeit in Strafsachen" genannt). Der VvM benannte ferner die EWG in „Europäische Gemeinschaft" (EG) um. Gleichzeitig wurden auch die Regelungen über die Errichtung einer Wirtschafts- und Währungsunion (WWU) eingeführt.

Eine seither entscheidende Weiterentwicklung erfuhr die EU mit dem 1997 abgeschlossenen und 1999 in Kraft getretenen Vertrag von Amsterdam. Eine Regelung über die verstärkte Zusammenarbeit einzelner Mitgliedstaaten (auch flexible Integration genannt) sollte es einzelnen Mitgliedstaaten ermöglichen, in bestimmten Bereichen im Rahmen der EU enger zusammenzuarbeiten, während die anderen Mitgliedstaaten auf dem jeweiligen Status Quo der bereits erreichten Integration verbleiben konnten. Damit wurde der Weg für ein „Europa der mehreren Geschwindigkeiten" eröffnet.

Ein vom Europäischen Rat einberufener „Konvent zur Zukunft Europas" legte 2003 den Entwurf für einen Vertrag über eine Verfassung für Europa (VVE) vor. Dieser Entwurf wurde – mit einigen Modifikationen – im Herbst 2004 von den Vertretern der Mitgliedstaaten zwar unterzeichnet, zum Inkrafttreten des VVE kam es allerdings nicht. Dafür wäre wie bei jeder Primärrechtsänderung die Ratifikation des Vertrages durch alle Mitgliedstaaten erforderlich gewesen, die aber nicht erfolgte.

Die Kritiker des VVE brachten ua vor, dass nur Staaten Verfassungen hätten, sodass die Verwendung dieses Terminus in Bezug auf die EU verfehlt sei. Gravierender war der damit verbundene Vorwurf, durch diesen Vertrag und seine Bezeichnung würde die Gründung eines europäischen Bundesstaates gefördert, was die meisten Mitgliedstaaten und deren Bevölkerungen ablehnten (wie sich in den in Frankreich im Mai 2005 und in den Niederlanden im Juni 2005 abgehaltenen Volksabstimmungen zeigte).

2. Vertrag von Lissabon 2007

a. Entstehungsgeschichte

Nach dem negativen Ausgang der Volksabstimmungen in Frankreich und in den Niederlanden berief der Europäische Rat für 2007 eine Konferenz der Vertreter der Regierungen der Mitgliedstaaten der EU mit dem Ziel ein, noch im selben Jahr einen „Reformvertrag" auszuarbeiten und zu unterzeichnen. Dieser sollte gegenüber dem VVE wesentliche Abstriche enthalten.

Der Vertrag von Lissabon (VvL, auch „Reformvertrag" genannt) wurde 2007 unterzeichnet. Es dauerte jedoch beinahe zwei Jahre, bis er in Kraft treten konnte. Seine Kritiker beanstandeten, dass an den wesentlichen materiellen Inhalten des früheren VVE nichts verändert worden war. Ihnen ging die Übertragung von Aufgaben auf die EU teilweise bereits vor dem VvL zu weit. Durch den VvL wurden aber weitere wichtige Kompetenzen (etwa im Bereich Justiz und Inneres) auf die EU übertragen.

Den entscheidenden Durchbruch brachte schließlich – nach einer gescheiterten ersten Volksabstimmung 2008 – eine klare Mehrheit für den VvL in einem zweiten Referendum in Irland im Oktober 2009. Am 1. Dezember 2009 trat der VvL endlich in Kraft.

b. Konsequenzen des Vertrags von Lissabon

Durch den VvL wurde eine neue EU gegründet, neben der (nur mehr) die EAG als eigene spezielle Organisation fortbesteht. Die EU und die EAG sind ineinander verzahnte Internationale Organisationen mit teilweiser Organidentität. Die EU wurde Rechtsnachfolgerin der EG und erhielt damit eine einheitliche Struktur und ihre – bis dahin umstrittene – Rechtspersönlichkeit. Vertragliche Grundlagen der EU (Primärrecht) sind nunmehr insb der Vertrag über die Europäische Union (EUV) und der Vertrag über die Arbeitsweise der Europäische Union (AEUV). Sie bringen ua die Ausweitung des Prinzips der qualifizierten Mehrheit für die Beschlussfassung im Rat der EU und eine Aufwertung des Europäischen Parlaments. Durch diese Aufwertung, durch die Einführung des direkt-demokratischen Instruments der „Europäischen Bürgerinitiative" und durch eine stärkere Einbindung der nationalen Parlamente in den europäischen Gesetzgebungsprozess soll das häufig kritisierte „demokratische Defizit" der EU verringert werden. Mit dem VvL wurde auch die Charta der Grundrechte der EU (EU-Grundrechtecharta, kurz: GRC) für rechtsverbindlich erklärt. Zudem wurde mit dem VvL die Möglichkeit für die Mitgliedstaaten festgeschrieben, aus der EU auszutreten.

3. Erweiterungen und Brexit

Der Mitgliederstand ist seit der Gründung der Europäischen Gemeinschaften stark angewachsen. Die Gründungsmitglieder von 1951 bzw 1957 waren Frankreich, Deutschland, Belgien, Niederlande, Luxemburg und Italien. Im Jahre 1973 traten den Europäischen Gemeinschaften Dänemark, das Vereinigte Königreich und Irland bei. Griechenland wurde 1981 Mitglied der Europäischen Gemeinschaften, Portugal und Spanien folgten 1986. Finnland, Österreich und Schweden wurden 1995 in die EU aufgenommen. Die ehemals kommunistischen Staaten Mittel- und Osteuropas Estland, Lettland, Litauen, Polen, die Tschechische Republik, Slowakei, Slowenien und Ungarn traten gemeinsam mit Malta und Zypern 2004 der EU bei. Bulgarien und Rumänien folgten 2007. Am 1. Juli 2013 wurde Kroatien der 28. Mitgliedstaat der EU.

Nachdem sich bei einer Volksabstimmung im Jahr 2016 eine knappe Mehrheit der Bevölkerung des Vereinigten Königreiches für den Austritt des Vereinigten Königreiches aus der EU („leave") ausgesprochen und die britische Regierung am 29. März 2017 offiziell den Austritt aus der EU beantragt hatte (Art 50 EUV), wurden Verhandlungen über den Austritt des Vereinigten Königreiches aus der EU aufgenommen („Brexit"). Mit 31. Jänner 2020 ist das Vereinigte Königreich aus der EU ausgetreten.

Die wichtigsten Gründungsverträge der EU

- **Die Europäische Integration im Rahmen der EU beruht auf völkerrechtlichen Verträgen:**
  - EGKSV (Europäische Gemeinschaft für Kohle und Stahl): 2002 ausgelaufen
  - EGV (Europäische Gemeinschaft): in AEUV aufgegangen
  - EAGV (Europäische Atomgemeinschaft)
  - EUV (Europäische Union)
- **Änderungen und Weiterentwicklungen**
  - Vertrag von Amsterdam (1997/99)
  - Vertrag von Nizza (2001/03)
  - [*Vertrag über eine europäische Verfassung (2004) nicht ratifiziert*]
  - Vertrag von Lissabon (2007/09)
- **Status Quo nach dem Vertrag von Lissabon**
  - AEUV (Vertrag über die Arbeitsweise der Europäischen Union)
  - EUV (Vertrag über die Europäische Union)
  - EAGV

2005 wurden Beitrittsverhandlungen mit der Türkei eröffnet. Bereits im Jahr 2000 war allen Staaten des Westbalkans eine mögliche Mitgliedschaft in der EU vom Europäischen Rat in Aussicht gestellt worden; Beitrittsverhandlungen werden derzeit mit Serbien und Montenegro geführt. Im März 2020 wurde die Aufnahme von Beitrittsverhandlungen mit Nordmazedonien (Ehemalige Yugoslawische Republik Mazedonien, FYROM) und Albanien beschlossen.

II. Wie ist die EU aufgebaut?

Auf der Grundlage der Verträge (insb EUV bzw AEUV) werden täglich Entscheidungen getroffen, die auch den einzelnen Bürger unmittelbar betreffen. Der Einzelne ist längst nicht mehr nur Bürger seines Landes, seiner Stadt oder seiner Gemeinde, sondern auch Unionsbürger (siehe dazu auch LE 4).

Die EU ist weiterhin kein fertiges Gebilde, sondern vielmehr ein „System im Werden", dessen endgültige Ausgestaltung noch nicht feststeht. Die EU ist weder eine „klassische" Internationale Organisation wie zB die Vereinten Nationen (UNO), noch ein Staat. Die EU ist als sog „Staatenverbund" konzeptionell dazwischen angesiedelt und wird daher oft als supranationale Organisation bezeichnet.

A. Die EU

Im Mittelpunkt der EU steht der Binnenmarkt mit seinen Grundfreiheiten (siehe dazu näher LE 4) und der Wettbewerbsordnung der EU. Der AEUV legt fest, in welchen Politikbereichen und unter welchen Umständen die EU-Maßnahmen setzen darf (siehe dazu unten Abschnitt V.).

Sind die der EU übertragenen Kompetenzen bzw Zuständigkeiten auch in den Verträgen (EUV und AEUV) festgeschrieben, liegt die „Kompetenz-Kompetenz", dh die Befugnis, diese Zuständigkeitsverteilung abzuändern, weiterhin bei den Mitgliedstaaten.

B. Die GASP

Mit dem Ziel der EU, ein ihrem Gewicht als Welthandelsmacht angemessenes Auftreten in wichtigen Fragen der Weltpolitik zu ermöglichen, haben die Verträge schrittweise auch eine Gemeinsame Außen- und Sicherheitspolitik (GASP) entwickelt. Damit die EU in außenpolitischen Angelegenheiten möglichst „mit einer Stimme" spricht, wurde das Amt des „Hohen Vertreters" für die GASP geschaffen.

Dieser sitzt dem „Außenministerrat" (dh dem Rat der EU in der Zusammensetzung der Außenminister) vor, ist Vizepräsident der Europäischen

Kommission und nimmt darüber hinaus an den Sitzungen des Europäischen Rates teil. Ihm kommt auch die Möglichkeit zu, selbständig Rechtsetzungsinitiativen zu ergreifen (siehe dazu auch unten Abschnitt IV.D.).

Die Außen- und Sicherheitspolitik zählt zu den Bereichen, in denen die Mitgliedstaaten nur beschränkt bereit sind, ihre Souveränität bzw Eigenständigkeit an die EU abzugeben. Deshalb gelten im Bereich der GASP nach wie vor Sonderregelungen. So werden die Entscheidungen in der GASP weiterhin vielfach im Rahmen der zwischenstaatlichen (dh intergouvernementalen) Zusammenarbeit getroffen. Die im Rahmen der GASP ergehenden „Beschlüsse" bedürfen daher – wie im allgemeinen Völkerrecht üblich – grundsätzlich der Zustimmung aller Mitgliedstaaten (Einstimmigkeitsprinzip) und richten sich nur an die Mitgliedstaaten, nicht an die einzelnen Unionsbürger.

III. Was ist Supranationalität?

Der Begriff „supranational" wird im juristischen Sprachgebrauch überwiegend zur Bezeichnung von Recht verwendet, welches von einer überstaatlichen Institution gesetzt wird und die rechtsunterworfenen Staaten – anders als in der Regel im „normalen" Völkerrecht – auch gegen ihren Willen (insb durch Mehrheitsbeschlüsse bzw Beschlüsse von unabhängigen Organen) zu binden vermag. Hinzu kommt, dass sich das supranationale Recht der EU nicht nur an die Mitgliedstaaten, sondern – ähnlich wie staatliche Gesetze – auch an den einzelnen Bürger richten kann, was bei herkömmlichem Völkerrecht in der Regel nicht der Fall ist. Man spricht in diesem Zusammenhang auch von der „Durchgriffswirkung" des Unionsrechts. So unmittelbar anwendbares Unionsrecht hat darüber hinaus Vorrang vor nationalem Recht (siehe dazu unten Abschnitt VII.).

Zudem besteht die obligatorische Gerichtsbarkeit des Gerichtshofes der EU, der die Wahrung des Rechts bei der Auslegung und Anwendung des Unionsrechts sichert.

Wie bereits oben erwähnt (Abschnitt II.B.), weist nur die GASP diese supranationalen Besonderheiten nicht auf. Diese ist von intergouvernementalen (dh zwischenstaatlichen bzw völkerrechtlichen) Charakteristika geprägt.

Die Supranationalität des Unionsrechts

- **Mehrheitsbeschlüsse** (Möglichkeit der Überstimmung von Mitgliedstaaten)
- **Durchgriffswirkung des Unionsrechts** (unmittelbare Geltung und Anwendbarkeit)
- **Vorrang des Unionsrechts vor nationalem Recht**
- **Unabhängige Organe** (zB Europäische Kommission)
- **Obligatorische Gerichtsbarkeit** (EuGH)

→ gilt nicht für die GASP

IV. Welche Institutionen gibt es in der EU?

Die EU nimmt viele Funktionen wahr, die sonst typischerweise Staaten zustehen. Die Wahrnehmung dieser Aufgaben erfolgt durch die Organe der EU, die mit ihren Pendants in den Mitgliedstaaten grundsätzlich vergleichbar sind, obgleich die Unterschiede im Detail erheblich sind.

Nach dem EUV bestehen folgende Organe der EU:

- das Europäische Parlament
- der Europäische Rat
- der Rat der EU („Rat")
- die Europäische Kommission („Kommission")
- der Gerichtshof der EU
- die Europäische Zentralbank
- der Europäische Rechnungshof

Daneben existieren weitere Institutionen wie der Europäische Wirtschafts- und Sozialausschuss (EWSA), der Ausschuss der Regionen (AdR), die Europäische Investitionsbank (EIB) und der Europäische Bürgerbeauftragte (Ombudsmann), welche aber keine Organe der EU darstellen.

A. Europäischer Rat

Aus der Praxis der Gipfeltreffen der Staats- und Regierungschefs hat sich der Europäische Rat entwickelt, der seit dem VvL den Status eines Organs erhalten hat. Neu geschaffen wurde mit dem VvL auch das Amt des Präsidenten des Europäischen Rates, der von diesem für 30 Monate gewählt wird und während seiner Tätigkeit kein nationales Amt ausüben darf (Art 15 EUV). Zu seinen Aufgaben gehören die Vorbereitung der Arbeit des Europäischen Rates und die Leitung der Sitzungen sowie die Außenvertretung der EU (eine Abgrenzung zu den Kompetenzen des Hohen Vertreters ist mitunter schwierig). Neben seinem Präsidenten gehören dem Europäischen Rat die Staats- und Regierungschefs der Mitgliedstaaten sowie der Präsident der Europäischen Kommission an. Aufgabe des Europäischen Rates ist es, der EU die für ihre Entwicklung erforderlichen Impulse zu geben und die allgemeinen politischen Zielvorstellungen für diese Entwicklung festzulegen; ihm obliegt mithin die politische Gesamtleitung der EU.

Der Europäische Rat tritt mindestens vierteljährlich in Brüssel zusammen. Er ist kein Legislativorgan, kann aber (rechtsförmliche) Beschlüsse fassen, welche Rechtswirkungen für Dritte entfalten können.

Der Europäische Rat ernennt, jeweils mit qualifizierter Mehrheit, den Hohen Vertreter der EU für die GASP und nominiert den Präsidenten der Europäischen Kommission.

B. Rat der EU

Der Rat der EU (im EUV nur „Rat" genannt) – er wird aufgrund seiner Zusammensetzung auch „Ministerrat" genannt – ist das zentrale Entscheidungsorgan der EU. Er erlässt wesentliche Rechtsakte (ist also in diesen Fällen Legislativorgan) und schließt internationale Abkommen ab; beides erfolgt in den meisten Fällen gemeinsam mit dem Europäischen Parlament.

Mitglieder des Rates der EU sind die jeweiligen Fachminister der Mitgliedstaaten, dabei gibt es folgende Zusammensetzungen:

- Allgemeine Angelegenheiten
- Auswärtige Angelegenheiten
- Wirtschaft und Finanzen
- Justiz und Inneres
- Beschäftigung, Sozialpolitik, Gesundheit und Verbraucherschutz
- Wettbewerbsfähigkeit (Binnenmarkt, Industrie, Forschung und Raumfahrt)
- Verkehr, Telekommunikation und Energie
- Landwirtschaft und Fischerei
- Umwelt
- Bildung, Jugend, Kultur und Sport

Die Beschlussfassung im Rat der EU erfolgt in der Regel mit qualifizierter Mehrheit. Dabei kommt die sog „doppelt-qualifizierte Mehrheit" zum Tragen. Diese erfordert eine Mehrheit von mindestens 55 % der Mitgliedstaaten (mindestens 15) und 65 % der Bevölkerung der EU (repräsentiert durch die Mitgliedstaaten). Daneben gibt es noch eine höher qualifizierte Mehrheit, die erforderlich ist, wenn der Rat der EU nicht auf Vorschlag der Europäischen Kommission tätig wird. Eine Blockademinderheit muss aus jedenfalls vier Staaten bestehen.

C. Europäisches Parlament

Seit 1979 wählen die Bürgerinnen und Bürger der Mitgliedstaaten der EU direkt das Europäische Parlament. Das Europäische Parlament stellt daher ein wichtiges demokratisches Element im Organgefüge der EU dar. Das Europäische Parlament vertritt ca 477 Millionen Unionsbürger.

Das Europäische Parlament hat seit dem 1. Februar 2020 705 Mitglieder. Die Mindestzahl pro Mitgliedstaat ist mit 6 und die Höchstzahl mit 96 Abgeordneten festlegt; Österreich kommen derzeit 19 Abgeordnete zu. Das Europäische Parlament tagt viermal im Jahr für zwei Tage in Brüssel und zwölfmal im Jahr für je eine Woche in Straßburg. Die Sitzordnung im Plenarsaal richtet sich nach Fraktionszugehörigkeit und nicht nach Nationalität. Ausschussarbeiten etc finden kontinuierlich statt.

Für die überwiegende Anzahl der Rechtsakte kommt das sog „ordentliche Gesetzgebungsverfahren" (Art 294 AEUV) zur Anwendung, in welchem das Europäische Parlament gemeinsam und gleichberechtigt mit dem Rat der EU (nach Vorschlag durch die Europäische Kommission) legislativ tätig wird.

In manchen Sachbereichen kommt ein besonderes Gesetzgebungsverfahren zur Anwendung, in welchem die Annahme einer Verordnung, einer Richtlinie oder eines Beschlusses durch das Europäische Parlament mit Beteiligung des Rates der EU oder durch den Rat der EU mit Beteiligung des Europäischen Parlaments erfolgt.

Das Europäische Parlament verabschiedet zusammen mit dem Rat der EU den jährlichen Gesamthaushaltsplan („Budget") der EU und kontrolliert seinen Vollzug.

Das Europäische Parlament wählt den Kandidaten, den der Europäische Rat – unter Berücksichtigung der Ergebnisse der Wahlen zum Europäischen Parlament – für das Amt des Kommissionspräsidenten vorschlägt. Der Präsident, der Hohe Vertreter für die GASP und die übrigen Mitglieder der Europäischen Kommission müssen sich im Bestellungsverfahren als Kollegium einem Zustimmungsvotum des Europäischen Parlaments stellen. Gegenüber der Kommission fungiert das Europäische Parlament als Kontrollorgan; insb kann es der gesamten Kommission das Misstrauen aussprechen, wonach diese zurücktreten muss.

D. Europäische Kommission

Die Europäische Kommission übt ihre Tätigkeit in voller Unabhängigkeit von den Mitgliedstaaten zum allgemeinen Wohl der EU aus (Art 17 EUV).

Sie hat in der Regel die alleinige Kompetenz, Initiativen zur Schaffung von sekundärem Unionsrecht zu ergreifen (sprich: Vorschläge für Rechtsakte vorzulegen), und sie überwacht die Einhaltung der Verträge durch die Mitgliedstaaten. Sie ist der „Motor der Integration" und die „Hüterin der Verträge".

In manchen Bereichen ist die Europäische Kommission aufgrund der Verträge selbst zur Erlassung von Rechtsvorschriften zuständig (zB Kartellrecht, Beihilfenrecht; siehe dazu EÖR 2), in anderen kann der Rat der EU die Kommission mit der Erlassung von Durchführungsvorschriften beauftragen. Überdies kann der Kommission in Gesetzgebungsakten die Befugnis übertragen werden, Rechtsakte ohne Gesetzescharakter mit allgemeiner Geltung zur Ergänzung oder Änderung bestimmter Vorschriften des betreffenden Gesetzgebungsaktes (Verordnung oder Richtlinie) zu erlassen (sog „delegierte Rechtsetzung").

Die Europäische Kommission handelt als Kollegium und versucht in der Regel, Einvernehmen unter ihren Mitgliedern herzustellen. Falls notwendig, entscheidet sie jedoch durch Abstimmung, wobei für die Annahme eines Entscheides die absolute Mehrheit der Kommissionsmitglieder erforderlich ist.

Die Europäische Kommission besteht derzeit aus 27 Mitgliedern (ein Kommissar je Mitgliedstaat) und wird für fünf Jahre bestellt. Die Kommissare sind nur der EU verpflichtet und es bestehen insb keine politischen Verpflichtungen gegenüber den Herkunftsländern.

Der Präsident der Europäischen Kommission wird auf Vorschlag des Europäischen Rates vom Europäischen Parlament gewählt, entscheidet über die Zuständigkeitsbereiche der einzelnen Kommissare und kann einzelne Kommissare zum Rücktritt auffordern.

E. Gerichtshof der EU

Der Gerichtshof der EU setzt sich aus dem Europäischen Gerichtshof (EuGH) und dem Europäischen Gericht (EuG) zusammen.

Der EuGH mit Sitz in Luxemburg besteht aus einem von jedem Mitgliedstaat nominierten Richter, die Ernennung erfolgt für sechs Jahre nach Anhörung eines Eignungsausschusses durch die Regierungen der Mitgliedstaaten in gegenseitigem Einvernehmen. Neben den Richtern sind derzeit elf Generalanwälte beim EuGH tätig, die in den jeweiligen Verfahren Gutachten erarbeiten und Entscheidungsvorschläge unterbreiten (sog Schlussanträge). An diese sind die Richter zwar nicht gebunden, sie folgen ihnen in der Praxis allerdings häufig.

Die Aufgabe des EuGH besteht in der Wahrung des Rechts bei der Auslegung und Anwendung des Unionsrechts. Der EuGH ist exklusiv befugt, über die Auslegung von Unionsrecht mit Ausnahme des Bereichs der GASP zu befinden und dieses allenfalls für ungültig zu erklären. Ihm kommt daher ein Auslegungs- und Verwerfungsmonopol für das Unionsrecht zu. Hat ein nationales Gericht Zweifel, wie eine Vorschrift des Unionsrechts zu verstehen ist, kann es den EuGH um Auslegung ersuchen (ein letztinstanzliches Gericht ist dazu sogar verpflichtet). Damit wird ein sog Vorabentscheidungsverfahren (Art 267 AEUV) eingeleitet. Vorlageberechtigt sind allein „Gerichte" der Mitgliedstaaten. Der Gerichtsbegriff ist ein Begriff des Unionsrechts, den der EuGH in seiner Rechtsprechung näher konkretisiert hat; er deckt sich nicht notwendigerweise mit einem nationalen Gerichtsbegriff.

Der EuGH entscheidet über Streitigkeiten, an denen Mitgliedstaaten, Organe der EU, Unternehmen und Einzelpersonen beteiligt sein können, und überprüft die Gültigkeit der Handlungen der Organe der EU. Kommt ein Mitgliedstaat seinen vertraglichen Verpflichtungen nicht nach, entscheidet er darüber in einem von der Europäischen Kommission oder von einem anderen Mitgliedstaat eingeleiteten Vertragsverletzungsverfahren.

Dem EuGH ist das EuG beigeordnet, das insb für Entscheidungen über bestimmte Klagen im ersten Rechtszug und gegen Entscheidungen der Europäischen Kommission zuständig ist. Gegen die Entscheidungen des EuG kann zumeist ein Rechtsmittel beim EuGH erhoben werden.

F. Sonstige Institutionen

1. Europäische Zentralbank

Die Europäische Zentralbank (EZB) bildet zusammen mit den Zentralbanken der Mitgliedstaaten das Europäische System der Zentralbanken (ESZB). Das ESZB legt die Geldpolitik der EU fest, führt Devisengeschäfte durch, verwaltet die Währungsreserven, welche die Euro-Mitgliedstaaten in Drittlandswährungen (insb Dollar, Yen) bei der EZB halten müssen, und sorgt für ein reibungsloses Funktionieren der Zahlungssysteme.

Das Hauptziel des ESZB ist es, Preisstabilität zu gewährleisten. Insb aus diesem Grund ist das ESZB auch an keinerlei Weisungen von außen gebunden.

2. Europäischer Rechnungshof

Der Europäische Rechnungshof überprüft die Recht- und Ordnungsmäßigkeit der Einnahmen und Ausgaben der EU (Finanzgebarungskontrolle).

3. Europäische Investitionsbank

Die Europäische Investitionsbank (EIB) finanziert Investitionsvorhaben von Einrichtungen und Unternehmen des öffentlichen und des privaten Sektors, um zu einer ausgewogenen Entwicklung der EU beizutragen.

4. Europäischer Wirtschafts- und Sozialausschuss

Der Europäische Wirtschafts- und Sozialausschuss (EWSA) vertritt gegenüber der Europäischen Kommission, dem Rat der EU und dem Europäischen Parlament die Interessen der verschiedenen Gruppen des wirtschaftlichen und sozialen Lebens. Dementsprechend besteht der EWSA aus Vertretern repräsentativer wirtschaftlicher und gesellschaftlicher Gruppen wie Unternehmern, Arbeitnehmern, Verbrauchern etc. Der EWSA muss in den in den Verträgen vorgesehenen Fällen zu Fragen der Wirtschafts- und Sozialpolitik gehört werden und kann darüber hinaus Stellungnahmen abgeben.

5. Ausschuss der Regionen

Der Ausschuss der Regionen (AdR) setzt sich aus Vertretern der regionalen und lokalen Gebietskörperschaften (wie Bundesländern, Gemeinden etc) zusammen und sorgt für die Wahrung der lokalen und regionalen Identitäten. Der AdR muss in bestimmten Politikbereichen wie der Regionalpolitik, dem Umweltschutz und der Ausbildung gehört werden.

6. Europäischer Bürgerbeauftragter

Der Europäische Bürgerbeauftragte (Ombudsmann) kann von allen in der EU ansässigen natürlichen und juristischen Personen befasst werden, wenn diese der Ansicht sind, von Organen oder Einrichtungen der EU nicht korrekt behandelt worden zu sein.

7. Ämter und Agenturen der EU

Darüber hinaus unterstützen eine Vielzahl von Ämtern und Agenturen die Tätigkeit der Organe der EU und die Mitgliedstaaten bei der Durchführung des Unionsrechts (zB das Europäische Polizeiamt Europol oder die Wertpapieraufsichtsbehörde der EU ESMA).

V. Wann darf die EU tätig werden?

Weder EUV, AEUV noch EAGV erteilen den Organen der EU bzw EAG eine unbegrenzte Befugnis zum Erlass von Rechtsvorschriften. Diese Organe dürfen nur dann tätig werden, wenn ihnen diese Befugnis von den Mitgliedstaaten in den Verträgen übertragen worden ist (sog „Prinzip der begrenzten Einzelermächtigung", Art 5 Abs 2 EUV). Dieser Weg ist von den Mitgliedstaaten deshalb gewählt worden, um den Verzicht auf eigene Befugnisse überschaubar und kontrollierbar zu machen.

Dennoch ist in EUV und AEUV der Umfang der Befugnisse bzw Kompetenzen der EU und ihrer Organe mitunter sehr weit gefasst. So können zum Beispiel im Bereich der Gemeinsamen Verkehrspolitik oder der Arbeitnehmerfreizügigkeit alle zweckdienlichen bzw erforderlichen Maßnahmen gesetzt werden. Besondere Bedeutung kommt auch Art 114 AEUV zu, der eine Generalermächtigung der EU zum Erlass von Rechtsakten, welche die Errichtung und das Funktionieren des Binnenmarktes zum Gegenstand haben, vorsieht (sog „Binnenmarktkompetenz"). Weitreichend ist ferner die sog „Lückenschließungsklausel" in Art 352 AEUV, derzufolge die EU durch einstimmigen Beschluss des Rates der EU und nach Zustimmung des Europäischen Parlaments auch dann agieren darf, wenn zwar im Vertrag die erforderlichen Befugnisse nicht vorgesehen sind, aber ein Tätigwerden im Rahmen der in den Verträgen festgelegten Politikbereiche „erforderlich" ist.

Die Ausübung der Kompetenzen unterliegt zum einen dem sog „Subsidiaritätsprinzip" (Art 5 Abs 3 EUV). Dieses besagt, dass die EU nur dann handeln darf, wenn die angestrebten Ziele nicht auf nationaler Ebene ausreichend verwirklicht werden können und wegen ihres Umfangs oder ihrer Wirkungen auf Unionsebene besser zu verwirklichen sind. Die EU darf daher nicht tätig werden, wenn das Handeln der Mitgliedstaaten zur Zielverwirklichung ausreicht. In der Praxis bedeutet das, dass die Europäische Kommission bei ihren Gesetzesvorschlägen nachzuweisen hat, dass ein Handeln der EU notwendig ist.

Zum anderen gilt für die Ausübung der Kompetenzen das sog „Verhältnismäßigkeitsprinzip" (Art 5 Abs 4 EUV). Diesem Prinzip zufolge dürfen Maßnahmen der EU weder inhaltlich noch formal über das zur Erreichung der in den Verträgen festgelegten Ziele erforderliche Maß hinausgehen. Richtlinien, Mindestvorschriften und Regeln zur gegenseitigen Anerkennung nationaler Vorschriften ist daher gegenüber Verordnungen, Vollharmonisierungen und übermäßig detaillierten Vorschriften der Vorzug zu geben.

Die Richtlinie der EU, auf die Ihre Nachbarin hingewiesen hat, gibt es tatsächlich. Es handelt sich dabei um die Richtlinie 2008/94/EG des Europäischen Parlaments und des Rates der EU vom 22. Oktober 2008 über den Schutz der Arbeitnehmer bei Zahlungsunfähigkeit des Arbeitgebers.

VI. Welche Unionsrechtsvorschriften gibt es und wer vollzieht sie?

A. Primäres Unionsrecht

Die Quellen des primären Unionsrechts („Primärrechts") und somit „Grundlage der Union" bzw „Verfassungsrecht" der EU sind der Vertrag über die Europäische Union (EUV) und der Vertrag über die Arbeitsweise der Europäischen Union (AEUV). Diese Verträge sind rechtlich gleichrangig. Während der EUV im Wesentlichen Grundlagenbestimmungen und allgemeine Bestimmungen über das auswärtige Handeln und besondere Bestimmungen über die GASP enthält, umfasst der AEUV neben näheren Vorschriften über die Funktionsweise und das Zusammenspiel der Organe insb die materiellen Politikbereiche der EU (zB Binnenmarkt, Wettbewerb, Gemeinsame Handelspolitik).

Rechtsverbindlich und ebenfalls gleichrangig mit EUV und AEUV ist die GRC, die das Handeln der Unionsorgane zum Schutz der Bürger bestimmten Schranken unterwirft (zB Recht auf Leben, Recht auf körperliche und geistige Unversehrtheit, Recht auf Achtung des Privat- und Familienlebens, Gleichheit vor dem Gesetz etc). Vom Geltungsbereich der GRC erfasst ist auch das Handeln der Mitgliedstaaten, soweit diese in Durchführung von Unionsrecht tätig werden, zB bei der Umsetzung von Richtlinien.

Zum Primärrecht zählen außerdem die – von der EU mit den jeweils neu hinzugekommenen Mitgliedstaaten abgeschlossenen – Beitrittsverträge sowie die diesen Verträgen und den Gründungs- und Änderungsverträgen beigefügten Protokolle und Anhänge.

Quellen des Unionsrechts

- **Primäres Unionsrecht**
  - Vertrag über die Europäische Union (EUV) und Vertrag über die Arbeitsweise der Europäischen Union (AEUV)
  - Allgemeine Rechtsgrundsätze (einschließlich der ungeschriebenen Unionsgrundrechte)
  - EU-Grundrechtecharta (GRC)
- **Sekundäres Unionsrecht**
  - Verordnung
  - Richtlinie
  - Beschluss
  - Stellungnahme, Empfehlung

B. Abgeleitetes Unionsrecht

1. Welche abgeleiteten Unionsrechtsakte gibt es?

Als abgeleitetes Unionsrecht wird das von den Organen der EU auf materiell- wie verfahrensrechtlicher Grundlage des Primärrechts (dann „sekundäres Unionsrecht") bzw auf Grundlage des sekundären Unionsrechts (dann „tertiäres Unionsrecht" genannt) erzeugte Recht bezeichnet. Als Akte des abgeleiteten Unionsrechts kommen einerseits Verordnungen, Richtlinien, Beschlüsse sowie – die nicht rechtsverbindlichen – Empfehlungen und Stellungnahmen und andererseits eine Vielzahl sog „atypischer" Rechtsakte, die in den eben genannten Katalog nicht eingeordnet werden können, in Betracht.

a. Verordnung

In der Verordnung kommt der supranationale Charakter des Unionsrechts am deutlichsten zum Ausdruck. Die Verordnung gilt nämlich allgemein und unmittelbar in den Mitgliedstaaten. Sie ist von den mitgliedstaatlichen Organen (Gerichten und Verwaltungsbehörden) unmittelbar – dh einem nationalen Gesetz vergleichbar – anzuwenden und begründet dementsprechend Rechte und Pflichten für die einzelnen Bürger. Verordnungen gelten auch zwischen Privatpersonen (zur „unmittelbaren Anwendbarkeit" siehe näher unten Abschnitt VII.B.).

Beispiel

Arbeitnehmerfreizügigkeitsverordnung, Datenschutz-Grundverordnung.

b. Richtlinie

Anders als die Verordnung ist die Richtlinie nicht an den einzelnen Bürger, sondern an die Mitgliedstaaten gerichtet. Sie ist grundsätzlich nicht unmittelbar anwendbar, sondern verpflichtet die Mitgliedstaaten innerhalb einer bestimmten (von der Richtlinie selbst festgelegten) Frist, ihre Ziele und Inhalte in nationales Recht umzusetzen. Die Mitgliedstaaten müssen eine Richtlinie innerhalb der bestimmten Frist zumeist durch Gesetz in nationales Recht umsetzen.

Die Richtlinie überlässt von ihrer ursprünglichen Konzeption her den Mitgliedstaaten die Wahl der Form und der Mittel bei der Umsetzung der von ihr vorgeschriebenen Ziele und Inhalte. Damit können mitgliedstaatliche Besonderheiten (zB Rechtstraditionen) berücksichtigt werden. In der Praxis kommt es jedoch sehr häufig vor, dass Richtlinien ihren Gegenstand bereits sehr konkret regeln, sodass kaum Umsetzungsspielräume verbleiben. Dies ist nach der Rechtsprechung des EuGH aber zulässig.

Beispiel

Das österreichische Parlament musste eine Novelle zum Konsumentenschutzgesetz beschließen, mit der die Richtlinie über missbräuchliche Klauseln in Verbraucherverträgen im österreichischen Recht umgesetzt wurde. Weiters mussten auch Vergabegesetze beschlossen werden, welche die Richtlinie über die Vergabe öffentlicher Aufträge umsetzen usw.

Setzt ein Mitgliedstaat die Richtlinie nicht fristgerecht in nationales Recht um, kann sich eine einzelne Person gegenüber den staatlichen Stellen des säumigen Mitgliedstaates unmittelbar auf die Richtlinie berufen (dh es kommt in diesem Fall ausnahmsweise zu einer unmittelbaren Wirkung der Richtlinie), sofern diese dem Einzelnen hinreichend genau bestimmte Rechte gegenüber dem Staat einräumt und die Inanspruchnahme dieser Rechte an keine Bedingungen oder Auflagen geknüpft ist (sog „vertikale“ Wirkung der Richtlinie). Der mit der Umsetzung säumige Mitgliedstaat soll nämlich aus seinem eigenen Fehlverhalten, dh aus der Nichtumsetzung der Richtlinie, keine Vorteile ziehen. Der säumige Mitgliedstaat kann auch von einer aus der (nicht korrekt umgesetzten) Richtlinie begünstigten Person auf Schadenersatz verklagt werden („Staatshaftung“).

Auf die unmittelbare Wirkung einer nicht fristgerecht umgesetzten Richtlinie kann man sich – anders als bei der Verordnung – jedoch nur gegenüber dem Staat berufen, nicht aber gegenüber Privatpersonen (keine sog „horizontale“ Wirkung der Richtlinie).

Beispiel

Österreich hat eine Richtlinie zur Erhöhung des Konsumentenschutzes bei Einkäufen im Internet nicht rechtzeitig umgesetzt. Ein österreichischer Konsument kann sich gegenüber dem Betreiber eines Webshops nicht auf eine unmittelbare Wirkung der Richtlinie berufen.

Die Auskunft Ihrer Nachbarin ist richtig: Richtlinien der EU müssen von den Mitgliedstaaten in nationales Recht umgesetzt werden. Österreich ist dieser Verpflichtung in Bezug auf die Richtlinie 2008/94/EG (bzw die Vorläufer-Richtlinie 80/987/EWG) auch nachgekommen. Die betreffende Richtlinie wurde von Österreich insb durch das Insolvenz-Entgeltsicherungsgesetz umgesetzt.

Da Richtlinien grundsätzlich nicht unmittelbar wirksam sind, können Sie sich auf die Richtlinie 2008/94/EG vor den nationalen Behörden nicht direkt berufen. Sie können sich nur auf das Umsetzungsgesetz, nämlich das Insolvenz-Entgeltsicherungsgesetz, berufen. Dieses sieht entsprechende Garantieeinrichtungen für jene Arbeitnehmer, deren Arbeitgeber in Insolvenz gegangen sind, zur Befriedigung von noch ausstehenden Lohnforderungen vor. Nach § 1 Insolvenz-Entgeltsicherungsgesetz haben Arbeitnehmer insb dann Anspruch auf Insolvenz-Entgelt, wenn über das Vermögen des Arbeitgebers ein Insolvenzverfahren eröffnet wird.

Hätte Österreich die Richtlinie 2008/94/EG noch nicht oder nicht korrekt in nationales Recht umgesetzt, dann könnten Sie die Republik Österreich (konkret den Bund) wegen Nichtumsetzung der Richtlinie auf Schadenersatz in Anspruch nehmen.

c. Beschluss

Beschlüssen kommt ebenfalls Rechtsverbindlichkeit zu. Sofern ein Beschluss an bestimmte Adressaten (zB an bestimmte Unternehmen oder an bestimmte Mitgliedstaaten) gerichtet ist, ist er nur für diese verbindlich. Ein derartiger individuell-konkreter Beschluss ist von seinen Wirkungen her in etwa mit dem Bescheid des österreichischen Verwaltungsverfahrensrechts vergleichbar (siehe dazu näher LE 7).

Beispiel

Die Verhängung einer Geldbuße durch die Europäische Kommission gegen ein Unternehmen, das gegen das Kartellverbot verstoßen hat, ergeht in Form eines Beschlusses.

Ein Beschluss muss jedoch nach Maßgabe des AEUV nicht immer an bestimmte Adressaten gerichtet sein: Weist der Beschluss einen unbestimmten Adressatenkreis auf, bedingt dies zugleich seine allgemeine Verbindlichkeit. Dabei ergeben sich Abgrenzungsprobleme zur Verordnung, die ähnliche Wirkungen entfaltet.

d. Empfehlung, Stellungnahme

Empfehlungen können vom Rat der EU, von der Europäischen Kommission und mitunter von der Europäischen Zentralbank abgegeben werden. Die Abgabe einer Stellungnahme steht hingegen allen Organen der EU offen. Nach Ansicht des EuGH haben nationale Behörden Empfehlungen und Stellungnahmen trotz ihrer rechtlichen Unverbindlichkeit unter Umständen bei der Auslegung nationaler Rechtsvorschriften zu berücksichtigen, weshalb es unangemessen wäre, ihnen jegliche rechtliche Wirkung abzusprechen.

2. Rechtsakte mit und ohne Gesetzgebungscharakter; tertiäres Unionsrecht

Der AEUV unterscheidet Rechtsakte – genauer: Verordnungen, Richtlinien und Beschlüsse – mit und ohne „Gesetzgebungscharakter“. Im unionsrechtlichen Sinn kommt einem Rechtsakt dann Gesetzgebungscharakter zu, wenn er in einem (ordentlichen oder besonderen) Gesetzgebungsverfahren erzeugt worden ist.

a. Unionsrechtliche Gesetzgebungsverfahren

Als ordentliches Gesetzgebungsverfahren ist jenes Normerzeugungsverfahren vorgesehen, im Zuge dessen das Europäische Parlament und der Rat der EU gemeinsam auf Vorschlag der Europäischen Kommission eine Verordnung, eine Richtlinie oder einen Beschluss annehmen. Sekundärrecht ist bei weitem überwiegend in diesem ordentlichen Gesetzgebungsverfahren zu erzeugen. Dabei genießt das Europäische Parlament eine dem Rat der EU gleichberechtigte Stellung. Die Beschlussfassung im Rat der EU erfolgt grundsätzlich mit qualifizierter Mehrheit, jene im Europäischen Parlament je nach Verfahrensabschnitt mit einfacher Mehrheit der Mitglieder oder der abgegebenen Stimmen (siehe dazu auch oben die Abschnitte IV.B. und IV.C.).

Nur in primärrechtlich explizit vorgesehenen Fällen kommt ein besonderes Gesetzgebungsverfahren zum Tragen, in dessen Rahmen die Annahme eines Sekundärrechtsakts durch den Rat der EU unter Beteiligung des Europäischen Parlaments oder – im Ausnahmefall – durch das Europäische Parlament unter Beteiligung des Rates der EU erfolgt. Eine solche Beteiligung erfolgt auf Basis eines (bloßen) Anhörungs- oder Zustimmungsrechts. Auch das besondere Gesetzgebungsverfahren wird in der Regel durch einen Vorschlag der Europäischen Kommission eingeleitet („Initiativmonopol“ der Kommission).

b. Rechtsakte ohne Gesetzgebungscharakter

In den eben skizzierten Gesetzgebungsakten kann der Europäischen Kommission die Befugnis übertragen werden, Rechtsakte mit allgemeiner Geltung zur Ergänzung oder Änderung bestimmter nicht wesentlicher Vorschriften des betreffenden Gesetzgebungsaktes zu erlassen („delegierte Rechtsakte"). Die Kommission macht von dieser Befugnis Gebrauch, indem sie wiederum Verordnungen, Richtlinien oder Beschlüsse erlässt. Solche von Sekundärrechtsakten abgeleitete Rechtsakte können als „tertiäres Unionsrecht" betrachtet werden.

3. Inkrafttreten von Rechtsakten

Damit ein Gesetzgebungsakt der EU in Kraft treten kann, muss er im (elektronischen) Amtsblatt der EU (ABl) kundgemacht werden (für Rechtsakte ohne Gesetzgebungscharakter gelten teils abweichende Regeln). Das ABl ist in mehrere Reihen unterteilt: In der Reihe L (legislation, Rechtssetzung) werden Verordnungen, Richtlinien und Beschlüsse, in der Reihe C (communications, Mitteilungen) unverbindliche Rechtsakte (Empfehlungen, Stellungnahmen, aber auch Berichte, Entwürfe etc) kundgemacht. Gesetzgebungsakte treten, wenn nicht anderes vorgesehen ist, am 20. Tag nach ihrer Veröffentlichung im Amtsblatt in Kraft.

Die Richtlinie 2008/94/EG wurde von Europäischem Parlament und Rat der EU erlassen. Der Vorschlag zu dieser Richtlinie stammt von der Europäischen Kommission. Eine Stellungnahme wurde auch vom Europäischen Wirtschafts- und Sozialausschuss abgegeben; der Ausschuss der Regionen wurde angehört. Veröffentlicht wurde die Richtlinie 2008/94/EG im Amtsblatt Nr L 283 vom 28. Oktober 2008 auf Seite 36 ff. Sie trat daher am 17. November 2008 in Kraft.

C. Die Vollziehung von Unionsrecht

Es wurde soeben dargelegt, wie Gesetzgebungs- bzw Rechtsakte der EU entstehen. Doch wer vollzieht sie, dh, wer wendet sie in der Praxis auf den konkreten Einzelfall an? Das Unionsrecht wird in der Regel nicht – wie man zunächst vermuten könnte – von den Organen der EU, sondern von den Organen der Mitgliedstaaten vollzogen. Man spricht in diesem Fall vom mitgliedstaatlichen Vollzug des Unionsrechts.

Beispiel

Ein Bescheid wird aufgrund einer Verordnung der EU oder aufgrund eines Gesetzes erlassen, das eine Richtlinie umsetzt. Die Agrarmarkt Austria (AMA) gewährt mittels Bescheid einem österreichischen Staatsbürger bzw einem Unionsbürger eine Beihilfe nach Maßgabe einer Verordnung der EU über die Gemeinsame Agrarpolitik.

Nur in beschränktem Umfang vollziehen die Organe und Einrichtungen der EU selbst das Unionsrecht (sog direkter Vollzug).

Beispiel

Die Europäische Kommission verhängt Geldbußen, wenn ein Unternehmer gegen das Europäische Wettbewerbsrecht verstößt.

Die Richtlinie 2008/94/EG wird durch das Insolvenz-Entgeltsicherungsgesetz umgesetzt. Das Insolvenz-Entgeltsicherungsgesetz wird wiederum von der Arbeitsmarktverwaltung vollzogen. Die Vorgaben der Richtlinie werden daher nicht durch die Organe der EU, sondern durch die Organe der Mitgliedstaaten realisiert (mitgliedstaatlicher Vollzug).

VII. Wodurch zeichnet sich das Unionsrecht aus?

Bootsvermietung am Bodensee

Werner Wellinger ist Geschäftsführer der XYZ-Boots-Charter GmbH am Bodensee. Diese verfügt über eine Genehmigung, dort 200 Bootsliegeplätze zu errichten und zu vermieten. Das Geschäft läuft gut und Werner Wellinger vermietet diese Bootsliegeplätze auch an internationale Kunden aus Deutschland und Liechtenstein.

Eines Tages erhält er einen Strafbescheid von der Bezirkshauptmannschaft Bregenz, in welchem ihm mitgeteilt wird, dass er gegen das Vorarlberger Landschaftsschutzgesetz aus dem Jahr 1990 verstoßen habe, in welchem vorgesehen sei, dass jeder Vermieter von Bootsliegeplätzen am Bodensee maximal 20 % seiner Liegeplätze für Boote, deren Eigner ihren Wohnsitz im Ausland haben, vermieten dürfe. Dieses Kontingent sei von der XYZ-Boots-Charter GmbH überschritten worden.

Werner Wellinger will die verhängte Strafe nicht zahlen und erkundigt sich daher bei einer Freundin, die „Wirtschaftsrecht" an der WU studiert hat, ob denn hier alles „mit rechten Dingen" zugehe.

Welche Auswirkungen hat es, wenn ein österreichisches Gesetz den Vorschriften des Unionsrechts zuwiderläuft?

A. Unionsrecht gilt autonom und unmittelbar

Die Mitgliedstaaten haben durch die Gründung der EU (bzw bereits durch deren „Vorgängerorganisationen" EGKS, E[W]G und EAG) ihre ausschließliche Kompetenz zur Gesetzgebung zum Teil aufgegeben und eine eigenständige (dh autonome) Rechtsordnung geschaffen, die in den Mitgliedstaaten unmittelbar gilt und daher von den Behörden und Bürgern – genauso wie die jeweilige nationale Rechtsordnung – beachtet werden muss.

Die Feststellung der autonomen und unmittelbaren Geltung des Unionsrechts hat der EuGH bereits in seinem Urteil in der Rechtssache *Costa/E.N.E.L.* getroffen.

Beispiel

Rechtssache *Costa/E.N.E.L.* (Urteil vom 14. Juli 1964, Rs 6/64, Slg 1964, 1251) – Der Mailänder Rechtsanwalt *Costa* war Aktionär einer Stromerzeugungsgesellschaft. Der italienische Staat verstaatlichte das Unternehmen mit einem Gesetz und gründete die staatliche Stromgesellschaft *E.N.E.L.* Herr *Costa* sah sich als Aktionär der von der Verstaatlichung betroffenen Stromerzeugungsgesellschaft um seine Gewinnbeteiligung gebracht und verweigerte daraufhin die Begleichung der Stromrechnung. Es kam zum Prozess um die Zahlungspflicht. Herr *Costa* machte dabei geltend, die Verstaatlichung sei gemeinschaftsrechtswidrig. Da sich das mit dem Fall betraute italienische Gericht nicht sicher war, wie die einschlägigen Vorschriften des EWGV auszulegen sind, ersuchte es den EuGH um Auslegung des Gemeinschaftsrechts (sog Vorabentscheidungsfrage). In seinem Urteil führte der EuGH ua aus, dass der EWGV im Unterschied zu gewöhnlichen internationalen Verträgen eine eigene Rechtsordnung geschaffen habe, die von den Behörden der Mitgliedstaaten anzuwenden ist. Die Mitgliedstaaten hätten ihre Souveränitätsrechte beschränkt und so einen Rechtskörper geschaffen, der für ihre Angehörigen und sie selbst verbindlich ist.

Die Eigenständigkeit der Unionsrechtsordnung ist deshalb so wichtig, weil dadurch eine Aushöhlung des Unionsrechts durch nationales Recht verhindert werden soll. Die Bedeutung von Begriffen wie zB jenem des Arbeitnehmers im Rahmen der Arbeitnehmerfreizügigkeit (siehe dazu näher LE 4) wird nicht von den Mitgliedstaaten festgelegt. Vielmehr handelt es sich um unionsrechtliche Begriffe, deren Auslegung durch den EuGH erfolgt. Wäre dem nicht so, könnten die Mitgliedstaaten durch (möglicherweise 27) unterschiedliche Begriffsverständnisse das Unionsrecht aushebeln und ihm so seine praktische Wirksamkeit nehmen.

Kennzeichnend für das Unionsrecht ist weiters, dass es – anders als das im Regelfall bei Völkerrecht der Fall ist – in den Mitgliedstaaten unmittelbar gilt. Es gilt so, wie zB österreichisches Bundesrecht in den einzelnen Bundesländern gilt. Damit das Unionsrecht in Österreich gilt, muss es also nicht erst im Bundesgesetzblatt kundgemacht werden. Es gilt bereits mit der Kundmachung im Amtsblatt der EU. Von der unmittelbaren Geltung des Unionsrechts ist seine unmittelbare Anwendbarkeit (siehe unten) zu unterscheiden.

Da in Österreich nicht nur (genuin) österreichisches Recht, sondern auch Unionsrecht gilt, sind demnach für den vorliegenden Fall nicht nur die Bestimmungen des Vorarlberger Landschaftsschutzgesetzes, sondern auch die Vorschriften des Unionsrechts relevant. Im vorliegenden Fall sind insb die Grundfreiheiten (zu diesen siehe LE 4) von Bedeutung.

B. Das Unionsrecht ist in den Mitgliedstaaten unmittelbar anwendbar

Die unmittelbare Anwendbarkeit des Unionsrechts bedeutet, dass das Unionsrecht nicht nur den Organen der EU und den Mitgliedstaaten, sondern auch den Bürgern in den Mitgliedstaaten unmittelbar Rechte, die sie vor den nationalen Behörden geltend machen können, verleihen und Pflichten auferlegen kann („Durchgriffswirkung des Unionsrechts"). So wie die autonome Geltung geht auch die unmittelbare Anwendbarkeit des Unionsrechts auf die Rechtsprechung des EuGH zurück.

Beispiel

Rechtssache *Van Gend & Loos* (Urteil vom 5. Februar 1963, Rs 26/62, Slg 1963, 1) – Das niederländische Transportunternehmen *Van Gend & Loos* hatte vor einem niederländischen Gericht die niederländische Zollverwaltung geklagt, weil diese für die Einfuhr eines chemischen Erzeugnisses aus Deutschland einen gegenüber früheren Einfuhren erhöhten Zoll erhoben hatte. Das Unternehmen sah in dieser Praxis einen Verstoß gegen Art 12 EWGV (jetzt Art 30 AEUV), der den Mitgliedstaaten die Einführung neuer und die Erhöhung bestehender Zölle im Gemeinsamen Markt verbietet (siehe dazu LE 4). Das niederländische Gericht setzte daraufhin das Verfahren aus und richtete an den EuGH eine Frage nach der Auslegung des Art 12 EWGV. Der EuGH urteilte, dass die EWG eine neue Rechtsordnung darstelle, deren Rechtssubjekte nicht nur die Mitgliedstaaten, sondern auch die Einzelnen sind. Das von der Gesetzgebung der Mitgliedstaaten unabhängige Gemeinschaftsrecht solle den Einzelnen, ebenso wie es ihnen Pflichten auferlegt, auch Rechte verleihen. Im konkreten Fall gelangte der EuGH zum Ergebnis, dass Art 12 EWGV unmittelbar anwendbar sei und Rechte verleihe, die vor den nationalen Behörden geltend gemacht werden können. Das Unternehmen *Van Gend & Loos* konnte sich demnach mit Erfolg auf diese Vorschrift vor dem niederländischen Gericht berufen, welches den gemeinschaftsrechtswidrig erhobenen Zoll schließlich für ungültig erklärte.

Nach Auffassung des EuGH ist eine Vorschrift des Unionsrechts immer dann unmittelbar anwendbar, wenn sie hinreichend genau und unbedingt ist, eine Handlungs- oder Unterlassungspflicht der Mitgliedstaaten statuiert, keine weiteren Vollzugsmaßnahmen erfordert und den Mitgliedstaaten keinen Ermessensspielraum belässt.

Unmittelbar anwendbar sind insb die Grundfreiheiten und die Verordnungen der EU. Richtlinien sind demgegenüber grundsätzlich nicht unmittelbar anwendbar; sie müssen in nationales Recht umgesetzt werden (siehe dazu Abschnitt VI.B.1.b.).

Nach ständiger Rechtsprechung des EuGH sind die Grundfreiheiten unmittelbar anwendbares Unionsrecht. Werner Wellinger kann sich vor der Bezirkshauptmannschaft Bregenz unmittelbar auf die Grundfreiheiten berufen. Die Bezirkshauptmannschaft muss diese und ihren Vorrang (siehe unten Abschnitt VII.C.) bei ihrer Entscheidung berücksichtigen.

C. Der Vorrang des Unionsrechts

Wie bereits festgehalten, gilt in den Mitgliedstaaten nicht nur das jeweilige nationale Recht, sondern auch das Unionsrecht. Jede Rechtsordnung regelt Lebenssachverhalte in ihrem Anwendungsbereich. Soweit sich diese beiden

Rechtsordnungen nicht überschneiden, entsteht kein Problem. Problematisch wird die Rechtsanwendung aber dann, wenn es Überschneidungen beim Anwendungsbereich gibt und das nationale Recht einen Sachverhalt anders regelt als das Unionsrecht. In diesem Fall kommt es zu einer Kollision von nationalem Recht und Unionsrecht, die aufgelöst werden muss. Es muss also bestimmt werden, welches Recht in einem solchen Fall vorgeht.

Der EuGH hat in der Rechtssache *Costa/E.N.E.L.* (siehe oben Abschnitt VII.A.) entschieden, dass „dem vom Vertrag geschaffenen, somit aus einer autonomen Rechtsquelle fließenden Recht wegen dessen Eigenständigkeit keine wie immer gearteten innerstaatlichen Rechtsvorschriften vorgehen" können. Konsequenz des Vorrangs des Unionsrechts ist, dass nationales Recht, das unmittelbar anwendbarem Unionsrecht widerspricht, nicht angewendet werden darf. Das haben alle staatlichen Organe – sowohl Gerichte als auch Verwaltungsbehörden – zu beachten. Sie müssen bei ihren Entscheidungen das Unionsrecht anwenden, auch – bzw gerade – dann, wenn es nationalem Recht widerspricht.

Beispiel

Die Rechtssache *Costa/E.N.E.L.* ist im Ergebnis so ausgegangen, dass die italienischen Behörden das Verstaatlichungsgesetz wegen Unionsrechtswidrigkeit nicht hätten anwenden dürfen. Italien musste daher die Verstaatlichung wieder rückgängig machen.

Die Bezirkshauptmannschaft Bregenz hätte zu prüfen, ob die von ihr anzuwendende Bestimmung des Vorarlberger Landschaftsschutzgesetzes, die vorschreibt, dass jeder Vermieter von Bootsliegeplätzen einen bestimmten Prozentsatz der Liegeplätze an Eigner von Booten, die ihren Wohnsitz im Ausland haben, vermieten darf, dem Unionsrecht widerspricht. Da die Dienstleistungsfreiheit unmittelbar anwendbar ist, hätte die Bezirkshauptmannschaft Bregenz jene Bestimmung, die diese Kontingentierung enthält und insoweit gegen die Dienstleistungsfreiheit verstößt, unangewendet lassen müssen (zur Dienstleistungsfreiheit siehe näher LE 4).

(Dieser Fall ist der Rechtssache *Ciola* [EuGH 29. April 1999, Rs C-224/97, Slg 1999 I-02517] nachgebildet.)

Weiterführende Literatur

Craig/de Búrca, EU law. Text, cases, and materials[7] (2020)
Klamert, EU-Recht[2] (2018)
Öhlinger/Potacs, EU-Recht und staatliches Recht – Die Anwendung des Europarechts im innerstaatlichen Bereich[7] (2020)
Oppermann/Classen/Nettesheim, Europarecht[8] (2018)
Streinz, Europarecht[11] (2019)

Links

<europa.eu> (Portal der Europäischen Union)
<consilium.europa.eu> (Europäischer Rat sowie Rat der EU)
<europarl.europa.eu> (Europäisches Parlament)
<ec.europa.eu> (Europäische Kommission)
<curia.europa.eu> (Gerichtshof der Europäischen Union)
<eca.europa.eu> (Rechnungshof)
<eib.europa.eu> (Europäische Investitionsbank)
<eesc.europa.eu> (Wirtschafts- und Sozialausschuss)
<cor.europa.eu> (Ausschuss der Regionen)
<ombudsman.europa.eu> (Europäischer Bürgerbeauftragter)

Wiederholungsfragen

- Was bedeutet „GASP“?
- Was bedeutet „supranational“?
- Nennen Sie die Organe der EU!
- Was macht der Rat der EU?
- Wie ist die Europäische Kommission zusammengesetzt?
- Wie wirkt das Europäische Parlament an der europäischen „Gesetzgebung“ mit?
- Was versteht man unter dem Prinzip der begrenzten Einzelermächtigung?
- Was besagt das Subsidiaritätsprinzip?
- Wozu verpflichtet das Verhältnismäßigkeitsprinzip im Zusammenhang mit der Ausübung der der EU übertragenen Kompetenzen?
- Welche Gerichte üben die Rechtsprechung im Rahmen der EU aus?
- Was versteht man unter primärem Unionsrecht?
- Welche Akte des abgeleiteten Unionsrechts gibt es?
- Enthält das Unionsrecht Grundrechte?
- Wodurch unterscheidet sich die Richtlinie von der Verordnung?
- Wer vollzieht das Unionsrecht?
- Müssen bzw dürfen Verordnungen der EU in nationales Recht umgesetzt werden?
- Was ist das Besondere am Unionsrecht?
- Was versteht man unter autonomer Geltung des Unionsrechts?
- Nennen Sie zwei Beispiele für unmittelbar anwendbares Unionsrecht!
- Müssen nationale Verwaltungsbehörden und Gerichte Unionsrecht anwenden?
- Geht nationales Recht dem Unionsrecht vor?

Lektion 3

Grundrechte der Wirtschaft

Autoreifenaktion: Nimm 4, zahl 2

Nehmen Sie an, Sie möchten in einer von Ihnen betriebenen Tankstelle mit Auto-Zubehörgeschäft der Kundschaft ein besonderes „Zuckerl" anbieten, um das Geschäft weiter anzukurbeln. Sie haben vor, im Rahmen einer Reifenaktion „Nimm 4, zahl 2" vier neue, qualitativ hochwertige Autoreifen zum Preis von nur zwei anzubieten. Damit liegt zwar der Kaufpreis unter jenem Betrag, den Sie selbst für die Anschaffung zahlen müssen. Angesichts der wachsenden Konkurrenz sehen Sie jedoch keinen anderen Weg, Ihren Kundenstock zu halten und so am Markt zu „überleben".

Kurz nachdem Sie die ersten Inserate in der Zeitung und im Internet geschaltet haben, flattert bereits ein Brief der Rechtsabteilung Ihres Konkurrenten „Autohaus Waldmaier" ins Haus, in dem Sie aufgefordert werden, die Aktion „Nimm 4, zahl 2" sofort einzustellen, widrigenfalls „Waldmaier" sich genötigt sieht, klagsweise gegen Sie vorzugehen. Zur Begründung wird auf folgende Bestimmung im Nahversorgungsgesetz verwiesen:

„Wer im geschäftlichen Verkehr Waren zum oder unter dem Einstandspreis verkauft oder zum Verkauf anbietet, kann auf Unterlassung in Anspruch genommen werden (...)"

Welche Grundrechte sind betroffen?

Die zentralen Fragen dieses Kapitels sind:

- Was versteht man unter Grundrechten?
- Welche Grundrechte der Wirtschaft gibt es?
- Was und wovor schützen die (Wirtschafts-)Grundrechte?

I. Allgemeines zu den Grundrechten

A. Was sind Grundrechte?

Grundrechte sind verfassungsgesetzlich gewährleistete Rechte (vgl Art 144 B-VG). Es handelt sich um subjektive Rechte, dh um Rechte des Einzelnen, die regelmäßig in einem rechtlichen Verfahren durchsetzbar sind. Ihre Grundlage haben Grundrechte in Vorschriften mit Verfassungsrang.

Grundrechte wirken in erster Linie als staatsgerichtete Abwehrrechte. Damit schaffen sie für den Bürger einen Freiheitsraum gegenüber Eingriffen durch den Staat. Sie setzen dem Handeln des Staates in allen seinen Erscheinungen Grenzen.

Beispiel

Das Grundrecht der Meinungsfreiheit verbietet dem Staat (etwa einer Verwaltungsbehörde), auf den Inhalt von politischer Berichterstattung Einfluss zu nehmen.

Aus der Wirkung der Grundrechte als Abwehrrechte folgen in der Regel Unterlassungspflichten für den Staat. Es können aus den Grundrechten aber gelegentlich auch positive Handlungspflichten (Gewährleistungspflichten) folgen, die den Staat zu einem Handeln verpflichten, das erst die Inanspruchnahme des Grundrechts ermöglicht. Zumeist kann den Grundrechten allerdings nicht entnommen werden, in welcher Weise der Staat seine Handlungspflicht zu erfüllen hat. Insofern verbleibt ihm ein rechtspolitischer Gestaltungsspielraum. Solche Handlungspflichten treten in verschiedenen Konstellationen auf, von denen hier die zwei wesentlichsten erwähnt werden:

1. Bestimmte Grundrechte können nicht ohne Tätigwerden des Staates in Anspruch genommen werden. In diesem Fall ergibt sich aus dem Grundrecht, dass der Staat die Voraussetzungen für die grundrechtliche Gewährleistung schaffen muss.

Beispiel

Die Verfahrensgrundrechte setzen voraus, dass der Staat Gerichte einrichtet, sie mit Richterinnen und Richtern besetzt und die Gerichtsorganisation und das Gerichtsverfahren gesetzlich regelt.

Das geheime Wahlrecht verpflichtet den Staat, durch geeignete Vorkehrungen („blickdichte“ Wahlzellen) sicherzustellen, dass das Wahlgeheimnis gewahrt bleibt.

Eine Gruppe bilden hier die sog Institutsgarantien, die voraussetzen, dass der Staat den rechtlichen Rahmen für bestimmte Einrichtungen zur Verfügung stellt.

Beispiel

Die Eigentumsfreiheit verlangt, dass der Staat eine Eigentumsordnung schafft. Das Recht auf Eheschließung setzt voraus, dass die Rechtsordnung Voraussetzungen und Folgen einer Ehe regelt.

2. Der Staat ist verpflichtet, die Grundrechte vor Eingriffen von dritter, nichtstaatlicher Seite zu schützen (Schutzpflicht).

Beispiel

Der Staat ist verpflichtet, gegen die Gefahren durch den Straßenverkehr geeignete Maßnahmen zum Schutz des Lebens der Bürger zu treffen. Aus dem Recht auf Leben (vgl Art 2 EMRK) folgt aber nicht, welche Maßnahmen im Einzelnen (zB Gurtpflicht, Tempolimit) getroffen werden müssen.

B. Wo sind die Grundrechte geregelt?

Die Grundrechte sind üblicherweise integraler Bestandteil einer Verfassungsurkunde und stehen in einer solchen an prominenter Stelle (zB in Deutschland Art 1 ff Bonner Grundgesetz). Aufgrund der „Zersplitterung" der österreichischen Bundesverfassung in zahlreiche Verfassungsgesetze und Verfassungsbestimmungen als Teile „einfacher" Gesetze (siehe dazu LE 1) enthält die Verfassung der Republik Österreich keinen einheitlichen und abschließenden Grundrechtskatalog, sondern besteht aus zahlreichen Grundrechtsquellen. Die bedeutendsten sind das Staatsgrundgesetz 1867 über die allgemeinen Rechte der Staatsbürger (StGG) und die Europäische Menschenrechtskonvention (EMRK).

Die EMRK ist ein völkerrechtlicher Vertrag, der seit 1964 in Österreich in Verfassungsrang steht. Somit können auch Konventionsrechte, wie etwa Art 6 EMRK (Recht auf ein faires Verfahren), als verfassungsgesetzlich gewährleistete Rechte vor dem VfGH geltend gemacht werden.

Bedeutende Grundrechte finden sich auch im Stammgesetz der österreichischen Bundesverfassung, dem Bundes-Verfassungsgesetz (B-VG vom 1. Oktober 1920), zB der Gleichheitsgrundsatz in Art 7 Abs 1 B-VG (siehe auch Art 2 StGG) oder das Recht auf ein Verfahren vor dem gesetzlichen Richter (Art 83 Abs 2 B-VG).

Ein Beispiel für ein Grundrecht in einem ansonsten „einfachen" Gesetz ist das Grundrecht auf Datenschutz nach § 1 Datenschutzgesetz. Ein Beispiel für ein in einem eigenen Bundesverfassungsgesetz geregeltes Grundrecht ist das BVG über den Schutz der persönlichen Freiheit (siehe auch Art 5 EMRK).

Seit dem Inkrafttreten der Charta der Grundrechte der EU (Grundrechte-Charta, GRC) im Jahr 2009 gewinnen auch die nunmehr in der Charta kodifizierten Grundrechte zunehmend an Bedeutung. Grundsätzlich binden die Unionsgrundrechte die EU und ihre Organe. Im Rahmen der „Durchführung des Unionsrechts" (Art 51 Abs 1 GRC) sind auch die Mitgliedstaaten an die Charta-Grundrechte gebunden. Unter der Durchführung des Unionsrechts ist jedenfalls die unmittelbare Vollziehung von Unionsrecht (zB die Anwendung einer VO durch österreichische Behörden) zu verstehen. Ebenso sind die Mitgliedstaaten bei der Umsetzung von RL in nationales Recht an die Charta-Grundrechte gebunden. Darüber hinausgehende Einzelprobleme der Bindung der Mitgliedstaaten an die Unionsgrundrechte sind umstritten. Jedenfalls bildet die Grundrechte-Charta, soweit die betreffende Garantie „in ihrer Formulierung und Bestimmtheit verfassungsgesetzlich gewährleisteten Rechten der österreichischen Bundesverfassung gleicht", für den VfGH einen Prüfungsmaßstab im Gesetzesprüfungsverfahren und bei der Prüfung von Entscheidungen der Verwaltungsgerichte (VfSlg 19.632/2012).

Inhaltlich sind zahlreiche der in der Charta verbürgten Grundrechte an die EMRK oder die gemeinsamen Verfassungsüberlieferungen der Mitgliedstaaten angelehnt, wenn auch in Teilbereichen Unterschiede bestehen. Die Charta enthält nicht nur für den Einzelnen durchsetzbare (= justiziable) Rechte, sondern auch sog Grundsätze, die durch Unionsrecht oder nationales Recht umgesetzt werden können. Die Grundsätze der Charta sind daher prinzipiell nicht justiziabel. Der Unterschied zwischen Rechten und Grundsätzen der Charta kommt häufig durch die Formulierung der entsprechenden Artikel zum Ausdruck. So stellt zB Art 2 Abs 1 GRC („Jede Person hat das Recht auf Leben.") unzweifelhaft ein Charta-Recht dar. Hingegen ist Art 22 GRC („Die Union achtet die Vielfalt der Kulturen, Religionen und Sprachen.") schon seiner Formulierung nach („achtet" im Gegensatz zu „hat das Recht auf") ein Charta-Grundsatz.

C. Welche Grundrechte gibt es?

Die Grundrechte lassen sich nach ihrem Inhalt einteilen in:

- **Freiheitsrechte**: Als Freiheitsrechte sind jene Grundrechte zusammenzufassen, die einen bestimmten Ausschnitt aus der Lebenswirklichkeit des Einzelnen gegen Eingriffe des Staates schützen. Freiheitsrechte können – wiederum entsprechend dem Inhalt ihrer Gewährleistung – in Fundamentalgarantien (Recht auf Leben, Folterverbot, Verbot der Zwangs- und Pflichtarbeit), in sonstige Rechte der Person (zB das Recht auf persönliche Freiheit, Recht auf Freizügigkeit, Recht auf Achtung des Privat- und Familienlebens, Hausrecht, Religionsfreiheit etc), in Grundrechte des Gemeinschaftslebens (Kommunikationsfreiheiten, Wissenschaftsfreiheit, Versammlungsfreiheit, Vereinigungsfreiheit, Kunstfreiheit etc) und in Grundrechte des Wirtschaftslebens (Erwerbsfreiheit, Eigentumsfreiheit, Liegenschaftsfreiheit und Freizügigkeit des Vermögens) unterteilt werden;

- **Gleichheitsrechte**: Hier dient das Grundrecht nicht dem Schutz eines Lebensbereichs gegenüber Eingriffen des Staates, vielmehr folgen aus den Gleichheitsrechten das Verbot der unsachlichen Differenzierung und das allgemeine Sachlichkeitsgebot (zB allgemeiner Gleichheitssatz, BVG Rassendiskriminierung etc);
- **Verfahrensgarantien**: Diese werden nach inhaltlichen Gesichtspunkten, die sich auf die Organisation, die Ausgestaltung und die Durchführung eines rechtsstaatlichen Verfahrens beziehen, zusammengefasst (zB Recht auf Zugang zu Gericht, Recht auf ein Verfahren vor dem gesetzlichen Richter etc);
- **Politische Rechte** (zB Wahlrecht, Petitionsrecht etc);
- **Soziale Grundrechte** sind subjektive verfassungsgesetzlich gewährleistete Rechte, die dem Einzelnen einen Anspruch auf soziale Leistungen durch den Staat gewähren (zB Recht auf Arbeit oder Recht auf Wohnung). Die österreichische Bundesverfassung sieht solche Rechte nicht vor. Aus Freiheits- und Gleichheitsrechten können aber in gewissem Maße Ansprüche mit sozialem Bezug („Teilhaberechte“) abgeleitet werden.

Die Darstellung der einzelnen Grundrechte beschränkt sich im vorliegenden Kapitel auf die für die Wirtschaft in besonderer Weise relevanten Grundrechte der Erwerbsfreiheit und der Eigentumsfreiheit. Zudem werden wichtige Verfahrensgrundrechte erläutert.

D. Wen verpflichten die Grundrechte?

Die verfassungsgesetzlich gewährleisteten Grundrechte verpflichten den Staat in allen seinen Erscheinungsformen. Sie binden sowohl die Gesetzgebung als auch die Vollziehung (Verwaltungsbehörden, Gerichte).

1. Bindung der einfachen Gesetzgebung

Die Bindungswirkung der Grundrechte gegenüber der einfachen Gesetzgebung ist Folge des Verfassungsrangs von Grundrechten. Umfang und

Reichweite der Bindung an die Grundrechte ergibt sich aus der jeweiligen Grundrechtsbestimmung. Dem Gesetzgeber kann verboten sein, die Ausübung einer grundrechtlichen Freiheit zu beschränken (zB Verbot, einen Zeitungsartikel zu zensieren). Er kann aber auch ermächtigt oder sogar verpflichtet sein, die Ausübung einer grundrechtlichen Freiheit zu beschränken (zB Ermächtigung, im Interesse der Sicherheit des Straßenverkehrs eine Ausbildung für Lastwagenfahrer vorzuschreiben). Die meisten Grundrechte stehen unter einem sog Gesetzesvorbehalt, der den einfachen Gesetzgeber ermächtigt, Grundrechte sowohl näher auszugestalten als auch zu beschränken.

So heißt es bspw in Art 6 Abs 1 StGG, dass jeder Staatsbürger bzw jede Staatsbürgerin „unter den gesetzlichen Bedingungen" jeden Erwerbszweig ausüben kann. Nach Art 8 Abs 2 EMRK ist der Eingriff einer öffentlichen Behörde in das Grundrecht auf Achtung des Privat- und Familienlebens nur statthaft, insoweit dieser Eingriff gesetzlich vorgesehen ist.

Art 8 Abs 2 EMRK schränkt den Gesetzesvorbehalt allerdings dahingehend ein, dass gesetzliche Eingriffe zulässig sind, soweit sie eine Maßnahme darstellen, „die in einer demokratischen Gesellschaft für die nationale Sicherheit, die öffentliche Ruhe und Ordnung, das wirtschaftliche Wohl des Landes, die Verteidigung der Ordnung und zur Verhinderung von strafbaren Handlungen, zum Schutz der Gesundheit und der Moral oder zum Schutz der Rechte und Freiheiten anderer notwendig ist." Am Beispiel des Art 8 Abs 2 EMRK sieht man deutlich, dass dem Gesetzgeber bei Eingriffen in Grundrechte Grenzen gesetzt sind. Gesetzliche Beschränkungen von Grundrechten sind nur unter ganz bestimmten Voraussetzungen zulässig. Insb muss das Gesetz, das in ein Grundrecht eingreift, verhältnismäßig sein. Eine gesetzliche Grundrechtsbeschränkung, die den Verhältnismäßigkeitsgrundsatz nicht beachtet, verletzt das betreffende Grundrecht (siehe dazu Abschnitt II.B.2.).

2. Bindung der Verwaltung und der Gerichtsbarkeit

Die verfassungsgesetzlich gewährleisteten Rechte binden auch die Verwaltungsbehörden und die Gerichte. Wenn demnach ein Gericht ein Urteil oder ein Erkenntnis fällt bzw eine Verwaltungsbehörde einen Bescheid erlässt, dann müssen dabei die Grundrechte beachtet werden. Insbesondere bedarf jeder Grundrechtseingriff einer entsprechenden gesetzlichen Ermächtigung. Staatliche Organe dürfen auch nicht willkürlich handeln, weil sonst eine Verletzung des Gleichheitssatzes vorliegen würde.

3. Fiskalgeltung der Grundrechte

Der Staat ist nicht nur dann an die Grundrechte gebunden, wenn er hoheitlich tätig wird, also etwa Bescheide erlässt, sondern auch dann, wenn er wie ein Privater bspw Verträge (zB Dienstverträge, Auftragsverträge) abschließt. Die Bindung des Staates als Träger von Privatrechten an die Grundrechte bezeichnet man auch als Fiskalgeltung der Grundrechte.

Beispiel

Die Gemeinde X möchte ein neues Rathaus bauen lassen und zu diesem Zweck entsprechende öffentliche Aufträge vergeben. Wegen der Bindung an den Gleichheitssatz darf die Gemeinde aus dem Kreis der sich um den Bauauftrag bewerbenden Unternehmen nicht einzelne Bewerber bzw Bewerberinnen unsachlich bevorzugen.

4. Mittelbare Wirkung zwischen Privatpersonen („Drittwirkung")

Die Grundrechte binden den Staat, nicht jedoch auch Privatpersonen. Das heißt, ein Grundrecht vermag es grundsätzlich nicht, einer Privatperson unmittelbare Ansprüche gegenüber einer anderen Privatperson einzuräumen. Ein Unternehmer bzw eine Unternehmerin kann sich also nicht gegenüber einem anderen Unternehmer bzw einer anderen Unternehmerin unmittelbar auf ein Grundrecht berufen.

Allerdings wirken die Grundrechte mittelbar zwischen Privatpersonen (mittelbare Drittwirkung). Einerseits wirken sie mittelbar über die Gesetze, die das Verhalten zwischen Privaten regeln und dabei die Grundrechte nicht verletzen dürfen. Andererseits wirken sie dadurch, dass die Behörden und Gerichte in ihren Entscheidungen, die Rechtsverhältnisse zwischen Privaten betreffen, die Gesetze unter Beachtung der Grundrechte auslegen und anwenden müssen.

Beispiel

Eine grundrechtskonforme Auslegung des § 879 des Allgemeinen Bürgerlichen Gesetzbuches (ABGB), demzufolge ein Vertrag, der gegen die guten Sitten verstößt, ungültig ist, verbietet eine 30-jährige Konkurrenzverbotsklausel in einem Arbeitsvertrag, die Arbeitnehmer bzw Arbeitnehmerinnen für den Fall einer Kündigung verpflichtet, während der darauf folgenden 30 Jahre kein Konkurrenzunternehmen zu gründen oder für ein Konkurrenzunternehmen zu arbeiten. Ein derart umfassendes Konkurrenzverbot ist im Hinblick auf die Erwerbsfreiheit grundrechtswidrig und folglich gem § 879 ABGB nichtig.

E. Wen berechtigen die Grundrechte?

Die Grundrechte schützen natürliche Personen (Menschen) und grundsätzlich auch juristische Personen (zB Aktiengesellschaften, Gesellschaften mit beschränkter Haftung) vor unverhältnismäßigen Eingriffen durch den Staat.

Die in der EMRK verankerten Grundrechte sind fast ausschließlich Jedermannsrechte, das heißt, dass sich jedermann (= jede Person) darauf berufen kann. Einige der im StGG und im B-VG verankerten Grundrechte sind dagegen als Staatsbürgerrechte gewährleistet (zB Erwerbsfreiheit, Gleichheitssatz). Auf diese Grundrechte können sich nur inländische (natürliche und juristische) Personen berufen. Wegen des in der EU und auch im EWR geltenden Verbotes der Diskriminierung aus Gründen der Staatsangehörigkeit können sich nach herrschender Lehre und Rechtsprechung aber auch Personen mit Staatsangehörigkeit eines anderen EU- bzw EWR-Mitgliedstaates bzw vergleichbare juristische Personen (Sitz in einem EU-Mitgliedstaat, nach dessen Recht errichtet) auf solche Grundrechte berufen.

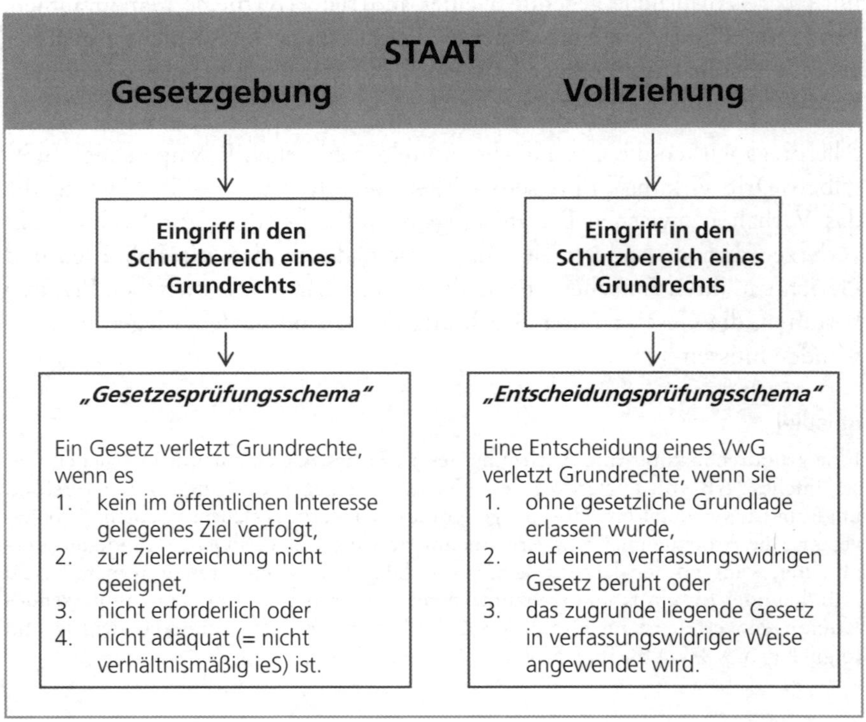

F. Wer überwacht die Einhaltung der Grundrechte?

Die Überwachung der Einhaltung der Grundrechte obliegt vor allem dem Verfassungsgerichtshof (VfGH). So kann zum Beispiel ein Erkenntnis eines Verwaltungsgerichts, das eine Enteignung (siehe dazu Abschnitt III.A.2.) vorsieht oder einen entsprechenden Bescheid für rechtmäßig erklärt, wegen des Eingriffes in das Grundrecht auf Eigentumsfreiheit beim VfGH bekämpft werden.

Gelangt der VfGH zur Auffassung, dass das bei ihm bekämpfte Erkenntnis eines Verwaltungsgerichts wegen Verstoßes gegen ein Grundrecht verfassungswidrig ist, dann hebt er es auf. Der VfGH überwacht auch, dass die Gesetze (Verwaltungsgesetze, Zivilgesetze, Strafgesetze etc) grundrechtsbzw verfassungskonform sind (zur Organisation und zu den Kompetenzen des VfGH siehe LE 7).

Verstößt ein Organ bei der Ausübung unmittelbarer verwaltungsbehördlicher Befehls- und Zwangsgewalt gegen die Grundrechte, besteht im Verwaltungsbereich eine Beschwerdemöglichkeit bei den Verwaltungsgerichten (siehe dazu LE 7). Wenn ein Urteil eines Zivil- oder eines Strafgerichts die Grundrechte missachtet, kann dieses Urteil selbst nicht beim VfGH, sondern vor dem jeweils übergeordneten ordentlichen Gericht und in oberster Instanz vor dem Obersten Gerichtshof (OGH) bekämpft werden. Seit 2015 ist es jedoch möglich, einen „Parteiantrag auf Normenkontrolle“ zu stellen: Der VfGH erkennt dabei über einen Antrag einer Person, die als Partei einer von einem ordentlichen Gericht in erster Instanz entschiedenen Rechtssache wegen Anwendung eines verfassungswidrigen Gesetzes in ihren Rechten verletzt zu sein behauptet.

II. Die Erwerbsfreiheit

A. Schutzbereich der Erwerbsfreiheit und Eingriffe

1. Schutzbereich der Erwerbsfreiheit

Unter dem Schutzbereich eines Grundrechts versteht man den durch das Grundrecht geschützten Lebensbereich. Nach Art 6 Abs 1 StGG kann jeder Staatsbürger bzw jede Staatsbürgerin unter den gesetzlichen Bedingungen jeden Erwerbszweig ausüben. Jede inländische natürliche Person (= jeder Österreicher bzw jede Österreicherin) und jede inländische juristische Person (zB eine österreichische Aktiengesellschaft oder eine österreichische GmbH) hat demnach das Recht auf freie Erwerbsbetätigung. Das gilt aufgrund des unionsrechtlichen Verbots jeder Diskriminierung aus Gründen der Staatsangehörigkeit (Art 18 AEUV) auch für Personen mit Staatsangehörigkeit eines sonstigen EU- bzw EWR-Mitgliedstaates (zB deutsche Staatsbürger und Staatsbürgerinnen, italienische Kapitalgesellschaften etc). Eine dem Art 6 Abs 1 StGG in wesentlichen Teilen entsprechende Regelung enthalten die Art 15 und 16 GRC.

Sachlich geschützt wird jede selbständige oder unselbständige Tätigkeit, die auf wirtschaftlichen Erfolg gerichtet ist, also jede Erwerbstätigkeit und nicht etwa nur eine gewerbliche Tätigkeit iSd Gewerbeordnung 1994 (GewO). In den Schutzbereich fallen sowohl der Antritt einer Erwerbsbetätigung als auch deren Ausübung.

> Da Sie eine Tankstelle mitsamt Auto-Zubehörgeschäft betreiben, üben Sie eine Tätigkeit aus, die auf wirtschaftlichen Erfolg gerichtet ist, und unterliegen damit dem Schutz der Erwerbsfreiheit. Die Erwerbsfreiheit schützt nämlich nicht nur den Erwerbsantritt, sondern auch die Erwerbsausübung. Voraussetzung ist allerdings, dass Sie die österreichische Staatsbürgerschaft oder die Staatsbürgerschaft eines anderen EU- bzw EWR-Mitgliedstaates besitzen.

2. Eingriffe in die Erwerbsfreiheit

Grundrechtseingriff ist jeder staatliche Akt, der die grundrechtlich geschützte Sphäre (Schutzbereich) eines Grundrechtsträgers bzw einer Grundrechtsträgerin in belastender oder beschränkender Weise berührt. Beim Grundrecht der Erwerbsfreiheit kann man je nach Eingriffsintensität drei Typen von Beschränkungen unterscheiden:

a. Objektive Zugangsbeschränkungen

Unter objektiven Zugangsbeschränkungen versteht man Schranken des Zugangs zu einer Erwerbstätigkeit, die der bzw die Betroffene aus eigener Kraft nicht überwinden kann. Objektive Zugangsbeschränkungen stellen besonders gravierende Eingriffe in die Erwerbsfreiheit dar.

Beispiel

Herr X darf das Rauchfangkehrergewerbe nur dann ausüben, wenn in dem betreffenden Gebiet ein Bedarf an Rauchfangkehrern bzw Rauchfangkehrerinnen besteht (sog Bedarfsprüfung).

b. Subjektive Zugangsbeschränkungen

Subjektive Zugangsbeschränkungen sind solche, die in der Person des bzw der Betroffenen liegen und die dieser bzw diese aus eigener Kraft überwinden kann (insb spezifische Ausbildungserfordernisse). Ein Gesetz, das subjektive Zugangsbeschränkungen festlegt, stellt einen gewichtigen Eingriff in die Erwerbsfreiheit dar, der allerdings in der Regel weniger schwer wiegt als eine objektive Zugangsbeschränkung.

Beispiel

Um das Gastgewerbe ausüben zu dürfen, muss Frau X ihre Befähigung zum Betreiben einer Gaststätte nachweisen (zum Befähigungsnachweis siehe LE 5).

c. Ausübungsschranken

Als dritten Beschränkungstyp lassen sich Ausübungsschranken festmachen. Diese reglementieren nicht den Zugang zu einer Erwerbstätigkeit, sondern (nur) deren Ausübung. Sie stellen im Vergleich zu den objektiven und subjektiven Zugangsbeschränkungen typischerweise weniger schwerwiegende Eingriffe in die Erwerbsfreiheit dar.

Beispiel

Aufgrund von Ladenschlussvorschriften muss Frau Y ihr Geschäft täglich um 19:00 Uhr schließen. Wegen gesetzlich vorgeschriebener Werbeverbote darf der Zigarettenhersteller Z seine Produkte nicht im Fernsehen bewerben. Es ist verboten, Kunststofftragetaschen in den Verkehr zu bringen.

Das Gesetz, das Ihnen den Verkauf der Autoreifen unter dem Einstandspreis verbietet, greift in die Ihnen verfassungsgesetzlich gewährleistete Erwerbsfreiheit ein, weil es Ihnen eine bestimmte Vorgangsweise bei der Preiskalkulation vorgibt und Sie daher Ihrer Erwerbstätigkeit nicht nach eigenem Gutdünken nachgehen können. Da Ihnen nicht der Zugang zum Tankstellengewerbe untersagt wird, sondern (lediglich) das „Wie" Ihres Geschäftsbetriebes reglementiert wird, handelt es sich nicht um eine Erwerbsantrittsschranke, sondern um eine Erwerbsausübungsschranke. Dem Gesetzgeber steht bei Regelungen der Berufsausübung ein größerer rechtspolitischer Gestaltungsspielraum offen als bei Regelungen, die den Zugang zu einem Beruf (den Erwerbsantritt) beschränken, soweit durch solche die Ausübung einer Erwerbstätigkeit regelnden Vorschriften der Eingriff in die verfassungsgesetzlich geschützte Rechtssphäre weniger gravierend ist als durch Vorschriften, die den Zugang zum Beruf überhaupt behindern.

B. Bindung der Gesetzgebung

Nicht jeder Eingriff in ein Grundrecht stellt eine Verletzung des Grundrechts dar. Vielmehr ist noch zu prüfen, ob der festgestellte Eingriff verfassungsgemäß oder verfassungswidrig ist.

1. Gesetzesvorbehalt

Die Erwerbsfreiheit steht unter einem sog Gesetzesvorbehalt. Das heißt, dass das Grundrecht der Erwerbsfreiheit nicht absolut garantiert ist: Der Gesetzgeber darf die freie Erwerbsbetätigung beschränken. Die Erwerbsfreiheit steht dem Wortlaut nach unter einem unbeschränkten Gesetzesvorbehalt, solange die Form des Gesetzes gewahrt wird (formeller Gesetzesvorbehalt – „unter den gesetzlichen Bedingungen"). Das bedeutet allerdings keineswegs, dass der Gesetzgeber jede nur erdenkliche Beschränkung der Erwerbsbetätigung anordnen dürfte. Vielmehr muss jede gesetzliche Beschränkung der Erwerbsfreiheit dem sog Verhältnismäßigkeitsgrundsatz entsprechen. Das heißt, der Staat darf zwar die Erwerbsbetätigung reglementieren, er muss dabei aber im Hinblick auf die von der Verfassung garantierte Erwerbsfreiheit möglichst schonend vorgehen.

2. Der Verhältnismäßigkeitsgrundsatz

Jeder gesetzliche Eingriff in die Erwerbsfreiheit muss verhältnismäßig sein, andernfalls stellt er eine Verletzung des Grundrechts aus Art 6 StGG dar. Der Grundsatz der Verhältnismäßigkeit ist beachtet, wenn das Gesetz ein öffentliches Interesse verfolgt, zur Erreichung dieses Ziels geeignet und erforderlich ist und das Grundrecht nicht inadäquat einschränkt. In der Abwägung des öffentlichen Interesses mit der Grundrechtseinschränkung muss die Bedeutung des öffentlichen Interesses umso gewichtiger sein, je höher die Eingriffsintensität – siehe die oben genannten Beschränkungstypen – ist. Je geringer die Eingriffsintensität ist, desto größer ist der Gestaltungsspielraum, den der Gesetzgeber bei der Beschränkung der Erwerbsfreiheit hat.

a. Öffentliches Interesse

Das Ziel der gesetzlichen Regelung muss im öffentlichen Interesse liegen. Dabei kann das öffentliche Interesse in vielerlei Hinsicht bestehen (zB Umweltschutz, Konsumentenschutz, öffentliche Ordnung etc). Der VfGH prüft dieses Kriterium nicht sehr streng, sondern respektiert hier einen weiten Gestaltungsspielraum des Gesetzgebers (sog „Vertretbarkeitskontrolle“).

Da die Erwerbsfreiheit unter einem Gesetzesvorbehalt steht, dieser aber nicht zu jedweder Einschränkung der Erwerbsfreiheit ermächtigt, ist zu prüfen, ob sich die angefochtene Regelung noch im Rahmen des Gesetzesvorbehaltes hält oder aber diesen überschreitet. Mit anderen Worten: Es ist zu prüfen, ob die bekämpfte Vorschrift verhältnismäßig ist.

Zunächst stellt sich dabei die Frage, ob das Ziel der Regelung im öffentlichen Interesse liegt. Man könnte argumentieren, dass das Verbot des Verkaufs unter dem Einstandspreis die Ausnutzung spezifischer Wettbewerbsvorteile, die größere Unternehmen gegenüber kleineren und mittleren Unternehmen haben, in Grenzen halten soll. Durch die Verhinderung der Verdrängung kleinerer und mittlerer Unternehmen vom Markt soll die Aufrechterhaltung einer allgemein als notwendig angesehenen ausreichenden Nahversorgung gesichert werden. Die angefochtene Regelung will aber offenbar auch vor unlauterem Wettbewerb durch Lockvogelwerbung oder irreführender Niedrigpreiswerbung schützen, was im Interesse des Konsumentenschutzes liegt.

Der VfGH akzeptierte in einem Fall (VfSlg 12.379/1990), dem dieses Fallbeispiel nachgebildet ist, alle diese Aspekte als im öffentlichen Interesse gelegen und konnte nicht finden, dass deren Verfolgung außerhalb des dem einfachen Gesetzgeber zukommenden rechtspolitischen Gestaltungsspielraums liegt.

b. Geeignetheit

Das Gesetz, das die freie Erwerbsbetätigung beschränkt, muss zur Erreichung des im öffentlichen Interesse gelegenen Ziels geeignet sein. Auch bei der Beurteilung der Geeignetheit einer Beschränkung steht dem Gesetzgeber ein relativ weiter Gestaltungsspielraum zu.

Beispiel

Standortbeschränkungen für Einkaufszentren sind ein geeignetes Mittel zur Verhinderung des „Greißlersterbens" und damit zur Verwirklichung einer funktionierenden Versorgungsinfrastruktur.

Ein Werbeverbot für Kontaktlinsenoptiker bzw Kontaktlinsenoptikerinnen ist demgegenüber kein geeignetes Mittel, um eine intensivere Konsultation von Fachärzten bzw Fachärztinnen für Augenheilkunde im Zusammenhang mit dem Anpassen von Kontaktlinsen zu erreichen.

Mitunter kann auch eine Bedarfsprüfung ein untaugliches Mittel darstellen: Im Gelegenheitsverkehrsgesetz war vorgesehen, dass für die Erteilung einer Konzession (= Bewilligung) für das Taxigewerbe eine Bedarfsprüfung erforderlich ist. Die Behörde musste dabei auf die Bevölkerungszahl, die Anzahl der bereits bestehenden Taxikonzessionen, einen funktionsfähigen Straßenverkehr, auf Bequemlichkeit und Wartezeiten für die Fahrgäste Bedacht nehmen. Der VfGH (VfSlg 10.932/1986) gelangte zu dem Ergebnis, dass ein funktionstüchtiger Taxiverkehr gewiss im öffentlichen Interesse liege. Die Bestimmung über die Bedarfsprüfung bei der Verleihung von Taxikonzessionen sei allerdings ein untaugliches Mittel zur Durchsetzung der vom Gesetz verfolgten öffentlichen Interessen. Sie diene nur dem Konkurrenzschutz und sei daher mit dem Grundrecht der Erwerbsfreiheit nicht vereinbar.

Ist die bekämpfte Regelung zur Erreichung des im öffentlichen Interesse liegenden Ziels (funktionierender Leistungswettbewerb, Nahversorgungssicherung, Konsumentenschutz) geeignet?

Der VfGH beantwortete diese Frage wie folgt (VfSlg 12.379/1990): Angesichts des Umstandes, dass eine Reihe von ernstzunehmenden Stimmen in der in- und ausländischen Literatur das Verbot des Verkaufs unter dem Einstandspreis für geeignet hält, den Intentionen eines funktionierenden Leistungswettbewerbs und dem Ziel des Verbraucherschutzes zu dienen, kann nicht davon gesprochen werden, dass die bekämpfte Regelung zur Zielerreichung absolut untauglich ist und schon deswegen der verfassungsrechtlich festgelegten Erwerbsausübungsfreiheit widerspricht.

Der VfGH hielt es auch nicht für ausgeschlossen, dass die Regelung – wenn auch nicht in jedem Falle – einen Schutz kleinerer Handelsbetriebe gegenüber Großunternehmen bewirkt.

c. Erforderlichkeit

Aus den geeigneten Mitteln muss der Gesetzgeber das gelindeste wählen, das heißt jenes, das das Grundrecht so wenig wie möglich einschränkt. Mit anderen Worten: Das betreffende Gesetz muss erforderlich sein, um das vom Gesetzgeber angestrebte Ziel zu erreichen. In Betracht zu ziehen sind allerdings nur solche gelinderen Mittel, die in gleicher Weise geeignet sind, das öffentliche Interesse zu verwirklichen. Zu beachten ist, dass der VfGH die Erforderlichkeitsprüfung nur bei Erwerbsantrittsbeschränkungen durchführt.

Beispiel

Eine Bedarfsprüfung für Fahrschulen ist nicht das gelindeste Mittel, um eine möglichst fundierte Ausbildung für KFZ-Lenker bzw KFZ-Lenkerinnen zu sichern. Weniger eingriffsintensiv wären etwa gewerbepolizeiliche oder wettbewerbsrechtliche Regelungen.

In unserem Fallbeispiel ist zu prüfen, ob die von Ihnen bekämpfte Regelung zur Erreichung der im öffentlichen Interesse gelegenen Ziele notwendig ist. Man wird es wohl zumindest als zweifelhaft betrachten können, dass ein umfassendes Verbot des Verkaufs unter dem Einstandspreis jenes Mittel ist, das die Erwerbsfreiheit zur Erreichung des vom Gesetzgeber angestrebten Ziels so wenig wie möglich einschränkt. Verbraucherschutz, funktionierender Leistungswettbewerb und Nahversorgungssicherung könnten wohl auch durch weniger einschneidende Regelungen sichergestellt werden, zB dadurch, dass nur Unternehmen mit einer marktbeherrschenden Stellung der Verkauf unter dem Einstandspreis untersagt wird.

d. Adäquanz (Verhältnismäßigkeit im engeren Sinn)

Eingriffe in die Erwerbsfreiheit müssen bei einer Gesamtabwägung zwischen der Schwere des Eingriffs und dem Gewicht der sie rechtfertigenden Gründe adäquat (= verhältnismäßig) sein. Es muss zwischen dem öffentlichen Interesse und der durch den Eingriff beschränkten Grundrechtsposition eine angemessene Relation bestehen. Bei der Prüfung, ob ein Grundrechtseingriff adäquat ist, ist also eine Güterabwägung vorzunehmen. Je intensiver die Beschränkung der Erwerbsfreiheit ist, desto gewichtiger muss das öffentliche Interesse sein, zu dessen Gunsten der Grundrechtseingriff vorgenommen wird. Entsprechend den oben erläuterten Beschränkungstypen stellen objektive Zugangsbeschränkungen typischerweise die intensivsten Eingriffe dar, weniger intensiv sind subjektive Zugangsbeschränkungen und relativ am wenigsten gewichtig sind Beschränkungen der Erwerbsausübung.

Beispiel

Das Interesse an einem einheitlichen Sperrhalbtag, der den Bediensteten die Vorhersehbarkeit der individuellen Arbeitszeit erleichtert, vermag nach Auffassung des VfGH die Beeinträchtigung der Erwerbsfreiheit des Unternehmers bzw der Unternehmerin nicht aufzuwiegen und ist daher erwerbsfreiheitswidrig.

Ein Verbot von Vertriebspartys und Haustürgeschäften für Kosmetika (vgl dazu § 57 GewO) ist demgegenüber nach Auffassung des VfGH im Interesse des Konsumentenschutzes gerechtfertigt und nicht unverhältnismäßig. Konsumenten bzw Konsumentinnen sollen nämlich nicht überrumpelt werden oder infolge psychologischen Drucks Bestellungen tätigen.

Eine Gesamtabwägung zwischen der Schwere des Eingriffs in die Erwerbsfreiheit und dem Gewicht der rechtfertigenden Gründe (funktionierender Leistungswettbewerb, Nahversorgungssicherung, Verbraucherschutz) ergibt, dass die bekämpfte Regelung jedenfalls nicht adäquat bzw verhältnismäßig ist. Sie verbietet Ihnen als kleinerem Unternehmen nämlich den Verlustverkauf auch dann, wenn dieser notwendig ist, um am Markt zu überleben – etwa im Interesse des Erwerbs von Marktanteilen, zur Bewältigung eines finanziellen Engpasses oder zur Korrektur unternehmerischer Fehleinschätzungen, die zu einem „Sitzenbleiben auf dem Lager" führen können.

Angesichts dessen vertrat der VfGH in dem Fall (VfSlg 12.379/1990), dem dieses Fallbeispiel nachgebildet ist, die Auffassung, dass die betreffende Regelung des Nahversorgungsgesetzes den Unternehmer bzw die Unternehmerin im Kern seiner bzw ihrer unternehmerischen Betätigung trifft. Die Folgen der – überdies von Unsicherheiten über den Begriff des Einstandspreises und den nachteiligen Folgen der Ermittlung dieses Preises belasteten – Regelung wiegen derart schwer, dass sie in Anbetracht der Unvollkommenheit der Zielerreichung als unverhältnismäßig gewertet werden müssen. Der VfGH hob daher die betreffende Regelung des Nahversorgungsgesetzes wegen Verstoßes gegen die Erwerbsfreiheit als verfassungswidrig auf.

Anmerkung: Nach der heute geltenden Rechtslage ist nur Unternehmen mit marktbeherrschender Stellung der Verkauf unter dem Einstandspreis untersagt: § 5 Abs 1 Z 5 Kartellgesetz 2005 sieht den sachlich nicht gerechtfertigten Verkauf von Waren unter dem Einstandspreis als Missbrauch einer marktbeherrschenden Stellung an. Zuwiderhandlungen hat das Kartellgericht abzustellen (vgl § 26 Kartellgesetz 2005).

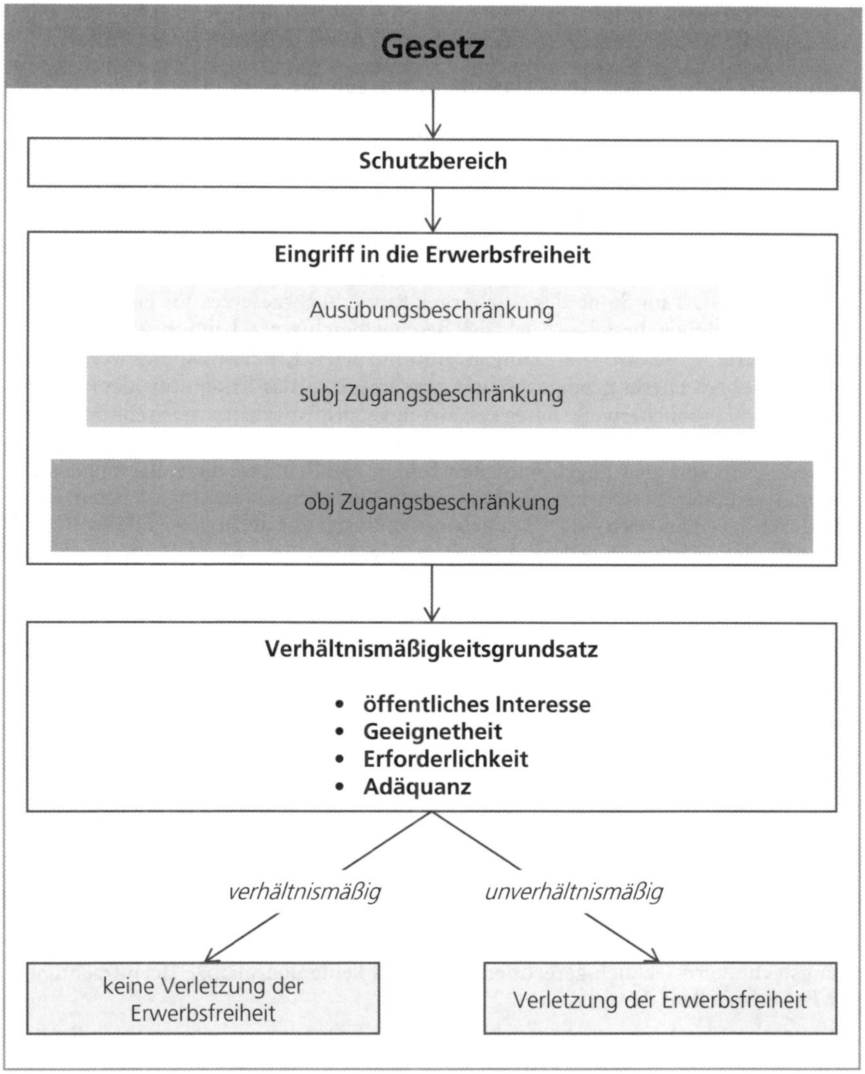

C. Bindung der Vollziehung

Auch Bescheide der Verwaltungsbehörden sowie Erkenntnisse und Beschlüsse der Verwaltungsgerichte können, wenn sie den Antritt oder die Ausübung einer bestimmten Erwerbstätigkeit untersagen oder beschränken, die Erwerbsfreiheit verletzen. Bei Beschlüssen und Erkenntnissen der Verwaltungsgerichte ist dies dann der Fall, wenn der Beschluss oder das Erkenntnis ohne gesetzliche Grundlage erlassen wurde, aber auch dann, wenn das Gesetz, auf dem der Beschluss oder das Erkenntnis beruht, verfassungswidrig ist. Eine Grundrechtsverletzung wird schließlich auch dann bewirkt, wenn das zugrunde liegende Gesetz in verfassungswidriger Weise oder krass gesetzwidrig ausgelegt bzw angewendet wurde.

Beispiel

In Salzburg wird ein Antrag auf Zulassung als Rinderzucht-Besamungstechniker für ein bestimmtes Gemeindegebiet durch Bescheid unter Hinweis darauf abgewiesen, dass für das betreffende Gebiet bereits ein Besamungstechniker zugelassen sei und daher kein Bedarf im Sinne des Salzburger Rinderzuchtgesetzes für einen weiteren Besamungstechniker bestehe. Auch die Bescheidbeschwerde beim zuständigen Verwaltungsgericht bleibt ohne Erfolg. Daraufhin wird Erkenntnisbeschwerde beim VfGH erhoben. Dieser gelangt zu dem Ergebnis, dass das Erkenntnis dem Rinderzuchtgesetz fälschlicherweise einen verfassungswidrigen Inhalt unterstellt und damit den Beschwerdeführer im Grundrecht auf Erwerbsfreiheit verletzt. Denn hätte das Rinderzuchtgesetz den angenommenen Inhalt, nämlich dass die Zulassung als Besamungstechniker zu verweigern ist, wenn der Bedarf nach der angestrebten Tätigkeit durch einen anderen, bereits zugelassenen Besamungstechniker gedeckt ist, wäre das Rinderzuchtgesetz erwerbsfreiheitswidrig. Es besteht nämlich – so der VfGH – kein besonderes öffentliches Interesse an einem Schutz der bereits rechtmäßig am Erwerbsleben Teilnehmenden vor Konkurrenz. Die im Salzburger Rinderzuchtgesetz vorgesehene Bestimmung, dass der für die Zulassung als Besamungstechniker erforderliche Bedarf als gegeben anzusehen ist, wenn die künstliche Besamung am Hof durch Tierärzte bzw Tierärztinnen nicht in ausreichendem Umfang durchgeführt wird oder aufgrund großer Entfernung vom Sitz des Tierarztes bzw der Tierärztin unverhältnismäßige Kosten verursacht, ist nach Auffassung des VfGH vielmehr so zu verstehen, dass bei der Prüfung des Bedarfs ausschließlich auf die Versorgung des betreffenden Gemeindegebietes durch Tierärzte bzw Tierärztinnen abzustellen ist. Das Salzburger Rinderzuchtgesetz bringt also insoweit lediglich die Subsidiarität (= Nachrangigkeit) der Besamungstechniker gegenüber den Tierärzten bzw Tierärztinnen zum Ausdruck. Ein solches Verständnis des Salzburger Rinderzuchtgesetzes ist nach Auffassung des VfGH auch verfassungskonform, weil der Vorrang der (akademisch veterinärmedizinisch umfassend ausgebildeten) Tierärzte gegenüber Besamungstechnikern sachlich gerechtfertigt ist und keine übermäßige Beeinträchtigung der Erwerbsfreiheit darstellt.

Da nun aber das Verwaltungsgericht in seinem Erkenntnis das Salzburger Rinderzuchtgesetz nicht in dieser verfassungsrechtlich unbedenklichen Weise, sondern fälschlicherweise erwerbsfreiheitswidrig ausgelegt hat, ist der Antragsteller bzw die Antragstellerin im Grundrecht auf Erwerbsfreiheit verletzt worden. (Anmerkung: Dieses Beispiel ist einer Entscheidung des VfGH nachgebildet [VfSlg 12.643/1991]. In diesem Fall wurde der Bescheid der Verwaltungsbehörde nach alter Rechtslage beurteilt. Der Bescheid wurde vom VfGH wegen Grundrechtsverletzung schließlich aufgehoben.)

III. Die Eigentumsfreiheit

A. Schutzbereich und Eigentumseingriffe

1. Schutzbereich

Die österreichische Verfassung schützt nicht nur die Erwerbsbetätigung, sondern auch das Eigentum, das für Wirtschaftstreibende mindestens ebenso wichtig ist. Nach Art 5 StGG ist das Eigentum unverletzlich. Eine Enteignung gegen den Willen des Eigentümers bzw der Eigentümerin kann nur in den Fällen und in der Art eintreten, welche das Gesetz bestimmt. Auch Art 1 des 1. Zusatzprotokolls zur Europäischen Menschenrechtskonvention (ZPEMRK) und Art 17 Grundrechte-Charta sehen den Schutz des Eigentums vor.

Auf die verfassungsgesetzlich geschützte Eigentumsfreiheit kann sich jedermann (= jede natürliche und jede juristische Person unabhängig von ihrer Staatsangehörigkeit) berufen. Gegenstand des Eigentumsschutzes sind alle vermögenswerten Rechte. Geschützt sind nicht nur vermögenswerte Privatrechte wie das Eigentum an einer Sache, das Mietrecht, das Pachtrecht oder das Urheberrecht. Auch öffentlich-rechtliche Ansprüche können in den Schutzbereich der Eigentumsfreiheit fallen und zwar jedenfalls dann, wenn dem betreffenden Anspruch eine Leistung (zB Beitragszahlungen etc) der Anspruchsberechtigten gegenübersteht. So sind bspw auch der Anspruch auf Notstandshilfe oder öffentlich-rechtliche Gehaltsansprüche geschützt. Der Schutzbereich der Eigentumsfreiheit umfasst das Recht, Eigentum zu erwerben und darüber zu verfügen. Außerdem schützt das Grundrecht die Privatautonomie schlechthin (= das Recht zum Abschluss von privatrechtlichen Verträgen).

Durch das Verbot des Verkaufs unter dem Einstandspreis werden Sie in Ihrem Recht, Ihre Reifen zu einem von Ihnen selbst festgesetzten Preis zu verkaufen, und damit in Ihrer Privatautonomie beschränkt. Die Privatautonomie wird von der Eigentumsfreiheit geschützt, sodass insoweit ein Eigentumseingriff vorliegt.

2. Eigentumseingriffe

Ein Eingriff in das Eigentum liegt dann vor, wenn ein durch das Grundrecht geschütztes Recht entzogen oder beschränkt wird. Zwei Eingriffsarten sind nach der Rechtsprechung des VfGH zu unterscheiden:

1. Von einer **Enteignung** wird dann gesprochen, wenn dem Eigentümer bzw der Eigentümerin eine Sache oder ein vermögenswertes Recht durch einen hoheitlichen Akt (Gesetz, Bescheid etc) entzogen wird und auf einen anderen bzw den Staat übertragen wird. Zu einer Enteignung kann es zum Beispiel dann kommen, wenn der Staat eine Schnellstraße errichten will, die über fremde Grundstücke verlaufen soll, deren Eigentümer bzw Eigentümerinnen jedoch zu einem Verkauf nicht bereit sind.

2. Eine **bloße Eigentumsbeschränkung** liegt dann vor, wenn das Eigentumsrecht nicht entzogen, sondern lediglich die Ausübung des Eigentumsrechts eingeschränkt wird.

Beispiel

Ein Gebäude wird unter Denkmalschutz gestellt. In einem solchen Fall ist der Eigentümer bzw die Eigentümerin in der Nutzung seines bzw ihres Gebäudes nicht mehr völlig frei, sondern an die Auflagen des Denkmalamtes gebunden.

Eigentumsbeschränkungen können allerdings in ihren Wirkungen auch so weit gehen, dass sie praktisch einer Entziehung des Eigentums gleichkommen. Solche Eigentumsbeschränkungen mit enteignungsgleicher Wirkung werden auch als materielle Enteignungen bezeichnet.

Beispiel

Ein Grundstück, das bislang als Bauland gewidmet ist, wird in Grünland umgewidmet und obendrein mit einem Betretungsverbot versehen. Da der Eigentümer bzw die Eigentümerin somit in Hinkunft sein bzw ihr Grundstück nicht mehr sinnvoll nutzen kann, bewirkt die Eigentumsbeschränkung praktisch eine Enteignung.

Das Verbot des Verkaufs unter dem Einstandspreis bewirkt keine Enteignung, weil durch diese Vorschrift ja nicht eine Sache oder ein Recht entzogen und einem anderen übertragen wird. Es bewirkt allerdings eine Eigentumsbeschränkung, weil es Sie in der Ausübung Ihrer Privatautonomie beeinträchtigt.

B. Bindung der Gesetzgebung

1. Gesetzesvorbehalt – Verhältnismäßigkeit

Wie die Erwerbsfreiheit ist auch die Eigentumsfreiheit nicht absolut geschützt. Das heißt, dass der Gesetzgeber die Eigentumsfreiheit beschränken darf, allerdings nur unter bestimmten Voraussetzungen. Konkret muss der Staat bei Eingriffen in das Grundrecht auf Eigentumsfreiheit den – schon mehrfach erwähnten – Verhältnismäßigkeitsgrundsatz beachten. Das gilt sowohl für Enteignungen als auch für bloße Eigentumsbeschränkungen.

2. Verbot unverhältnismäßiger Enteignungen

Eine Enteignung ist nur dann verfassungsrechtlich zulässig, wenn sie einem öffentlichen Interesse dient und verhältnismäßig ist. Der VfGH hat für Enteignungen dieses Erfordernis noch weiter konkretisiert. Eine Enteignung ist nur unter folgenden Voraussetzungen verfassungskonform:

1. Es muss ein konkreter Bedarf vorliegen, dessen Deckung im öffentlichen Interesse liegt.
2. Das zu enteignende Objekt muss zur Deckung dieses Bedarfs geeignet sein.
3. Es muss unmöglich sein, diesen Bedarf anders als durch Enteignung zu decken.

Beispiel

Wenn der Staat zum Zwecke der Errichtung einer Schnellstraße Grundstückseigentümer bzw Grundstückseigentümerinnen enteignen möchte, müssen folgende Voraussetzungen erfüllt sein: Es muss einen konkreten Bedarf für den Bau der betreffenden Schnellstraße geben. Der Bau der Schnellstraße muss im öffentlichen Interesse (zB Verkehrsinteresse) liegen. Die zu enteignenden Grundstücke müssen von der Lage und Beschaffenheit her zum Straßenbau geeignet sein. Es darf keine andere Möglichkeit als die Enteignung geben. Das ist insb dann nicht der Fall, wenn auch eine gütliche Einigung mit den betreffenden Grundstückseigentümern bzw Grundstückseigentümerinnen möglich ist oder wenn die Straßentrasse verlegt werden kann.

3. Verbot unverhältnismäßiger Eigentumsbeschränkungen

Genauso wie Enteignungen müssen auch bloße Eigentumsbeschränkungen einem öffentlichen Interesse dienen und verhältnismäßig sein, widrigenfalls die Eigentumsfreiheit verletzt wird.

Beispiel

Wenn ein Gebäude unter Denkmalschutz gestellt wird, dürfen die Nutzungsbeschränkungen nur so weit gehen, wie dies im Interesse des Denkmalschutzes unbedingt notwendig ist.

Das gesetzliche Verbot des Verkaufs unter dem Einstandspreis verfolgt – wie schon zur Erwerbsfreiheit ausgeführt – ein öffentliches Interesse in geeigneter Weise. Die Abwägung zwischen der Schwere der Eigentumsbeschränkung und dem Gewicht der rechtfertigenden Gründe ergibt einen unverhältnismäßigen Eingriff in die Eigentumsfreiheit, so dass auch dieses Grundrecht verletzt ist.

4. Gebot der Entschädigung

Weder Art 5 StGG noch Art 1 1. ZPEMRK räumen den Grundrechtsträgern bzw den Grundrechtsträgerinnen im Fall von Eingriffen in ihr Eigentum ausdrücklich einen Anspruch auf finanzielle Entschädigung ein. Der EGMR leitet allerdings aus Art 1 1. ZPEMRK ab, dass jeder Eigentumseingriff eines gerechten Ausgleichs zwischen den Allgemeininteressen und dem Grundrechtsschutz des Einzelnen bedarf. Eine Enteignung ohne angemessene Entschädigung bildet im Hinblick auf den geforderten Ausgleich regelmäßig einen unverhältnismäßigen Eingriff in das Eigentum. Der VfGH hat sich dem in seiner Rechtsprechung angeschlossen und hält eine Entschädigung ebenso für geboten. Die meisten Enteignungsgesetze (vgl zB § 18 Bundesstraßengesetz 1971) sehen aber ohnehin eine entsprechende Entschädigung vor. Wenn die enteignete Sache nicht innerhalb einer angemessenen Frist dem vorgesehenen Zweck zugeführt wird, besteht eine Pflicht zur Rückübereignung.

Beispiel

Im Fall der Enteignung von Grundstücken für den Straßenbau kann der ehemalige Eigentümer bzw die ehemalige Eigentümerin die Rückübereignung beantragen, wenn der Enteignungsgegenstand innerhalb von drei Jahren nicht für den Enteignungszweck genutzt wird (vgl § 20a Bundesstraßengesetz 1971).

C. Bindung der Vollziehung

Die Eigentumsfreiheit bindet auch Verwaltungsbehörden und Gerichte. Eine in das Eigentum eingreifende Entscheidung eines Verwaltungsgerichts verletzt das Grundrecht, wenn sie gesetzlos ergeht, sich auf eine verfassungswidrige Rechtsgrundlage stützt oder eine verfassungsrechtlich unbedenkliche Rechtsgrundlage denkunmöglich anwendet.

Beispiel

Ein Grundstückseigentümer bzw eine Grundstückseigentümerin wurde aufgrund des Bundesstraßengesetzes 1971 enteignet, damit der Staat das Grundstück zur Anpflanzung von Bäumen entlang der geplanten Straße nutzen kann. Die Entscheidung verletzte in diesem Fall die Eigentumsfreiheit. Eine eigentumsfreiheitskonforme Auslegung des Bundesstraßengesetzes 1971, welches die Möglichkeit einer Enteignung für den Bau von Bundesstraßen vorsieht, verbietet nämlich Enteignungen, die nicht dem Bundesstraßenbau, sondern bloß landschaftspflegerischen Interessen dienen sollen.

IV. Verfahrensgrundrechte

Die Verfahrensgrundrechte sichern dem Einzelnen die Durchsetzung seiner zahlreichen materiellen Rechte in einem fairen Verfahren, an dem dieser in einer verfahrensmäßig gesicherten Rechtsposition teilnehmen kann. Sie gewährleisten damit den im Rechtstaatlichkeitsprinzip der Bundesverfassung (siehe dazu LE 1) verankerten Grundsatz des effektiven Rechtsschutzes. Im Folgenden sollen mit dem Recht auf ein Verfahren vor dem gesetzlichen Richter und mit dem Recht auf ein faires Verfahren die beiden wichtigsten Verfahrensgrundrechte skizziert werden.

A. Recht auf ein Verfahren vor dem gesetzlichen Richter (Art 83 Abs 2 B-VG)

Art 83 Abs 2 B-VG bestimmt, dass niemand seinem gesetzlichen Richter entzogen werden darf. Dieses Grundrecht, das ursprünglich Schutz gegen die sog „Kabinettsjustiz" bieten sollte, also gegen Versuche des Monarchen, gerichtliche Verfahren an sich zu ziehen bzw nach Gutdünken Richter zu bestellen bzw abzusetzen, ist heute auf den Schutz und die Wahrung der gesetzlich begründeten Behördenzuständigkeit gerichtet. „Gesetzlicher Richter" im Sinn dieses Grundrechts ist somit jede staatliche Behörde, das heißt jedes Gericht und jede Verwaltungsbehörde, die mit hoheitlichen Kompetenzen ausgestattet ist.

1. Bindung der Gesetzgebung

Für den Gesetzgeber folgt aus Art 83 Abs 2 B-VG die Verpflichtung, die behördlichen Zuständigkeiten bereits im Gesetz ausreichend präzise festzulegen und so sicherzustellen, dass niemand im Einzelfall durch einen Akt der Vollziehung seinem gesetzlichen Richter entzogen werden kann. Dem aus Art 83 Abs 2 B-VG erfließenden Gebot strikter Zuständigkeitsgrenzen laufen auch konkurrierende Zuständigkeiten verschiedener Behörden zuwider.

Beispiel

Eine Regelung ist im Hinblick auf Art 83 Abs 2 B-VG verfassungswidrig, wenn sie je nach Einwohnerzahl einer Gemeinde unterschiedliche Berufungsbehörden vorsieht.

2. Bindung der Vollziehung

Nach der Prüfungsformel des VfGH verletzt eine Entscheidung eines Verwaltungsgerichts das Recht auf den gesetzlichen Richter, wenn das Verwaltungsgericht eine ihm gesetzlich nicht zukommende Zuständigkeit in Anspruch nimmt oder in gesetzwidriger Weise seine Zuständigkeit ablehnt und damit eine Sachentscheidung verweigert.

Beispiel

Eine Verletzung von Art 83 Abs 2 B-VG liegt etwa vor, wenn ein sachlich oder örtlich unzuständiges Verwaltungsgericht entscheidet; eine Strafe nach eingetretener Verjährung verhängt wird; wenn in derselben Sache mehrmals entschieden wurde.

3. Der EuGH als gesetzlicher Richter

Weil der EuGH im Vorabentscheidungsverfahren nach Art 267 AEUV (siehe dazu näher LE 2) ein „gesetzlicher Richter" im Hinblick auf die Auslegung einer Vorschrift des Unionsrechts ist, wird das Grundrecht auch verletzt, wenn ein vorlagepflichtiges Gericht gegen die Vorlagepflicht verstößt. In einem solchen Fall würde nämlich den Parteien insofern der gesetzliche Richter entzogen, als eine dem EuGH vorbehaltene Frage nicht durch diesen gelöst werden könnte. Vorlagepflichtig ist ein Gericht, „dessen Entscheidungen selbst nicht mehr mit Rechtsmitteln des innerstaatlichen Rechts angefochten werden können" (in Österreich jedenfalls VfGH, VwGH und OGH, in Ausnahmefällen die Verwaltungsgerichte; beachte: bei Gültigkeitszweifeln in Bezug auf EU-Sekundär- und EU-Tertiärrecht sind alle „Gerichte" iSd Art 267 AEUV zur Vorlage verpflichtet).

B. Recht auf ein faires Verfahren (Art 6 EMRK und Art 47 GRC)

Art 6 EMRK enthält eine Reihe von Mindestgarantien in Bezug auf Verfahren, in denen zivilrechtliche Ansprüche betroffen sind oder in denen es um eine strafrechtliche Anklage geht. Eine dem Art 6 EMRK entsprechende Regelung enthält Art 47 GRC, wobei die Garantie der Grundrechte-Charta insoweit weiter reicht, als sich der Schutzbereich nicht auf zivilrechtliche Ansprüche und strafrechtliche Anklagen beschränkt.

1. Anwendungsbereich des Art 6 EMRK

Art 6 EMRK findet auf Verfahren über Streitigkeiten, die zivilrechtliche Ansprüche und Verpflichtungen („civil rights and obligations") betreffen, und auf Verfahren über strafrechtliche Anklagen Anwendung. Zur Bestimmung des Anwendungsbereichs müssen beide Begriffe als Begriffe eines völkerrechtlichen Vertrages (der EMRK) autonom, das heißt nicht im Sinne des nationalen Rechts, ausgelegt werden.

Zivilrechtliche Ansprüche im Sinne des Art 6 EMRK umfassen zunächst Streitigkeiten unter Privaten. Darüber hinaus fallen aber auch Verfahren, die im innerstaatlichen Recht dem öffentlichen Recht zugeordnet werden, in den Anwendungsbereich des Art 6 EMRK, wenn ihre Ergebnisse für zivilrechtliche Ansprüche und Verpflichtungen unmittelbar entscheidend sind, wenn sie in die Erwerbstätigkeit einer Person eingreifen oder vermögenswerte Auswirkungen haben.

Beispiel

Ist das Eigentum betroffen, liegt in der Regel eine Entscheidung über civil rights vor, zB bei Verfahren betreffend die grundverkehrsbehördliche Genehmigung bzw Untersagung eines Liegenschaftserwerbs; bei Enteignungsmaßnahmen und der Höhe der zu zahlenden Entschädigung; bei öffentlich-rechtlichen Nutzungsbeschränkungen wie zB einem Bauverbot; beim Verfahren über die Erteilung einer Baubewilligung; erfasst sind aber auch Berufsverbote und sozialversicherungs- und beamtenrechtliche Ansprüche (zB auf Hinterbliebenen- oder Invalidenrente bzw auf Pensionen oder sonstige Geldleistungen).

Der Begriff der strafrechtlichen Anklage bestimmt sich nach dem Inhalt der entsprechenden Beschuldigung und den vorgesehenen Strafen. Strafrechtlicher Natur ist neben dem gerichtlichen Strafrecht auch das Verwaltungsstrafrecht, das somit ebenfalls in den Anwendungsbereich des Art 6 EMRK fällt. Nach der Rechtsprechung des VfGH können überdies auch Disziplinarstrafen, durch welche die Freiheit entzogen wird oder die in ihrer Schwere einer solchen Strafe gleichkommen (zB Berufsausübungsverbote), Strafen iSd Art 6 EMRK bilden.

2. Gewährleistungsumfang

Art 6 EMRK enthält zahlreiche verfahrensrechtliche Mindestgarantien für zivil- und strafrechtliche Verfahren sowie spezielle Garantien im Strafprozess (Abs 2, 3). Zu den allgemeinen Verfahrensgarantien zählen:

- Zugang zu einem und bindende Entscheidung durch ein „Tribunal“ (dh ein gesetzlich eingerichtetes, unabhängiges und unparteiisches Gericht oder eine entsprechende unabhängige Verwaltungsbehörde)
- Einhaltung einer angemessenen Verfahrensdauer
- Anspruch auf Durchführung einer öffentlichen mündlichen Verhandlung

- Anspruch auf Durchführung eines fairen Verfahrens (zB Gewährung von Parteiengehör)
- Im Strafverfahren gelten darüber hinaus noch zB der Grundsatz der Unschuldsvermutung und das Recht auf eine Verteidigung.

Verfahrensgarantien des Art 6 EMRK

Anwendungsbereich

zivilrechtliche Ansprüche

strafrechtliche Anklage

Gewährleistungsumfang

Verfahrensgarantien des Art 6 Abs 1 EMRK
- Zugang zu einem Tribunal
- Einhaltung einer angemessenen Verfahrensdauer
- Durchführung eines fairen Verfahrens

besondere Garantien des Strafverfahrens
- zB Unschuldsvermutung
- zB Verteidigungsrechte

C. Weitere Verfahrensgrundrechte

Weitere wichtige Verfahrensgrundrechte sind der Grundsatz „nulla poena sine lege“ (keine Strafe ohne Gesetz – Art 7 EMRK), das Recht, sich nicht selbst einer Straftat bezichtigen zu müssen (Art 90 Abs 2 B-VG), das Recht auf eine wirksame Beschwerde (Art 13 EMRK) und das Verbot der Doppelbestrafung (Grundsatz des „ne bis in idem“ Art 4 7. ZPEMRK).

Weiterführende Literatur

Berka, Verfassungsrecht[8] (2021)
Berka/Binder/Kneihs, Die Grundrechte[2] (2020)
Grabenwarter/Holoubek, Verfassungsrecht – Allgemeines Verwaltungsrecht[4] (2019)
Grabenwarter/Pabel, Europäische Menschenrechtskonvention[7] (2021)

Wiederholungsfragen

- Was ist die Zielsetzung der Grundrechte?
- Wen binden die Grundrechte?
- Was versteht man unter Fiskalgeltung der Grundrechte?
- Gelten die Grundrechte auch zwischen Privatpersonen?
- Kann der Gesetzgeber Grundrechte nach Belieben einschränken?
- Wer überwacht die Einhaltung der verfassungsgesetzlich gewährleisteten Rechte?
- Was sind objektive Zugangsschranken?
- Was besagt der Verhältnismäßigkeitsgrundsatz?
- Wann verletzt ein Bescheid die Erwerbsfreiheit?
- Nennen Sie zwei Beispiele für einen Eigentumseingriff!
- Was ist eine materielle Enteignung?
- Welche Verfahrensgrundrechte kennen Sie?
- Kann der EuGH „gesetzlicher Richter“ im Sinne von Art 83 Abs 2 B-VG sein?
- Welche Gewährleistungen enthält Art 6 EMRK?
- Was versteht man unter „zivilrechtlichen Ansprüchen und Verpflichtungen“ im Sinne von Art 6 EMRK?
- Kann ein Disziplinarstrafverfahren Art 6 EMRK unterfallen?
- Welche speziellen Garantien für strafrechtliche Verfahren enthält Art 6 EMRK?

Lektion 4

Binnenmarktrecht

Deutsche Autobahnmaut

Die Bundesrepublik Deutschland hat ein Infrastrukturabgabengesetz (InfrAG) erlassen, womit eine Abgabe für die Benützung bestimmter Autobahnen im Bundesgebiet von Deutschland für Pkw bis 3,5 Tonnen eingeführt wurde. Die konkrete Höhe der Abgabe bemisst sich nach Hubraum, Antriebsart und Emissionsklasse des Fahrzeugs. Alle Halter von in Deutschland zugelassenen Pkw haben diese Infrastrukturabgabe zu zahlen, unabhängig davon, ob sie die Autobahn benutzen. Für im Ausland zugelassene Fahrzeuge ist die Abgabe nur im Fall der Benutzung der Autobahn zu entrichten, wobei Zehntages-, Zweimonats- oder Jahresvignetten zur Verfügung stehen.

Gleichzeitig wurde das Kraftfahrzeugsteuergesetz (KraftStG) geändert und eine Steuerentlastung zugunsten der Halter von in Deutschland zugelassenen Pkw eingeführt. Diese Steuerentlastung entspricht mindestens der Höhe der entrichteten Infrastrukturabgabe. Eine Steuerausgleichsmöglichkeit der Infrastrukturabgabe für Halter von in einem anderen Land als Deutschland zugelassenen Fahrzeugen gibt es nicht.

Katharina ist Unternehmerin und stellt im oberösterreichischen Wels Schokolade her, die sie in andere EU-Mitgliedstaaten, ua auch nach Deutschland, exportiert. Ihre Produkte werden mittels Kleintransporter (unter 3,5 Tonnen) ausgeliefert, womit zukünftig eine Vignette für die Benutzung der deutschen Autobahn erforderlich sein wird.

David ist niederländischer Staatsbürger und in Maastricht als Heilmasseur tätig. Einen Teil seiner Einnahmen macht er mit Hausbesuchen, wobei er in unregelmäßigen Abständen mit seinem in den Niederlanden zugelassenen Pkw nach Deutschland fährt, um auch deutschen Kunden seine Dienste anzubieten.

Katharina und David sind der Meinung, dass durch das InfrAG in ihre durch das Unionsrecht gewährleisteten Rechte eingegriffen wird, weil sie gegenüber Personen mit in Deutschland zugelassenen Fahrzeugen benachteiligt werden. Sie erhalten nämlich anders als Personen mit in Deutschland zugelassenen Fahrzeugen keine Steuerentlastung nach dem KraftStG, müssen die Infrastrukturabgabe aber trotzdem zahlen, sofern sie die deutschen Autobahnen benutzen möchten.

Die zentralen Fragen dieses Kapitels sind:

- Was versteht man unter dem Binnenmarkt der EU?
- Wen, was und wovor schützen die Grundfreiheiten?
- Was versteht man unter Rechtsangleichung?

I. Der Binnenmarkt

Als Mitglied der EU (siehe dazu näher in LE 2) nimmt Österreich auch am Europäischen Binnenmarkt teil. Dieser umfasst einen Raum ohne Binnengrenzen, in dem der freie Verkehr von Waren, Personen, Dienstleistungen und Kapital gewährleistet ist. Der Binnenmarkt ist kennzeichnend für die wirtschaftliche Dimension der Europäischen Integration. Im Binnenmarkt sollen Marktfreiheit, Marktgleichheit und Wettbewerbsfreiheit herrschen. Zur Verwirklichung dieser Binnenmarktprinzipien sieht der AEUV die Grundfreiheiten, ergänzende Vorschriften über die Unionsbürgerschaft und Freizügigkeit sowie Wettbewerbsregeln vor.

A. Die Grundfreiheiten des Binnenmarktes

Als „Grundfreiheiten des Binnenmarktes" bezeichnet man die Warenverkehrsfreiheit, die Arbeitnehmerfreizügigkeit, die Niederlassungsfreiheit, die Freiheit des Dienstleistungsverkehrs sowie die Freiheit des Kapital- und Zahlungsverkehrs. Aus ökonomischer Sicht liegt den Grundfreiheiten die volkswirtschaftliche Theorie des komparativen Vorteils zu Grunde, die auf eine optimale Allokation von wirtschaftlichen Ressourcen abzielt. Während die Warenverkehrs- und die Dienstleistungsfreiheit den freien Verkehr von materiellen und immateriellen Produkten, nämlich von Waren und Dienstleistungen, innerhalb des Binnenmarktes ermöglichen sollen, fördern die Kapitalverkehrsfreiheit und die Personenverkehrsfreiheiten (= Arbeitnehmerfreizügigkeit und Niederlassungsfreiheit) die Mobilität der Produktionsfaktoren Arbeit und Kapital.

Die Grundfreiheiten verleihen den Unionsbürgern und den juristischen Personen mit Sitz in der EU subjektive Rechte, die sie gegenüber den mitgliedstaatlichen Behörden durchsetzen können. Sie greifen allerdings nur bei und nach dem Grenzübertritt von einem Mitgliedstaat in einen anderen und erfordern dementsprechend eine zwischenstaatliche Wirtschaftstätigkeit. Nach der Rechtsprechung des EuGH kann es für einen solchen grenzüberschreitenden Bezug ausreichen, wenn eine mitgliedstaatliche Regelung Angehörige eines anderen Mitgliedstaates davon abhalten kann, sich zB in diesem Mitgliedstaat niederzulassen (EuGH, Rs C-367/12, Sokoll-Seebacher, EU:C:2014:68).

Beispiel

Ein italienischer Unternehmer eröffnet in Österreich ein Modehaus. Er kann sich dabei auf die Niederlassungsfreiheit berufen.

Eine deutsche Unternehmerin importiert Qualitätswein aus Frankreich. Sie kann sich dabei auf die Warenverkehrsfreiheit berufen.

Reine Inlandssachverhalte – das sind Sachverhalte, die mit keinem Element einen Bezug zu einem anderen Mitgliedstaat aufweisen – werden von den Grundfreiheiten nicht geschützt.

Beispiel

Ein Wiener Unternehmer eröffnet in Vorarlberg eine weitere Filiale. Er kann sich dabei nicht auf die Grundfreiheiten (konkret: die Niederlassungsfreiheit) berufen, weil es sich um einen reinen Inlandssachverhalt ohne jeglichen Bezug zu einem anderen Mitgliedstaat der EU handelt. Wenn er freilich in dieser Filiale Waren zB aus Slowenien verkaufen möchte, kann er sich beim Import der betreffenden Waren nach Österreich auf die Warenverkehrsfreiheit berufen, weil insoweit ein grenzüberschreitender Sachverhalt vorliegt.

Aufgrund des Umstandes, dass die Grundfreiheiten reine Inlandssachverhalte nicht erfassen, kann der Fall eintreten, dass EU-Ausländer (= Bürger anderer EU-Mitgliedstaaten) besser behandelt werden als Inländer. Man bezeichnet dieses Phänomen als Inländer- bzw Inlandsmarktdiskriminierung.

Beispiel

Die Einhaltung der in der Gewerbeordnung 1994 (GewO) für ein bestimmtes Gewerbe vorgesehenen Qualifikationsanforderungen kann mitunter von Personen aus anderen EU-Mitgliedstaaten, die in Österreich das betreffende Gewerbe ausüben möchten, zufolge des Beschränkungsverbotes der Grundfreiheiten (siehe dazu näher Abschnitt II.A.2.) nicht verlangt werden, sehr wohl aber von Österreichern, die nie in einem anderen Mitgliedstaat tätig waren und sich dementsprechend nicht auf die Grundfreiheiten berufen können.

Das Unionsrecht beseitigt solche Inländerdiskriminierungen nur dann, wenn Vorschriften zur Rechtsangleichung (siehe dazu gleich Abschnitt I.D.) erlassen werden, die für die gesamte EU harmonisiertes Recht schaffen, unabhängig davon, ob es um zwischenstaatliche Sachverhalte geht oder nicht.

B. Unionsbürgerschaft und Freizügigkeit

Mit dem Vertrag von Maastricht wurde die Unionsbürgerschaft eingeführt; nunmehr ist sie in Art 20 AEUV verankert. War bis dahin noch die Vorstellung des „Marktbürgers“ als Träger der wirtschaftlichen Grundfreiheiten des Binnenmarktes vorherrschend, wurde dieser Status mit der Unionsbürgerschaft um politische Teilhabe- und Kontrollrechte ergänzt. Dies sollte zum einen die steigende Bürgernähe der EU verdeutlichen und zum anderen zur Herausbildung einer europäischen Identität („Europa der Bürger“) beitragen.

Gem Art 20 AEUV ist Unionsbürger, wer die Staatsangehörigkeit eines Mitgliedstaates der EU besitzt. Die Unionsbürgerschaft darf jedoch nicht mit der nationalen Staatsbürgerschaft verwechselt werden, sie tritt zu dieser hinzu, ersetzt sie aber nicht. Demnach sind alle natürlichen Personen, die Staatsangehörige eines EU-Mitgliedstaates sind, gleichzeitig auch Unionsbürger. Aufgrund des Unionsbürgerstatus kommen die Angehörigen der Mitgliedstaaten in den Genuss gewisser Bürgerrechte, die zum Teil auch politische Rechte sind.

Beispiel

Die Unionsbürger besitzen das aktive und passive Wahlrecht bei Kommunalwahlen und bei den Wahlen zum Europäischen Parlament, sie erhalten diplomatischen und konsularischen Schutz in Drittstaaten durch die Behörden eines jeden Mitgliedstaates, sie können sich an den Europäischen Bürgerbeauftragten oder in einer Amtssprache der EU an die Organe und Einrichtungen der EU wenden und erhalten eine Antwort in derselben Sprache, sie können Petitionen an das Europäische Parlament richten oder seit dem Vertrag von Lissabon auch Träger von Bürgerinitiativen sein.

Daneben vermittelt der Unionsbürgerstatus durch die Art 20 und 21 AEUV auch das praktisch äußerst wichtige Recht der Unionsbürger, sich im Hoheitsgebiet der Mitgliedstaaten frei zu bewegen und aufzuhalten. Im Verhältnis zu den wirtschaftlichen Grundfreiheiten des Binnenmarktes ist das allgemeine Freizügigkeits- und Aufenthaltsrecht des Art 21 AEUV subsidiär und kommt demnach nur zur Anwendung, wenn eine Berufung auf die wirtschaftlichen Personenverkehrsfreiheiten ausscheidet. Art 21 AEUV gilt jedoch nicht schrankenlos. Das allgemeine Freizügigkeits- und Aufenthaltsrecht wird insb durch die Freizügigkeits- und Aufenthaltsrichtlinie 2004/38/EG (ABl 2004 L 158/77) näher ausgestaltet. Diese Richtlinie setzt bei einem Aufenthalt zwischen drei Monaten und fünf Jahren in einem anderen Mitgliedstaat ohne Erwerbsbetätigung das Vorhandensein einer Krankenversicherung und ausreichender Existenzmittel voraus. Die Freizügigkeits- und Aufenthaltsrichtlinie verleiht zudem allen Unionsbürgern und ihren Familienangehörigen das Recht auf Daueraufenthalt, wenn sie sich fünf Jahre lang ununterbrochen in dem Aufnahmemitgliedstaat aufgehalten haben. Der Spielraum der Mitgliedstaaten bei der Ablehnung und Beendigung des Aufenthaltes von EU-Bürgern aus Gründen der öffentlichen Ordnung, Sicherheit und Gesundheit wird durch die Freizügigkeits- und Aufenthaltsrichtlinie weiter eingeschränkt.

Mittlerweile hat der EuGH den Unionsbürgerstatus zum „grundlegenden Status der Angehörigen der Mitgliedstaaten" erklärt und die Unionsbürgerschaft als Anknüpfungspunkt für weitreichende Gleichbehandlungsansprüche herangezogen. So wurde im letzten Jahrzehnt im Unterschied zu den Diskriminierungsverboten der Grundfreiheiten, die an das Vorliegen einer grenzüberschreitenden wirtschaftlichen Tätigkeit gebunden sind, diese Voraussetzung unter Berufung auf den allgemeinen Grundsatz der Nichtdiskriminierung aufgrund der Staatsangehörigkeit (Art 18 AEUV) weitgehend beseitigt. Nunmehr muss jeder Unionsbürger, der sich rechtmäßig in einem anderen EU-Mitgliedstaat aufhält – auch ohne dabei wirtschaftlich tätig zu sein – grundsätzlich gleich wie jeder Inländer behandelt werden. Dieser Gleichbehandlungsanspruch umfasst vorbehaltlich sekundärrechtlicher Regelungen wie in der Freizügigkeits- und Aufenthaltsrichtlinie auch Leistungsansprüche gegen den Staat einschließlich Ansprüche auf Sozialleistungen (Stipendien, Mindestunterhalt usw) und geht daher in seinem Anwendungsbereich über das Diskriminierungsverbot der Grundfreiheiten hinaus. Seine Reichweite und die möglichen Rechtfertigungsgründe für Ausnahmen sind jedoch noch nicht abschließend geklärt.

Beispiel

Herr Bidar, ein französischer Staatsangehöriger, lebte seit 1998 im Vereinigten Königreich und nahm 2001 dort auch ein Wirtschaftsstudium auf. Für dieses Studium beantragte er eine finanzielle Unterstützung in Form eines Studentendarlehens zur Deckung seiner Unterhaltskosten. Dieser Antrag wurde jedoch mit der Begründung abgelehnt, Herr Bidar sei nicht auf Dauer im Vereinigten Königreich ansässig. Der EuGH stellte daraufhin fest, dass diese Voraussetzung der Aufenthaltsdauer eine versteckte Form der Diskriminierung darstelle und damit prinzipiell gegen den allgemeinen Grundsatz der Nichtdiskriminierung aufgrund der Staatsangehörigkeit verstoße. Zwar stehe es den Mitgliedstaaten bei der Stipendienvergabe frei, den Nachweis eines bestimmten Integrationsgrades durch das Erfordernis einer zeitlich begrenzten Aufenthaltsdauer zu verlangen. Die Voraussetzung einer dauernden Ansässigkeit im Aufnahmemitgliedstaat rechtfertige diese Diskriminierung jedoch nicht (EuGH, Rs C-209/03, Bidar, Slg 2005, I-2119).

Außerdem müssen die Mitgliedstaaten seit dem Urteil des EuGH in der Rs Ruiz Zambrano (EuGH, Rs C-34/09, Slg 2011, I-1177) auf Grundlage der allgemeinen Bestimmung zur Unionsbürgerschaft (Art 20 AEUV) auch ohne Grenzüberschreitung des Unionsbürgers sämtliche Handlungen unterlassen, die den Unionsbürger faktisch zum Verlassen der EU zwingen. Ansonsten wäre diesem nämlich „der Genuss des Kernbestands der Rechte, die der Unionsbürgerstatus verleiht", verwehrt.

Beispiel

Dem kolumbianischen Vater minderjähriger belgischer Staatsbürger, der für den Unterhalt seiner Kinder sorgte, musste auf Grundlage von Art 20 AEUV eine Arbeitserlaubnis erteilt werden, weil der Vater ansonsten die EU hätte verlassen müssen. Dadurch wären auch die von ihm abhängigen minderjährigen Unionsbürger gezwungen gewesen, ihren Aufenthalt in der EU zu beenden, um dem Vater in den Drittstaat zu folgen.

Dem EuGH wurde vielfach vorgeworfen, in seiner Rechtsprechung zu den Grundfreiheiten und zum Aufenthaltsrecht des Art 21 AUEV das „grenzüberschreitende Element" als Voraussetzung allzu sehr aufzuweichen. In Reaktion auf diese Kritik stellte der EuGH in seiner Folgerechtsprechung deutlich restriktivere Voraussetzungen für die Berufung auf das Aufenthaltsrecht auf. So entschied der EuGH in der Rs Dano (EuGH, Rs C-333/13, EU:C:2014:2358) hinsichtlich des Rechts von Unionsbürgern auf Aufenthalt in einem anderen Mitgliedstaat, in dem sie keinem Erwerb nachgehen, dass sie, sofern die in der Freizügigkeits- und Aufenthaltsrichtlinie geregelten Voraussetzungen, ua über ausreichende Existenzmittel zu verfügen, nicht erfüllt sind, keinen Anspruch auf Sozialleistungen haben und ausgewiesen werden können.

C. Europäisches Wettbewerbsrecht

Die Vorschriften über den Wettbewerb im Binnenmarkt (Art 101 ff AEUV) stellen sicher, dass die Märkte allen offenstehen, die an ihnen teilhaben möchten, und dass auf diesen ein freier und fairer Wettbewerb stattfinden kann.

Das Europäische Wettbewerbsrecht zielt insb darauf ab, Verfälschungen des Wettbewerbs durch einzelne Marktteilnehmer (zB durch das Kartellverbot des Art 101 AEUV) oder den Staat (zB durch das grds Beihilfeverbot gem Art 107 AEUV) zu verhindern (siehe dazu näher EÖR II, LE 4).

D. Rechtsangleichung („Harmonisierung")

Regelungen der Mitgliedstaaten, die (gerechtfertigte) Beschränkungen der Grundfreiheiten darstellen, können freilich von Mitgliedstaat zu Mitgliedstaat unterschiedlich ausgestaltet sein.

Beispiel

Österreich kann bei seinen Vorschriften in Bezug auf bestimmte (in- und ausländische) Produkte einen höheren Umweltschutzstandard als andere EU-Mitgliedstaaten haben. Dies erschwert die Einfuhr der betroffenen Waren aus anderen EU-Mitgliedstaaten nach Österreich und damit den freien Warenverkehr, kann aber eben aus Gründen des Umweltschutzes gerechtfertigt sein.

Wenn Schweden aus Gründen des Gesundheitsschutzes strengere Anforderungen an (in- und ausländische) Produkte als zum Beispiel die Niederlande stellt, dann beeinträchtigt das den Export von Produkten aus den Niederlanden nach Schweden. Mit Hilfe der Grundfreiheiten kann dem nicht immer entgegengetreten werden, weil die strengen Produktvorschriften Schwedens ja nicht-diskriminierend und die Beschränkung des freien Warenverkehrs aus Gründen des Gesundheitsschutzes erlaubt sein kann.

Auch die Berufsausübungsvoraussetzungen für (in- und ausländische) Personen können von Mitgliedstaat zu Mitgliedstaat differieren. Weil selbständig Erwerbstätige ihre Leistungen damit uU nicht ohne Weiteres in einem anderen Mitgliedstaat anbieten dürfen, kommt es zu einer – zulässigen – Beschränkung des freien Personenverkehrs.

In Ergänzung zu den primärrechtlich verankerten Grundfreiheiten räumt das Unionsrecht dem Unionsgesetzgeber daher die Möglichkeit ein (vgl zB Art 114 AEUV), sekundärrechtliche Rechtsangleichungsmaßnahmen (= Harmonisierungsvorschriften) zu erlassen, um so einheitliche Regelungen für den Verkehr mit bestimmten Waren, die Erbringung bestimmter Dienstleistungen etc im europäischen Binnenmarkt sicherzustellen. Es handelt sich dabei um Richtlinien oder Verordnungen, welche die von Mitgliedstaat zu Mitgliedstaat divergierenden Rechtsvorschriften inhaltlich aneinander angleichen. Dadurch sollen Beschränkungen des grenzüberschreitenden Wirtschaftsverkehrs, die auf (zulässige) unterschiedliche rechtliche Standards in den Mitgliedstaaten rückführbar sind, reduziert werden.

Beispiel

Richtlinie 93/41/EWG zur Angleichung der einzelstaatlichen Maßnahmen betreffend das Inverkehrbringen technologisch hochwertiger Arzneimittel, insb aus der Biotechnologie; Richtlinie 2003/20/EG zur Angleichung der Rechtsvorschriften der Mitgliedstaaten über die Gurtanlegepflicht in Kraftfahrzeugen mit einem Gewicht von weniger als 3,5 Tonnen; Richtlinie 2005/36/EG über die Anerkennung von Berufsqualifikationen.

Die jeweilige EU-Harmonisierungsmaßnahme muss dabei sicherstellen, dass jenen Schutzinteressen, die den entsprechenden nationalen Vorschriften zugrunde liegen, auch auf Unionsebene angemessen Rechnung getragen wird. Weil dabei jedoch 27 unterschiedliche mitgliedstaatliche Regelungen auf einen gemeinsamen Nenner zu bringen sind und sich die Harmonisierungsmaßnahme nicht zwingend am höchsten Schutzniveau orientieren muss, kann die Harmonisierung für einzelne Mitgliedstaaten im Ergebnis eine Absenkung des Schutzniveaus bedeuten. Um diesen Effekt zu vermeiden, räumen Harmonisierungsrechtsakte – im Sinne einer sog „Mindestharmonisierung"

– den Mitgliedstaaten mitunter das Recht ein, unter bestimmten Voraussetzungen strengere (und damit wiederum potentiell beschränkende) nationale Vorschriften weiterhin anzuwenden bzw neu zu erlassen. Verfügen die Mitgliedstaaten hingegen über keine Möglichkeit zur Abweichung von Harmonisierungsmaßnahmen, wird dies als „Vollharmonisierung“ bezeichnet.

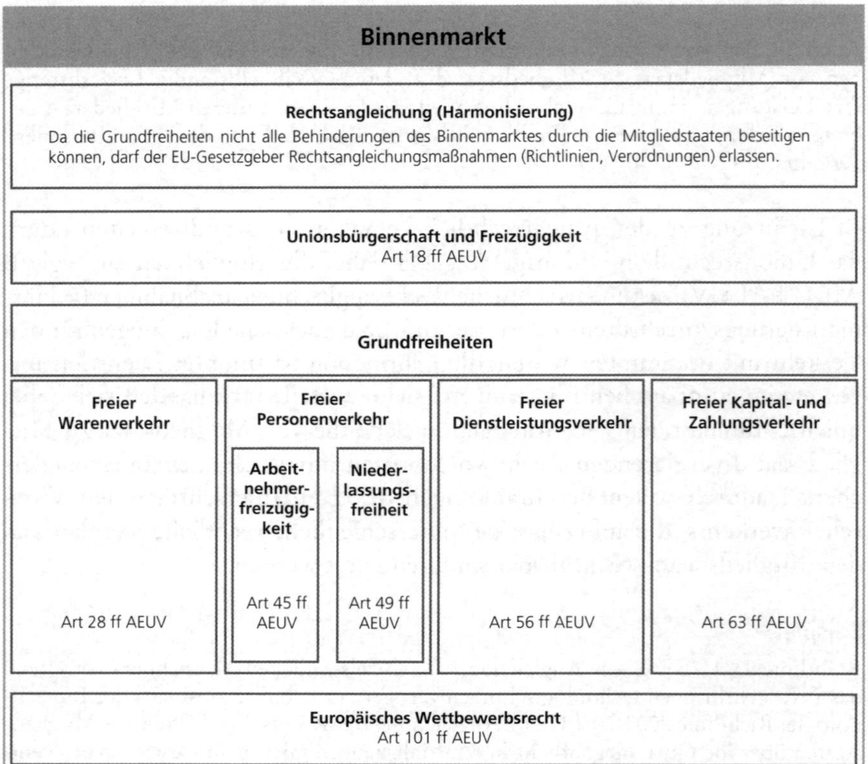

II. Die Grundfreiheiten: Struktur und Prüfschema

Die EU-Grundfreiheiten sind inhaltlich auf ganz unterschiedliche Sachverhalte anwendbar (siehe dazu im Detail die Abschnitte III. bis VII.). Sie weisen aber strukturell einige Gemeinsamkeiten auf. Auch das Schema, anhand dessen geprüft wird, ob eine mit dem Binnenmarkt unvereinbare Maßnahme vorliegt, die eben eine Grundfreiheit verletzt, ist dem Grunde nach gleich.

A. Struktur der Grundfreiheiten

Alle Grundfreiheiten sind unmittelbar anwendbar und verleihen dem einzelnen Rechtsunterworfenen bestimmte Rechte. Sie normieren dabei zum einen das Verbot der Schlechterbehandlung von EU-ausländischen Marktteilnehmern, also Marktteilnehmern aus anderen EU-Mitgliedstaaten, gegenüber inländischen (= Diskriminierungsverbot). Zum anderen verbieten sie zusätzlich jede mitgliedstaatliche, nicht-diskriminierende Regelung, die Marktteilnehmer in ihrem grenzüberschreitenden wirtschaftlichen Handeln betrifft und die Ausübung der Grundfreiheiten behindert oder weniger attraktiv macht (= Beschränkungsverbot).

Nicht jede diskriminierende oder beschränkende Maßnahme stellt bereits einen Verstoß gegen die Grundfreiheiten dar, sondern es bestehen Rechtfertigungsmöglichkeiten (= Schranken der Grundfreiheiten). Diese Schranken sind eng auszulegen und müssen verhältnismäßig sein (= „Schranken-Schranken"). Wenn eine beschränkende Maßnahme nicht gerechtfertigt werden kann, dann verletzt die Regelung die Grundfreiheiten und darf nicht angewendet werden.

1. Diskriminierungsverbot

Die Grundfreiheiten schützen Waren, selbständig und unselbständig erwerbstätige Personen, Dienstleistungen und Kapital bei und nach dem Grenzübertritt von einem Mitgliedstaat in einen anderen vor Benachteiligungen gegenüber inländischen Waren, Personen etc. Die Grundfreiheiten verbieten also zunächst Diskriminierungen aus Gründen der Staatsangehörigkeit. Anders gewendet: Die Grundfreiheiten verlangen eine Gleichbehandlung von Waren, Personen etc aus anderen EU-Mitgliedstaaten mit inländischen (unterscheide davon die Inländer- bzw Inlandsmarktdiskriminierung unter Abschnitt I.A.).

Beispiel

Eine niederländische Staatsbürgerin, die in Österreich als Angestellte arbeiten möchte, muss bei ihrem Vorhaben gleich behandelt werden wie eine inländische Person. Sie darf nicht wegen ihrer niederländischen Herkunft benachteiligt werden.

Italienische Autos dürfen vom deutschen Gesetzgeber nicht strengeren Zulassungsvorschriften unterworfen werden als deutsche Fabrikate.

Eine offene (gleichbedeutend: direkte oder unmittelbare) Diskriminierung liegt dann vor, wenn eine nationale Regelung schon vom Wortlaut her zu Lasten von EU-Ausländern geht.

Beispiel

Wenn Fremdsprachenlektoren aus einem anderen Mitgliedstaat an einer inländischen Universität immer nur befristete Verträge bekommen, für inländische Fremdsprachenlektoren diese Einschränkung jedoch gerade wegen ihrer Staatsangehörigkeit nicht gilt, ist das eine ausdrückliche Diskriminierung von Fremdsprachenlektoren aus anderen EU-Mitgliedstaaten.

Aber auch sog versteckte (gleichbedeutend: indirekte oder mittelbare) Diskriminierungen sind grundsätzlich verboten. Eine versteckte bzw mittelbare Diskriminierung liegt dann vor, wenn bei einer Vorschrift zwar nicht expressis verbis zwischen in- und ausländisch unterschieden wird, sondern nach einem scheinbar neutralen Kriterium, wobei aber durch das betreffende Kriterium de facto nur oder hauptsächlich Ausländer bzw ausländische Waren benachteiligt werden.

Beispiel

Die gesetzliche Anforderung, nach der ein Geschäftsführer seinen Wohnsitz im Beschäftigungsstaat haben muss, kann zwar auch von Bürgern anderer Mitgliedstaaten erfüllt werden. Für einen Ausländer wird es idR aber schwieriger sein als für einen Inländer, dieses Erfordernis zu erfüllen, weil diese ihren Wohnsitz nicht verlegen müssen. Daher bewirkt das vorgeschriebene Erfordernis eine Diskriminierung aus Gründen der Staatsangehörigkeit. Da nicht vom Wortlaut der Regelung (das Wohnsitzerfordernis gilt ja auch für Inländer), sondern von den praktischen Auswirkungen her Staatsbürger anderer Mitgliedstaaten der EU benachteiligt werden, liegt eine versteckte Diskriminierung vor.

2. Beschränkungsverbot

Der EuGH hat die Diskriminierungsverbote der Grundfreiheiten zu Beschränkungsverboten weiterentwickelt. Während das Diskriminierungsverbot die Schlechterstellung von Staatsangehörigen anderer Mitgliedstaaten der EU gegenüber Inländern verbietet, erfasst das Beschränkungsverbot auch nicht-diskriminierende nationale Vorschriften, die die Ausübung der Grundfreiheiten im EU-Binnenmarkt beschränken. Es können nämlich auch unterschiedslos anwendbare, dh nicht zwischen Inländern und Angehörigen von anderen Mitgliedstaaten oder inländischen und ausländischen Waren differenzierende Maßnahmen eines Mitgliedstaates den durch die Grundfreiheiten des AEUV angestrebten und geschützten freien Wirtschaftsverkehr erheblich erschweren, wenn nicht sogar unmöglich machen. Die Grundfreiheiten verbieten dementsprechend auch – nicht-diskriminierende – staatliche Maßnahmen, welche die Inanspruchnahme der Grundfreiheiten unattraktiv machen, indem sie zB zusätzliche Kosten verursachen oder eine abschreckende Wirkung entfalten.

Beispiel

In Belgien durfte – ausländische wie inländische – Margarine nur in Würfelform verkauft werden. Aus Deutschland importierte Margarine, die in Schalenbechern verpackt war, konnte daher so nicht auf den belgischen Markt gebracht werden.

3. Schranken der Grundfreiheiten

Die Grundfreiheiten verbieten allerdings Diskriminierungen und Beschränkungen nicht schlechthin, sind also nicht „schrankenlos" gewährleistet. Eingriffe in die Grundfreiheiten können unter gewissen Voraussetzungen zulässig sein. Dafür müssen sie durch einen Rechtfertigungsgrund gedeckt und verhältnismäßig sein.

Je nach Art des Eingriffs ist zu unterscheiden, welche Schranken für die Ausübung der Grundfreiheiten aufgestellt werden können.

Offene Diskriminierungen können nur aus den im AEUV explizit genannten Gründen gerechtfertigt werden. Es handelt sich dabei um die in Art 36 AEUV (Warenverkehrsfreiheit), Art 45 Abs 3 AEUV (Arbeitnehmerfreizügigkeit), Art 52 Abs 1 AEUV (Niederlassungsfreiheit) und Art 62 AEUV (Dienstleistungsfreiheit) angeführten Schrankenbestimmungen.

Beispiel

Im Schutzbereich der Arbeitnehmerfreizügigkeit können unmittelbare Diskriminierungen aus Gründen der öffentlichen Ordnung, Sicherheit und Gesundheit gestattet sein (vgl Art 45 Abs 3 AEUV).

Mittelbare Diskriminierungen können ebenfalls durch die im AEUV explizit genannten Gründe (zB öffentliche Ordnung, Sicherheit und Gesundheit) gerechtfertigt werden. Darüber hinaus zieht der EuGH in seiner Rechtsprechung teilweise auch sog „zwingende Gründe des Allgemeininteresses" zur Rechtfertigung mittelbarer Diskriminierungen heran.

Unterschiedslos anwendbare Maßnahmen, also bloße Beschränkungen von Grundfreiheiten, können zusätzlich zu den im AEUV angeführten Ausnahmen (Art 36, 45 Abs 3, 52 Abs 1, 62 AEUV) jedenfalls auch durch ungeschriebene, dh nicht im AEUV angeführte, „zwingende Gründe des Allgemeininteresses" erlaubt sein. Diese hat der EuGH in seiner Rechtsprechung sukzessive entwickelt. Vom EuGH unter diesem Titel anerkannte Rechtfertigungsgründe (nach der einschlägigen Leitentscheidung – EuGH, Rs 120/78, Cassis de Dijon, Slg 1979, 649 – auch „Cassis-Schutzgüter" genannt) sind bspw der Verbraucherschutz, die Straßenverkehrssicherheit, der Arbeitnehmerschutz, der Umweltschutz oder auch der Schutz der Medienvielfalt. Dabei gibt es keine abgeschlossene Liste an tauglichen Schutzgütern zur Rechtfertigung von unterschiedslos anwendbaren Beschränkungen.

Zusätzlich zum Bestehen eines Rechtfertigungsgrundes verlangt der EuGH, dass nationale Maßnahmen, welche in die Grundfreiheiten eingreifen, verhältnismäßig sind. Die Verhältnismäßigkeitsprüfung verlangt, dass die jeweilige Maßnahme geeignet ist, die Erreichung des mit ihr verfolgten Ziels zu gewährleisten, und dass sie nicht über das hinausgeht, was zur Erreichung dieses Ziels erforderlich ist.

Beispiel

Unverhältnismäßig kann zB ein gänzliches Verkehrsverbot für ein Produkt sein, wenn das damit verfolgte Ziel des Konsumentenschutzes auch durch gelindere Mittel – zB durch entsprechende Kennzeichnungspflichten am Produktetikett – erreicht werden kann.

Davon abzugrenzen sind die sog Bereichsausnahmen, die keine Schranken der Grundfreiheiten darstellen. Bereichsausnahmen nehmen einen bestimmten Bereich von vornherein vom Anwendungsbereich der Grundfreiheiten aus.

Beispiel

Gem Art 45 Abs 4 AEUV findet die Arbeitnehmerfreizügigkeit keine Anwendung auf die Beschäftigung in der öffentlichen Verwaltung.

B. Prüfschema

Bei der Prüfung, ob eine nationale Maßnahme die Ausübung der durch den AEUV garantierten Grundfreiheiten behindert oder weniger attraktiv macht, müssen im Wesentlichen immer die gleichen Schritte gesetzt werden:

Es muss geprüft werden, ob der Schutzbereich der betreffenden Grundfreiheit eröffnet ist, ob die konkrete Maßnahme in diesen Schutzbereich eingreift und ob dieser Eingriff gerechtfertigt ist.

1. Schutzbereich

Der Schutzbereich gestaltet sich je nach in Frage kommender Grundfreiheit unterschiedlich (siehe im Detail die nachfolgenden Abschnitte III. bis VII.). Allen Grundfreiheiten ist gemein, dass ein zwischenstaatlicher Sachverhalt vorliegen muss, um den Schutzbereich zu eröffnen. An dieser Stelle ist auch zu prüfen, ob eine Bereichsausnahme vorliegt.

Beispiel

Der persönliche Schutzbereich der Dienstleistungsfreiheit umfasst nur Staatsangehörige und juristische Personen aus Mitgliedstaaten der EU. Personen aus Drittstaaten sind grundsätzlich nicht erfasst (anders etwa bei der Kapitalverkehrsfreiheit).

Der sachliche Schutzbereich der Dienstleistungsfreiheit umfasst grenzüberschreitende Dienstleistungen. Als grenzüberschreitend gilt eine Dienstleistung, wenn sich entweder der Dienstleistungsempfänger oder der Dienstleistungserbringer in einen anderen Mitgliedstaat begibt, oder auch dann, wenn nur die Dienstleistung selbst über mitgliedstaatliche Grenzen hinweg erbracht wird (siehe dazu Abschnitt VI.B.).

2. Eingriff

Anschließend ist zu prüfen, ob ein „Eingriff", also eine Diskriminierung oder eine Beschränkung einer Grundfreiheit, vorliegt. Hier kommt es insb auch darauf an, von welchem Akteur die in Rede stehende Maßnahme ausgeht. Die Grundfreiheiten richten sich in erster Linie an die Mitgliedstaaten. Maßnahmen der Mitgliedstaaten (nicht aber Maßnahmen Privater) können daher eine Diskriminierung oder Beschränkung einer Grundfreiheit darstellen. In bestimmten Fällen können einzelne Grundfreiheiten auch Privatpersonen verpflichten und daher bestimmte Maßnahmen Privater Eingriffe in die Grundfreiheiten darstellen. Im Rahmen der Prüfung ist daher spezifisch für die jeweilige Grundfreiheit zu untersuchen, von wem die Maßnahme erlassen wurde.

Beispiel

Maßnahmen durch Hoheitsträger können jedenfalls in die Grundfreiheiten eingreifen. Außerdem können auch privatrechtliche Kollektivverträge in bestimmten Fällen staatlichen Maßnahmen gleichgesetzt werden.

Neben der Frage, wer die Maßnahme gesetzt hat, ist zu prüfen, ob diese die Grundfreiheit behindert oder ihre Inanspruchnahme weniger attraktiv macht, also eine Diskriminierung oder Beschränkung darstellt.

Beispiel

Erhalten nur Staatsbürger einen ermäßigten Eintrittspreis für Museen, liegt eine offene Diskriminierung gegenüber EU-Ausländern vor.

Müssen Patentanwälte einen Wohnsitz im Inland nachweisen, liegt eine versteckte Diskriminierung vor. Für Patentanwälte aus dem EU-Ausland ist diese Anforderung mit mehr Aufwand verbunden als für inländische Anwälte. Es liegt eine Beschränkung vor.

3. Rechtfertigung

Stellt eine Maßnahme einen Eingriff in den Schutzbereich einer Grundfreiheit dar, kann dieser gerechtfertigt sein. Dafür müssen folgende Voraussetzungen erfüllt sein:

1. Die Maßnahme ist aus explizit im AEUV genannten Gründen oder aus (ungeschriebenen) zwingenden Gründen des Allgemeininteresses gerechtfertigt.
2. Die Maßnahme ist geeignet, die Verwirklichung des mit ihr verfolgten Zieles zu gewährleisten.
3. Die Maßnahme geht nicht über das hinaus, was zur Erreichung dieses Zieles erforderlich ist.

Struktur der Grundfreiheiten

- **Diskriminierungsverbot = Inländergleichbehandlungsgebot**
  - Verbot ausdrücklicher Diskriminierung aus Gründen der Staatsangehörigkeit
  - Verbot versteckter Diskriminierung aus Gründen der Staatsangehörigkeit (= Differenzierung nach einem scheinbar neutralen Kriterium, das allerdings de facto nur oder hauptsächlich EU-Ausländer benachteiligt)
- **Beschränkungsverbot**
  - Verbot von nicht diskriminierenden staatlichen Maßnahmen, welche die Inanspruchnahme der Grundfreiheiten erschweren oder unattraktiv machen, indem sie zum Beispiel zusätzliche Kosten verursachen
- **Schranken**
  - Geschriebene Rechtfertigungsgründe
  - Ungeschriebene Rechtsfertigungsgründe bei Beschränkungen oder mittelbarer Diskriminierung

Prüfungsschema – Grundfreiheiten

- **Schutzbereich**
  - Grenzüberschreitender Sachverhalt
  - Sachlicher und persönlicher Schutzbereich
- **Eingriff**
  - Staatlich zurechenbar
  - Direkte/indirekte Diskriminierung oder Beschränkung
- **Rechtfertigung**
  - Geschriebene & ungeschriebene Rechtfertigungsgründe
  - Verhältnismäßigkeit

Es muss geprüft werden, ob die deutsche Autobahnmaut eine Diskriminierung oder Beschränkung darstellt, die von den EU-Grundfreiheiten grundsätzlich verboten wird. Im Einzelnen ist zu prüfen, ob der Schutzbereich von einer oder mehreren Grundfreiheiten eröffnet ist, ob die Maßnahme Deutschlands in diese/n Schutzbereich/e eingreift und ob gegebenenfalls eine Rechtfertigung dafür besteht. Konkret ist im Fall von Katharina an die Warenverkehrsfreiheit zu denken, im Fall von David an die Dienstleistungsfreiheit.

III. Warenverkehrsfreiheit

A. Allgemeines

Zur Verwirklichung des freien Warenverkehrs im Binnenmarkt sehen die Art 28 bis 36 AEUV Regeln über die Errichtung einer Zollunion und die Abschaffung aller mengenmäßigen Beschränkungen zwischen den Mitgliedstaaten vor. Ergänzt werden diese Regelungen durch die Verpflichtung zur Umformung staatlicher Handelsmonopole gem Art 37 AEUV sowie Sonderregeln für die Landwirtschaft und Fischerei und den Handel mit Kriegsmaterial.

Die Zollunion ist ein wesentliches Element des Binnenmarkts. In ihr verpflichten sich, wie in einer Freihandelszone (zB der EFTA oder dem EWR), die Mitgliedstaaten nach innen (= untereinander) dazu, alle Handelshemmnisse in Form von Ein- und Ausfuhrzöllen sowie von Abgaben zollgleicher Wirkung abzuschaffen. Im Weiteren wird der Fokus auf die Beseitigung mengenmäßiger Ein- und Ausfuhrbeschränkungen und Maßnahmen gleicher Wirkung zwischen den Mitgliedstaaten gelegt.

B. Schutzbereich

Vom Schutzbereich der Warenverkehrsfreiheit ist die grenzüberschreitende Verbringung von Waren erfasst, die entweder in der EU hergestellt wurden oder in einem Mitgliedstaat in den freien Verkehr gebracht wurden (= „Unionsware"). Unter einer Ware versteht man Erzeugnisse, die einen Geldwert haben und deshalb Gegenstand von Handelsgeschäften sein können. Von dieser Definition sind auch unkörperliche Gegenstände erfasst, nicht aber reine Dienstleistungen.

Beispiel

Waren iSd Unionsrechts sind bspw Autos, Bücher, Computer, aber auch Abfälle, die als Rohstoffe verwendet werden, oder Strom.
Streamingdienste oder Downloads fallen hingegen nicht unter den Warenbegriff.

Der Schutzbereich der Warenverkehrsfreiheit erfasst Unionswaren, auf die Nationalität des Händlers oder Eigentümers der Ware kommt es nicht an.

Beispiel

Ein Pkw ist eine Unionsware, wenn er in einem EU-Mitgliedstaat hergestellt wird. Wird ein Pkw in Südamerika produziert, gilt er daher erst nach ordnungsgemäßer Einfuhr (in einen beliebigen EU-Mitgliedstaat) als Unionsware.

Eine Bereichsausnahme von der Warenverkehrsfreiheit besteht nicht, es gibt also keine Waren, die „per se" vom Schutzbereich ausgenommen wären. Allerdings liegen die Grenzen des Warenbegriffs insb im Verwaltungs- und Kriminalstrafrecht, was bedeutet, dass bestimmte Gegenstände nicht vom Warenbegriff erfasst sind und somit auch nicht in den Schutzbereich der Warenverkehrsfreiheit fallen.

Beispiel

Rauschgift, Falschgeld oder Leichen fallen zB nicht unter den unionsrechtlichen Warenbegriff. Grenzüberschreitender Handel mit Rauschgift ist daher nicht von der Warenverkehrsfreiheit geschützt.

Deutsche Autobahnmaut – Katharina

Katharina stellt Schokolade her. Dabei handelt es sich um Erzeugnisse, die einen Geldwert haben und Gegenstand von Handelsgeschäften sein können. Sie produziert diese in Wels, Oberösterreich. Die Schokolade ist somit eine Unionsware. Katharina exportiert die Schokolade in einen anderen EU-Mitgliedstaat, es liegt also ein grenzüberschreitender Sachverhalt vor. Der Schutzbereich der Warenverkehrsfreiheit ist eröffnet.

C. Eingriff

Nach den Art 34 und 35 AEUV sind mengenmäßige Ein- und Ausfuhrbeschränkungen zwischen den Mitgliedstaaten verboten.

Beispiel

Wenn Österreich die Einfuhr von Joghurt aus Italien ganz oder zum Teil verbietet, ist das eine mengenmäßige Einfuhrbeschränkung. Eine mengenmäßige Ausfuhrbeschränkung wäre es etwa, wenn Deutschland nur die Ausfuhr einer begrenzten Anzahl an Impfstoffen nach Frankreich gestatten würde. In beiden Fällen liegt ein Eingriff in den Schutzbereich der Warenverkehrsfreiheit vor.

Verboten sind aber nicht nur – in der Praxis äußerst selten gewordene – mengenmäßige Ein- und Ausfuhrbeschränkungen (= Kontingentierungen), sondern auch Maßnahmen, welche die gleiche Wirkung wie mengenmäßige Beschränkungen haben. Der EuGH hat den Begriff der „Maßnahmen gleicher Wirkung" in Art 34 AEUV im Wege der sog Dassonville-Formel

(EuGH, Rs 8/74, Dassonville, Slg 1974, 837) sehr weit definiert: Jede mitgliedstaatliche Handelsregelung, die geeignet ist, den grenzüberschreitenden Handel innerhalb der EU unmittelbar oder mittelbar, tatsächlich oder potentiell zu behindern, ist eine Maßnahme gleicher Wirkung und damit ein Eingriff in die Warenverkehrsfreiheit.

Beispiel

„Dassonville" – Belgien forderte für importierten Whisky ein Ursprungszeugnis. Da die Importeure Benoit und Gustave Dassonville, die Whisky nicht unmittelbar aus dem Vereinigten Königreich, sondern aus Frankreich einführten, ein solches Zeugnis nur unter erheblichen Schwierigkeiten hätten beschaffen können, weil sie mit dem britischen Geschäftspartner des französischen Importeuers keine Geschäftsbeziehungen hatten, war die belgische Vorschrift über das Erfordernis eines Ursprungszeugnisses geeignet, ihre Importaktivitäten zu behindern, und damit eine Maßnahme gleicher Wirkung.

Unzweifelhaft sind nach dieser Formel alle Regelungen, die Waren aus anderen EU-Mitgliedstaaten diskriminieren, Maßnahmen gleicher Wirkung. Im Cassis de Dijon-Urteil (EuGH, Rs 120/78, Cassis de Dijon, Slg 1979, 649) stellte der EuGH zudem klar, dass dieser Begriff auch Maßnahmen erfasst, die unterschiedslos auf inländische und eingeführte Waren anwendbar sind, die Warenverkehrsfreiheit also beschränken. Es können demnach auch nichtdiskriminierende Regelungen Maßnahmen gleicher Wirkung sein.

Beispiel

„Cassis de Dijon" – Nach einem deutschen Gesetz durften Fruchtsaftliköre nur mit einem Mindestalkoholgehalt von 25 % als Likör in Verkehr gebracht werden. Da der französische Johannisbeerlikör „Cassis de Dijon" wegen seines geringeren Alkoholgehalts (15 bis 20 %) in Deutschland nicht als Likör vermarktet werden durfte, stufte der EuGH das betreffende deutsche Gesetz über den Mindestalkoholgehalt als Maßnahme gleicher Wirkung ein, obwohl es auch für inländische Fruchtsaftliköre galt. Das Erfordernis des Mindestalkoholgehaltes von 25 %, um als Likör in Deutschland vertrieben werden zu dürfen, erschwerte nämlich den Zugang EU-ausländischer Fruchtsaftliköre (unter 25 %) zum deutschen Markt.

Aus den Urteilen „Dassonville" und „Cassis de Dijon" ergab sich somit ein insgesamt äußerst weites Verständnis des Begriffs der „Maßnahmen gleicher Wirkung". Der EuGH sah sich daher in seinem Urteil in der Rs Keck (EuGH, verb Rs C-267/91 und 268/91, Slg 1993, I-6097) veranlasst, einer drohenden nahezu flächendeckenden Tatbestandsmäßigkeit (und Rechtfertigungsnotwendigkeit) nationaler Regelungen entgegenzutreten. Er vertrat dabei – durchaus im Sinne der Dassonville-Formel – die Auffassung, dass Regelungen, die bestimmte Verkaufsmodalitäten beschränken oder verbieten, mangels Eignung zur Behinderung des grenzüberschreitenden Handels keine Maßnahmen gleicher Wirkung sind, sofern diese Bestimmungen für alle betroffenen Wirtschaftsteilnehmer gelten, die ihre Tätigkeit im betreffenden Mitgliedstaat ausüben, und sie den Absatz inländischer und importierter Erzeugnisse rechtlich wie tatsächlich in gleicher Weise berühren.

Beispiel

Vertriebsbezogene Regelungen wie zB Ladenschlussregelungen, Werbebeschränkungen, Preisregelungen.

Auf inländische und eingeführte Waren unterschiedslos anwendbare Maßnahmen sind nach Auffassung des EuGH idR nur dann an den Garantien der Warenverkehrsfreiheit zu messen, wenn es sich dabei um direkt den Marktzutritt erschwerende mitgliedstaatliche Maßnahmen handelt.

Beispiel

Produktbezogene Regelungen wie zB Regelungen hinsichtlich der Zusammensetzung, Form, Bezeichnung und Verpackung der Ware.

Nur Letztere, also den Marktzugang behindernde Maßnahmen, können daher Maßnahmen gleicher Wirkung sein.

Beispiel

„**Keck**" – Zwei Betreiber von Supermärkten in Straßburg, Bernard Keck und Daniel Mithouard, wurden bestraft, weil sie Kaffee bzw Aperitifs zu unter dem Einkaufspreis liegenden Preisen weiterverkauft hatten, was in Frankreich verboten ist. Sie brachten vor, dass der Verlustverkauf einzelner Artikel eine notwendige Verkaufspraxis sei, deren Untersagung erhebliche Nachteile mit sich bringe, und dass sie im Übrigen beim Vertrieb von importierten Waren gegenüber Wettbewerbern aus anderen Mitgliedstaaten, in welchen der Verkauf unter dem Einstandspreis erlaubt ist, diskriminiert würden. Der EuGH qualifizierte das betreffende französische Gesetz über das Verbot des Weiterverkaufes von (in- und ausländischen) Waren zum Verlustpreis nicht als Maßnahme gleicher Wirkung, weil es sich dabei bloß um eine – den Marktzutritt nicht erschwerende – vertriebsbezogene Regelung handle, die für alle betroffenen Wirtschaftsteilnehmer, die ihre Tätigkeit in Frankreich ausüben, gilt und den Absatz der inländischen Erzeugnisse und der Erzeugnisse aus anderen Mitgliedstaaten rechtlich wie tatsächlich in der gleichen Weise berührt.

Dass unterschiedslos anwendbare vertriebsbezogene Regelungen eines Mitgliedstaates sehr wohl dann rechtfertigungsbedürftige Maßnahmen gleicher Wirkung sind, wenn sie geeignet sind, den Absatz (und damit letztlich den Marktzugang) importierter Erzeugnisse faktisch stärker als jenen inländischer Produkte zu behindern, hat der EuGH in seiner Folgerechtsprechung bestätigt (zB EuGH, Rs C-405/98, Gourmet, Slg 2001, I-1795).

Beispiel

„Gourmet“ – Nach schwedischem Recht war es verboten, alkoholische Getränke in Rundfunk, Fernsehen, Zeitungen, Zeitschriften oder sonstigen Druckschriften zu bewerben. Einem Unternehmen wurde es daher untersagt, in der von ihm herausgegebenen Zeitschrift „Gourmet“ Werbeanzeigen für alkoholische Getränke zu veröffentlichen. Der EuGH stufte das in Schweden bestehende umfassende Werbeverbot für (in- und ausländische) alkoholische Getränke – der Sache nach eine klar vertriebsbezogene Regelung – als Maßnahme gleicher Wirkung ein: Ein Verbot jeder an die Verbraucher gerichteten Alkohol-Werbung durch Anzeigen in der Presse oder Werbeeinblendungen in Rundfunk und Fernsehen etc sei nämlich geeignet, den Absatz importierter Erzeugnisse faktisch stärker zu behindern als jenen inländischer Erzeugnisse, mit welchen der Verbraucher besser vertraut ist. Der EuGH hielt weitergehend allerdings fest, dass ein solches Werbeverbot aus Gründen des Gesundheitsschutzes gerechtfertigt und damit erlaubt sein kann. Fraglich ist dabei nur, ob sich das angestrebte legitime Ziel nicht auch auf weniger beschränkende Weise verfolgen lässt.

Die Infrastrukturabgabe ist – auch wenn sie nicht auf die beförderten Waren als solche erhoben wird, sondern auf die Fahrzeuge, mit denen die Waren geliefert werden – geeignet, den Warenverkehr beim Grenzübertritt zu beeinträchtigen. Waren, die mit einem Pkw geliefert werden, der in einem anderen Mitgliedstaat als in Deutschland zugelassen ist, werden weniger günstig behandelt als die mit in Deutschland zugelassenen Fahrzeugen gelieferten Waren. Für Waren, die mit in Deutschland zugelassenen Fahrzeugen geliefert werden, gilt die Steuerentlastung des KraftStG, die die Infrastrukturabgabe vollständig ausgleicht.

Die Infrastrukturabgabe, der tatsächlich nur Fahrzeuge unterliegen, die Erzeugnisse aus anderen Mitgliedstaaten nach Deutschland befördern, ist geeignet, Transportkosten und damit auch die Preise dieser Erzeugnisse zu erhöhen und beeinträchtigt damit die Wettbewerbsfähigkeit dieser Produkte. Es liegt daher ein Eingriff in die Warenverkehrsfreiheit vor.

Es handelt sich bei der Infrastrukturabgabe nicht um eine „bloße Verkaufsmodalität“ iSd der Keck-Rsp. Der Begriff „Verkaufsmodalitäten“ erfasst nur nationale Vorschriften, die die Art und Weise regeln, wie Waren vermarktet werden. Regelungen betreffend die Art und Weise, wie Waren befördert werden, fallen nicht unter den Begriff.

Die neuere Judikatur des EuGH im Zusammenhang mit sog Verwendungsbeschränkungen (EuGH, Rs C-110/05, Kommission/Italien, Slg 2009, I-519, zum Verbot, mit gewissen Fahrzeugen Anhänger zu ziehen, sowie EuGH, Rs C-142/05, Mickelsson und Roos, Slg 2009, I-4273, zum Verbot der Verwendung von Wassermotorrädern) bestätigt, dass es für die Definition von Maßnahmen gleicher Wirkung letztlich weniger auf die nach „Keck“ lange für maßgeblich gehaltene Unterscheidung in einerseits produkt- und andererseits vertriebsbezogene Regelungen ankommen dürfte, als schlicht auf die Eignung mitgliedstaatlicher Regelungen jedweder Natur zur Beschränkung des Marktzugangs. Mit anderen Worten ist somit jede potentiell protektionistische Handelsregelung eines Mitgliedstaates als Maßnahme gleicher Wirkung rechtfertigungsbedürftig, ohne dass es vorrangig darauf ankäme, ob sich diese als produkt- oder vertriebsbezogene Maßnahme (oder zB als – in keine dieser beiden Kategorien passende – Verwendungsbeschränkung) qualifizieren lässt. Ob der jeweilige Mitgliedstaat die protektionistische Wirkung einer Maßnahme intendiert, spielt keine Rolle.

Nach seiner eigenen, zusammenfassenden Definition versteht der EuGH unter Maßnahmen gleicher Wirkung somit nunmehr:

- Maßnahmen eines Mitgliedstaates, mit welchen bezweckt oder bewirkt wird, Erzeugnisse aus anderen Mitgliedstaaten weniger günstig zu behandeln;
- Hemmnisse, die sich in Ermangelung einer Harmonisierung der Rechtsvorschriften daraus ergeben, dass Waren aus anderen Mitgliedstaaten, die dort rechtmäßig hergestellt und in den Verkehr gebracht worden sind, bestimmten Vorschriften entsprechen müssen, selbst wenn diese Vorschriften unterschiedslos für alle Erzeugnisse gelten („Cassis de Dijon-Regel“);
- sowie alle sonstigen Maßnahmen, die den Zugang zum Markt eines Mitgliedstaates für Erzeugnisse aus anderen Mitgliedstaaten behindern.

Im Juli 2012 wandte der EuGH Art 34 AEUV erstmalig auf eine nichtstaatliche Einrichtung an (EuGH, Rs C-171/11, Fra.bo, Slg 2012, I-453). Dabei handelte es sich um die einzige Einrichtung (Deutscher Verein des Gas- und Wasserfaches e.V. – DVGW) zur Normung und Zertifizierung von Verbindungsstücken für Rohrleitungen (sog „Kupferfittings“) für die Trinkwasserversorgung in Deutschland. In seinem Urteil geht der EuGH davon aus, dass der Vertrieb von nicht von der DVGW zertifizierten Kupferfittings erschwert werde und diese Einrichtung tatsächlich über die Befugnis verfüge, den Zugang dieser Erzeugnisse zum deutschen Markt zu regeln. Die Tätigkeit des DVGW wirke wie eine typische staatliche Maßnahme. Anders als bisher angenommen ist eine Wirkung der Warenverkehrsfreiheit nicht nur für die Mitgliedstaaten, sondern auch für bestimmte private Einrichtungen, denen eine vergleichbare Möglichkeit zur Reglementierung des Warenverkehrs zukommt, seit diesem Urteil anerkannt (zur Wirkung der Arbeitnehmerfreizügigkeit für Private vergleiche Abschnitt IV.C.).

D. Rechtfertigung

Die Warenverkehrsfreiheit verbietet Eingriffe nicht schlechthin. Nach Art 36 AEUV können mitgliedstaatliche diskriminierende Vorschriften ausnahmsweise aus Gründen der öffentlichen Sittlichkeit, Ordnung und Sicherheit, des Schutzes der Gesundheit und des Lebens von Menschen, Tieren oder Pflanzen, des Schutzes des nationalen Kulturguts von künstlerischem, geschichtlichem oder archäologischem Wert oder des gewerblichen oder kommerziellen Eigentums gerechtfertigt sein. Voraussetzung ist allerdings stets, dass die betreffende Maßnahme auch verhältnismäßig (= zur Zielerreichung geeignet, erforderlich und angemessen) ist.

Entsprechendes gilt auch für auf in- und ausländische Waren unterschiedslos anwendbare Maßnahmen, die den freien Warenverkehr beeinträchtigen können. In der Rs „Cassis de Dijon" urteilte der EuGH, dass unterschiedslos anwendbare mitgliedstaatliche Regelungen als Maßnahmen gleicher Wirkung darüber hinaus rechtfertigbar und damit zulässig sind, wenn sie notwendig sind, um zwingenden Erfordernissen, insb einer wirksamen steuerlichen Kontrolle, dem Schutz der öffentlichen Gesundheit, der Lauterkeit des Handelsverkehrs oder dem Verbraucherschutz, gerecht zu werden. Es muss ein Zweck verfolgt werden, der im Allgemeininteresse liegt (zB auch der Umweltschutz, die Medienvielfalt etc) und den Erfordernissen des freien Warenverkehrs vorgeht. Das Verhältnismäßigkeitsgebot muss dabei beachtet werden (siehe zu alldem bereits oben Abschnitt II.).

Beispiel

In Deutschland war es verboten, Bier, das nicht nach dem deutschen Reinheitsgebot für Bier erzeugt wurde, in Verkehr zu bringen. Diese Regelung galt für in- und ausländisches Bier gleichermaßen. Da im Ergebnis dadurch ausländisches Bier vom Verkauf in Deutschland ausgeschlossen wurde, qualifizierte der EuGH das deutsche Reinheitsgebot als Maßnahme gleicher Wirkung. Was die Frage nach einer allfälligen Rechtfertigung anbelangt, urteilte der EuGH, dass das Reinheitsgebot zwar im Interesse des Verbraucherschutzes gelegen sei, ein Importverbot für Bier aus anderen Mitgliedstaaten der EU allerdings nicht erforderlich sei, um dieses Ziel zu erreichen. Eine entsprechende Etikettierungsvorschrift hätte dem Verbraucherschutz hinlänglich Genüge getan. Der EuGH gelangte daher zum Ergebnis, dass das deutsche Reinheitsgebot für Bier mangels Verhältnismäßigkeit die Warenverkehrsfreiheit verletzt (EuGH, Rs 178/84, Kommission/Deutschland, Slg 1987, 1227).

Ähnlich hatte der EuGH auch in der Rs „Cassis de Dijon" entschieden: Die deutsche Vorschrift über den Mindestalkoholgehalt von Likör, die eine Maßnahme gleicher Wirkung darstellt, kann zwar dem Verbraucherschutz dienen, wenn der Konsument in Deutschland von einem Likör einen bestimmten Alkoholgehalt erwartet und durch den französischen Likör „Cassis de Dijon" in dieser Erwartung getäuscht wird. Der Grundsatz der Verhältnismäßigkeit führt aber dazu, dass dies jedenfalls grundsätzlich ein Verkehrsverbot nicht rechtfertigen kann. Vielmehr genügt es zur Erreichung des Zieles, wenn die Ware eine angemessene Etikettierung erhält, in der der Alkoholgehalt deklariert wird.

Anmerkung: Die Mitgliedstaaten können sich dann nicht mehr auf die in Art 36 AEUV genannten Ausnahmegründe oder auf ein zwingendes Erfordernis im Sinne des „Cassis de Dijon"-Urteils berufen, wenn der betreffende Bereich durch Richtlinien oder Verordnungen abschließend harmonisiert ist („Vollharmonisierung"; siehe dazu bereits Abschnitt I.D.).

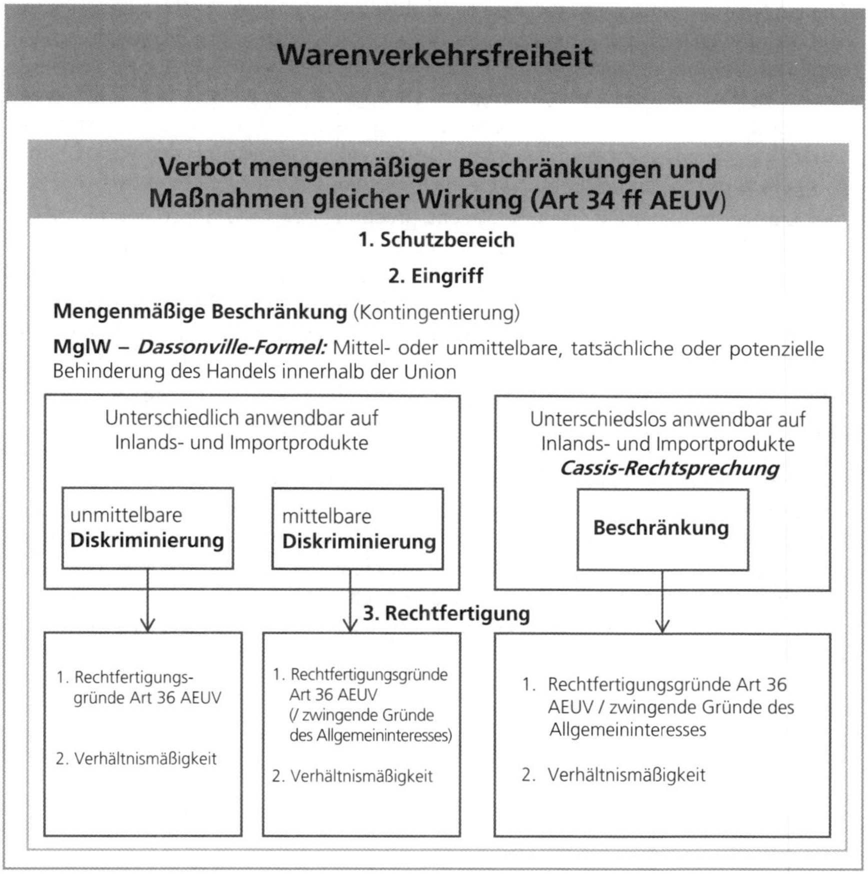

Die Warenverkehrsfreiheit steht Einfuhrverboten oder -beschränkungen nicht entgegen, wenn diese aufgrund zwingender Erfordernisse gerechtfertigt und zur Zielerreichung geeignet und verhältnismäßig sind. Es ist daher zu prüfen, ob die deutsche Regelung zur Autobahnmaut aus zwingenden Gründen des Allgemeinwohls, zB aus Gründen des Umweltschutzes und des Lastenausgleichs zwischen den inländischen und ausländischen Nutzern der Verkehrsinfrastruktur, gerechtfertigt und zur Zielerreichung geeignet und verhältnismäßig ist.

Das deutsche Autobahnmautsystem stellt eine Maßnahme gleicher Wirkung dar, die eine mittelbare Diskriminierung vorsieht. Derartige Maßnahmen können aufgrund der geschriebenen Rechtfertigungsgründe, aber auch aufgrund der ungeschriebenen Rechtfertigungsgründe („zwingende Gründe des Allgemeinwohls") mit dem Binnenmarkt vereinbar sein, sofern sie geeignet und erforderlich sind. Als in Frage kommende Rechtfertigungsgründe ist bspw an den Umweltschutz oder die Einführung eines Lastenausgleichs zwischen inländischen und ausländischen Nutzern der Verkehrsinfrastruktur zu denken.

Die eingeführte Maßnahme ist aber in Hinblick auf das Ziel des Lastenausgleichs – von einem steuerfinanzierten System hin zu einem System der Nutzerfinanzierung der Verkehrsinfrastruktur – nicht geeignet, dieses Ziel auch zu erreichen. Dadurch, dass eine Steuerentlastung bei der Kraftfahrzeugsteuer tatsächlich eine Befreiung der Halter von in Deutschland zugelassenen Fahrzeugen von der Infrastrukturabgabe zur Folge hat, wird das Ziel der Finanzierung der Verkehrsinfrastruktur durch sämtliche Nutzer derselben gerade nicht erreicht.

Der Umweltschutz stellt nach der Rechtsprechung des EuGH ein legitimes Ziel dar, um eine Ungleichbehandlung aufgrund der Staatsangehörigkeit zu rechtfertigen. Inwiefern die Einführung einer Infrastrukturabgabe, die de facto nur die Halter und Fahrer von in anderen Mitgliedstaaten als Deutschland zugelassenen Fahrzeugen trifft, geeignet sein soll, dieses Ziel zu gewährleisten, ist nicht ersichtlich.

Es besteht daher kein Rechtfertigungsgrund für die Beschränkung des Warenverkehrs zwischen den Mitgliedstaaten. Die Bundesrepublik Deutschland hat mit der Einführung der Infrastrukturabgabe und dem gleichzeitigen Beschluss einer Steuerentlastung für Halter von in Deutschland zugelassenen Fahrzeugen gegen das in der Warenverkehrsfreiheit angelegte Diskriminierungsverbot verstoßen. Die deutsche Autobahnmaut stellt eine Maßnahme gleicher Wirkung dar, weil sie eine mittelbare Diskriminierung jener Waren, die nicht mit einem in Deutschland zugelassenen Fahrzeug gelieferten werden, vorsieht. Dieser Eingriff in die Warenverkehrsfreiheit kann nicht gerechtfertigt werden und verletzt somit diese Grundfreiheit.

IV. Arbeitnehmerfreizügigkeit

Christinas Kaffeekonditorei GmbH

Katharinas Schwester Christina möchte in Wels eine Kaffeekonditorei eröffnen, in der zu Mehlspeisen weiterverarbeitete Schokoladeerzeugnisse angeboten werden sollen. Dafür gründet Christina eine GmbH. Sie erfüllt allerdings nicht die besonderen Voraussetzungen für den Gewerbeantritt (siehe dazu näher LE 5).

Als gewerberechtlichen Geschäftsführer möchte Christina einen Bekannten aus München, der zwar nicht in Österreich wohnt, dafür aber über sehr viel Erfahrung im Gastgewerbe verfügt, bestellen. Ihr deutscher Bekannter möchte allerdings seinen Wohnsitz vorerst nicht nach Österreich verlegen.

Nach Abschluss eines entsprechenden Dienstvertrages meldet Christina die Aufnahme des Gastgewerbes in der Betriebsart Kaffeekonditorei bei der zuständigen Bezirksverwaltungsbehörde an.

Angenommen, die Behörde untersagt bescheidmäßig die Ausübung dieses Gewerbes mit der Begründung, dass nach § 39 Abs 2a GewO der gewerberechtliche Geschäftsführer seinen Wohnsitz im Inland haben und in der Lage sein muss, sich im Betrieb entsprechend zu betätigen (siehe dazu näher LE 5).

Ist ein solches – angenommenes – Wohnsitzerfordernis unionsrechtlich erlaubt?

A. Allgemeines

Die Arbeitnehmerfreizügigkeit gewährleistet den Staatsangehörigen der EU-Mitgliedstaaten die freie Wahl ihres Arbeitsplatzes im gesamten Gebiet. Dadurch soll gesamtwirtschaftlich gesehen der Produktionsfaktor „Arbeit" am Ort des größten wirtschaftlichen Nutzens eingesetzt werden können und es gleichzeitig dem Einzelnen ermöglicht werden, einer Arbeit dort nachgehen zu können, wo er möchte. Gem Art 45 AEUV in Verbindung mit der Arbeitnehmerfreizügigkeitsverordnung 492/2011 (ABl 2011 L 141/1) hat jeder Staatsangehörige eines EU-Mitgliedstaates (= Unionsbürger) das Recht, in einem anderen EU-Mitgliedstaat eine unselbständige wirtschaftliche Tätigkeit aufzunehmen und auszuüben.

B. Schutzbereich

Damit der Schutzbereich der Arbeitnehmerfreizügigkeit eröffnet ist, muss ein vom begünstigten Personenkreis umfasster Arbeitnehmer in einem anderen Mitgliedstaat als dem Herkunftsstaat einer unselbständigen Tätigkeit nachgehen oder nachgehen wollen.

Beispiel

Eine österreichische Informatikerin möchte in Deutschland in einem IT-Unternehmen arbeiten.

Der Begriff des Arbeitnehmers im Sinne der Arbeitnehmerfreizügigkeit wurde vom EuGH definiert (vgl EuGH, Rs 66/85, Lawrie-Blum, Slg 1986, 2121). Demnach besteht das wesentliche Merkmal eines Arbeitsverhältnisses darin, dass jemand während einer bestimmten Zeit für einen anderen nach dessen Weisungen Leistungen erbringt, für die er als Gegenleistung eine Vergütung erhält. Auf die Höhe des Einkommens kommt es dabei nicht an. Auch eine Gegenleistung in Form von Bekleidung, Kost und Unterkunft kann ein Entgelt darstellen. Der Arbeitnehmerbegriff der Arbeitnehmerfreizügigkeit ist also sehr weit. Man bezeichnet Arbeitnehmer, die in einem anderen Mitgliedstaat arbeiten, auch als „Wanderarbeitnehmer".

Beispiel

Soweit Profisportler eine unselbständige wirtschaftliche Tätigkeit ausüben, sind sie nach Auffassung des EuGH (EuGH, Rs C-415/93, Bosman, Slg 1995, I-4921) ebenfalls Arbeitnehmer im Sinne der Arbeitnehmerfreizügigkeit.

Die Arbeitnehmerfreizügigkeit schützt nicht nur die grenzüberschreitende unselbständige Erwerbsbetätigung als solche, sondern gewährt auch Rechte, die mit der Erwerbsbetätigung notwendigerweise eng zusammenhängen. So hat der Wanderarbeitnehmer das Recht, in den anderen Mitgliedstaat einzureisen, dort eine Stelle zu suchen, sich dort frei zu bewegen, aufzuhalten und eine Wohnung zu suchen sowie nach Beendigung der Beschäftigung im Beschäftigungsland zu verbleiben.

Was den Schutzbereich der Arbeitnehmerfreizügigkeit in persönlicher Hinsicht anbelangt, wurde bereits festgehalten, dass grundsätzlich nur Wanderarbeitnehmer mit Staatsangehörigkeit eines EU-Mitgliedstaates Nutznießer dieser Freizügigkeit sein können. Damit die Arbeitnehmerfreizügigkeit ihre Wirkung voll entfalten kann, kann sich aber auch ein Arbeitgeber, der im Mitgliedstaat seiner Niederlassung Angehörige eines anderen Mitgliedstaates als Arbeitnehmer beschäftigen will, auf die Arbeitnehmerfreizügigkeit berufen.

Auch den Angehörigen eines Wanderarbeitnehmers stehen gewisse Freiheiten zu (zB Wohnrecht und Arbeitsrecht für Ehegatten und Kinder), und dies selbst dann, wenn diese nicht die Staatsangehörigkeit eines EU-Mitgliedstaates besitzen.

Beispiel

Der indische Ehegatte einer belgischen Staatsbürgerin, die in Frankreich arbeitet, darf in Frankreich ebenfalls wohnen und arbeiten.

Aufgrund des Abkommens über den Europäischen Wirtschaftsraum (EWR) – in diesem werden die EU und die Mitgliedstaaten der Europäischen Freihandelszone (EFTA) mit Ausnahme der Schweiz zusammengeführt – können sich auch die Staatsbürger von Island, Norwegen und Liechtenstein auf die Arbeitnehmerfreizügigkeit berufen.

Christina hat einen deutschen Staatsbürger, der in München wohnt, zum gewerberechtlichen Geschäftsführer für ihre Kaffeekonditorei in Wels bestellt. Es liegt somit kein reiner Inlandssachverhalt, sondern ein solcher mit Bezug zu einem anderen EU-Mitgliedstaat vor. Die Grundfreiheiten sind demnach prinzipiell anwendbar. Konkret kommt vor allem die Arbeitnehmerfreizügigkeit in Betracht. Ihr deutscher Bekannter möchte in Österreich auf der Grundlage eines mit ihm abgeschlossenen Dienstvertrages für sie arbeiten. Er möchte also in einem anderen Mitgliedstaat eine unselbständige wirtschaftliche Tätigkeit aufnehmen. Er kann sich daher grundsätzlich auf die Arbeitnehmerfreizügigkeit berufen. Da jedoch nicht ihr Bekannter, sondern Christina gewerbeanmeldende Adressatin des Untersagungsbescheides ist, stellt sich die Frage, ob auch sie sich auf die Arbeitnehmerfreizügigkeit berufen kann.

Der EuGH beantwortete diese Frage in der Rs „Clean Car" (EuGH, Rs C-350/96, Clean Car, Slg 1998, I-252) folgendermaßen: Die Arbeitnehmerfreizügigkeit kann nur dann ihre volle Wirkung entfalten, wenn die Arbeitgeber ein entsprechendes Recht darauf haben, Arbeitnehmer nach Maßgabe der Bestimmungen über die Freizügigkeit einstellen zu können. Ansonsten könnte ja ein Mitgliedstaat die in den Bestimmungen über die Arbeitnehmerfreizügigkeit enthaltenen Verbote leicht dadurch umgehen, indem er den Arbeitgebern die Einstellung eines Arbeitnehmers verbietet, der gewisse Voraussetzungen nicht erfüllt, die – wenn der Arbeitnehmer unmittelbar zu ihrer Erfüllung verpflichtet würde – Beschränkungen seines Rechts auf Freizügigkeit darstellen würden. Daraus folgt, dass sich auch ein Arbeitgeber, der im Mitgliedstaat seiner Niederlassung Angehörige eines anderen Mitgliedstaates als Arbeitnehmer beschäftigen will, auf die Arbeitnehmerfreizügigkeit berufen kann.

Fazit: Auch Christina als Arbeitgeberin kann unrechtmäßige Beschränkungen der Arbeitnehmerfreizügigkeit, die ihre (potentiellen) Arbeitnehmer betreffen, geltend machen.

Nicht der Arbeitnehmerfreizügigkeit unterliegen Beschäftigungen in Kernbereichen der öffentlichen Verwaltung. Darunter werden jene Tätigkeiten verstanden, die in Ausübung hoheitlicher Befugnisse erfolgen und inhaltlich Aufgaben betreffen, die ein besonderes Naheverhältnis zwischen Stelleninhaber und Staat voraussetzen.

Beispiel

ZB gewisse Tätigkeiten bei der Polizei, in der Justiz, in der Armee oder in der Steuerverwaltung, nicht jedoch Beschäftigungen in öffentlichen Unternehmen oder die Beschäftigung als Lehrer.

C. Eingriff

Der Kerngehalt der Arbeitnehmerfreizügigkeit besteht darin, dass Arbeitnehmer und Arbeitgeber in Sachverhalten, auf die die Arbeitnehmerfreizügigkeit Anwendung findet, weder ausdrücklich noch versteckt diskriminiert werden dürfen. Jede auf der Staatsangehörigkeit beruhende unterschiedliche Behandlung von Arbeitnehmern, die Staatsangehörige eines anderen EU-Mitgliedstaates sind, hinsichtlich Beschäftigung, Entlohnung und sonstiger Arbeitsbedingungen, aber auch hinsichtlich sozialer und steuerlicher Vergünstigungen (zB Kündigungsschutz für Behinderte, Fahrtkostenentschädigung, Bereitstellung einer Wohnung durch den Arbeitgeber) ist grundsätzlich verboten, es sei denn, die Diskriminierung lässt sich aus Gründen der öffentlichen Ordnung, Sicherheit oder Gesundheit (Art 45 Abs 3 AEUV) – unter Berücksichtigung des Verhältnismäßigkeitsgrundsatzes – rechtfertigen.

Beispiel

Nach den Statuten der Berufsfußballverbände in Europa durften bei Meisterschaftsspielen von Vereinsmannschaften nicht mehr als drei Ausländer gleichzeitig eingesetzt werden. Der EuGH (EuGH, Rs C-415/93, Bosman, Slg 1995, I-4921) qualifizierte diese Regelung als ausdrückliche Diskriminierung aus Gründen der Staatsangehörigkeit, weil in Bezug auf Inländer (zwangsläufig) keine solche Sperrklausel bestand. Da es dafür auch keinen Rechtfertigungsgrund gab, sah der EuGH in der betreffenden Regelung einen Verstoß gegen das Diskriminierungsverbot der Arbeitnehmerfreizügigkeit.

Das Diskriminierungsverbot der Arbeitnehmerfreizügigkeit weist darüber hinaus noch eine Besonderheit auf. Es richtet sich nämlich nach der Rechtsprechung des EuGH nicht nur an die Mitgliedstaaten, sondern auch an private Personen. Das bedeutet, dass auch alle Bestimmungen in Kollektiv- und Einzelarbeitsverträgen betreffend Zugang zur Beschäftigung, Entlohnung und sonstige Arbeits- und Kündigungsbedingungen, die Staatsangehörige anderer Mitgliedstaaten diskriminieren, grundsätzlich verboten sind.

Beispiel

Roman Angonese, ein italienischer Staatsangehöriger deutscher Muttersprache, der in Österreich studiert und dort auch Berufserfahrungen gesammelt hatte, bewarb sich für eine Stelle in einer privaten Bankgesellschaft in Bozen. Zu den Bedingungen für die Zulassung zum Auswahlverfahren gehörte eine Bescheinigung über die Zweisprachigkeit (Italienisch/Deutsch), welche von der öffentlichen Verwaltung der Provinz Bozen nach einer Prüfung, die nur in dieser Provinz stattfand, ausgestellt wurde. Da Roman Angonese nicht im Besitz einer solchen Bescheinigung war, wurde er zum Auswahlverfahren nicht zugelassen – trotz vollkommener Beherrschung sowohl der italienischen als auch der deutschen Sprache. Der EuGH (EuGH, Rs C-281/98, Angonese, Slg 2000, I-4139) sah darin einen Verstoß gegen die Arbeitnehmerfreizügigkeit und begründete dies wie folgt: Das Diskriminierungsverbot der Arbeitnehmerfreizügigkeit gilt auch für Privatpersonen. Das von der betreffenden privaten Bankgesellschaft in Bozen ausgestellte Erfordernis einer Bescheinigung über die Zweisprachigkeit, die nur in der Provinz Bozen erworben werden kann, bewirkt eine versteckte Diskriminierung aus Gründen der Staatsangehörigkeit. Personen, die nicht in der Provinz Bozen wohnen (das sind vor allem auch Staatsangehörige anderer Mitgliedstaaten), haben nämlich wenig Möglichkeiten, die betreffende Bescheinigung zu erwerben, so dass es für sie schwierig, ja sogar unmöglich sein wird, den betreffenden Arbeitsplatz zu erhalten.

Es kann zwar legitim sein, von einem Bewerber um eine Stelle Sprachkenntnisse eines bestimmten Niveaus zu verlangen, und es kann der Besitz eines Diploms wie der Bescheinigung ein Kriterium darstellen, anhand dessen sich diese Kenntnisse beurteilen lassen. Es muss aber als unverhältnismäßig angesehen werden, wenn es unmöglich ist, den Nachweis dieser Kenntnisse auf andere Weise, insb durch andere im EU-Ausland erlangte gleichwertige Qualifikationen zu erbringen. Der EuGH gelangte daher zum Ergebnis, dass die von der privaten Bankgesellschaft geforderte Bescheinigung wegen Unverhältnismäßigkeit die Arbeitnehmerfreizügigkeit verletzt.

Grundsätzlich verboten sind neben direkten und versteckten Diskriminierungen auch nicht-diskriminierende Beschränkungen der Arbeitnehmerfreizügigkeit.

Beispiel

Nach den Statuten der Berufsfußballverbände in Europa war bei einem Vereinswechsel eines Spielers auch nach Ablauf des Vertrages durch den neuen Verein an den bisherigen eine „Ablösesumme“ zu zahlen, die nicht selten Beträge in Millionenhöhe erreichte. Ohne Zahlung der Ablösesumme konnte dementsprechend zB ein Spieler eines französischen Fußballvereins bei Ablauf seines Vertrages nicht zu einem italienischen Fußballklub wechseln. Der EuGH (EuGH, Rs C-415/93, Bosman, Slg 1995, I-4921) wertete diese nicht nach der Staatsangehörigkeit differenzierende Vorschrift über die Leistung einer Transferentschädigung als Beschränkung der Arbeitnehmerfreizügigkeit. Die Regelung ist nämlich geeignet, die Freizügigkeit der Spieler, die ihre Tätigkeit in einem anderen Mitgliedstaat ausüben wollen, dadurch einzuschränken, dass sie die Spieler sogar nach Ablauf der Arbeitsverträge mit den Vereinen, welchen sie angehören, daran hindern oder davon abhalten, diese Vereine zu verlassen. Kurzum: Sie behindert die Mobilität der Spieler. Da der EuGH weder sportliche Gründe noch allfällige Interessen der ausbildenden Vereine als Rechtfertigungsgründe gelten ließ, kam er zum Ergebnis, dass die Vorschrift über die Leistung einer Transferentschädigung gegen die Arbeitnehmerfreizügigkeit verstößt.

Es stellen demnach auch unterschiedslos anwendbare Bestimmungen, die einen Staatsangehörigen eines Mitgliedstaates daran hindern oder davon abhalten, sein Herkunftsland zu verlassen, um von seinem Recht auf Freizügigkeit Gebrauch zu machen, Beeinträchtigungen der Arbeitnehmerfreizügigkeit dar. Dies ist jedoch nur dann der Fall, wenn sie den Zugang der Arbeitnehmer zum Arbeitsmarkt eines anderen Mitgliedstaates beeinflussen.

Beispiel

Das österreichische Angestelltengesetz sieht für den Fall der Auflösung des Dienstverhältnisses für den Dienstnehmer einen Abfertigungsanspruch vor. Ein solcher bestand nach alter Rechtslage (dh bis zum Inkrafttreten des Betrieblichen Mitarbeitervorsorgegesetzes, BGBl I 100/2002) jedoch dann nicht, wenn der Angestellte selbst kündigte. Der deutsche Staatsbürger Volker Graf, der einige Jahre in Österreich als Angestellter gearbeitet hatte, kündigte seinen Dienstvertrag, um nach Deutschland zu übersiedeln und dort eine neue Beschäftigung aufzunehmen. Von seinem bisherigen Arbeitgeber verlangte er eine Abfertigung. Diese wurde ihm jedoch unter Hinweis darauf verweigert, dass er ja selbst gekündigt habe. Herr Graf vertrat jedoch die Ansicht, dass ihm aufgrund der Arbeitnehmerfreizügigkeit nichtsdestotrotz eine Abfertigung zustehen müsse. Der EuGH, der von dem mit dem Rechtsstreit befassten österreichischen Gericht um Auslegung der Arbeitnehmerfreizügigkeit im konkreten Fall ersucht worden war, urteilte (EuGH, Rs C-190/98, Graf, Slg 2000, I-493), dass die Abfertigungsregelung des österreichischen Angestelltengesetzes nicht gegen die Arbeitnehmerfreizügigkeit verstoßen hat. Sie bewirkte nämlich weder eine ausdrückliche noch eine versteckte Diskriminierung aus Gründen der Staatsangehörigkeit, weil ja auch inländischen Arbeitnehmern im Falle einer Selbstkündigung kein Abfertigungsanspruch zustand. Es lag nach Ansicht des EuGH aber auch keine Beschränkung vor, die Volker Graf daran hinderte, Österreich zu verlassen, um eine Tätigkeit bei einem anderen Arbeitgeber in einem anderen Mitgliedstaat auszuüben. Eine Beschränkung liegt nämlich nur dann vor, wenn der Zugang der Arbeitnehmer zum Arbeitsmarkt eines anderen Mitgliedstaates beeinflusst wird. Eine allfällige beschränkende Wirkung der Abfertigungsregelung des österreichischen Angestelltengesetzes war jedoch zu ungewiss und indirekt, als dass von einer Marktzugangsbeschränkung und damit von einer Beeinträchtigung der Arbeitnehmerfreizügigkeit gesprochen werden konnte.

Anmerkung: Man kann darüber diskutieren, ob dies wirklich eine überzeugende Begründung für diese im Ergebnis vom Bosman-Urteil abweichende Entscheidung ist.

D. Rechtfertigung

Für die Rechtfertigung von Eingriffen in die Arbeitnehmerfreizügigkeit ist zu unterscheiden.

Liegt eine direkte Diskriminierung vor, stellt dies keine Verletzung der Arbeitnehmerfreizügigkeit dar, wenn die Diskriminierung aus Gründen der öffentlichen Ordnung, Sicherheit oder Gesundheit (Art 45 Abs 3 AEUV) gerechtfertigt und außerdem verhältnismäßig ist.

Liegt eine indirekte Diskriminierung oder eine sonstige Beschränkung der Arbeitnehmerfreizügigkeit vor, können neben den geschriebenen Rechtfertigungsgründen auch noch die zwingenden Erfordernisse des Allgemeininteresses in Frage kommen. Wiederum hat die staatliche Maßnahme verhältnismäßig zu sein.

Beispiel

Als zwingende Gründe des Allgemeininteresses sind im Bereich des Freizügigkeitsrechts bspw die Förderung von Einstellungen, die Verringerung der Arbeitslosigkeit, der Schutz schutzbedürftiger Arbeitnehmer und die Abwendung einer erheblichen Gefährdung der Tragfähigkeit der Systeme der sozialen Sicherheit anerkannt.

Arbeitnehmerfreizügigkeit

(Art 45 ff AEUV, ArbeitnehmerfreizügigkeitsVO)

- **Schutzbereich**
  - persönlicher SB: Angehörige eines MS, teilweise bestimmte Angehörige
  - sachlicher SB: Einreise in einen anderen MS, Stellensuche, Aufnahme und Ausübung einer unselbstständigen wirtschaftlichen Tätigkeit, Aufenthalt, Wohnungssuche, Verbleib
  - Ausnahme: Beschäftigung in der öffentlichen Verwaltung
- **Eingriff**
  - Diskriminierung aufgrund der Staatsangehörigkeit
  - Andere Beschränkungen des Zugangs der AN zum Arbeitsmarkt eines anderen MS
  - Anmerkung: Auch Diskriminierungen oder Beschränkungen durch Private können in Arbeitnehmerfreizügigkeit eingreifen
- **Rechtfertigung**
  - Rechtfertigungsgründe Art 45 Abs 3 AEUV / zwingende Gründe des Allgemeininteresses
  - Verhältnismäßigkeit

Private Unternehmen	**MITGLIEDSTAAT (Gesetzgebung, Vollziehung)**

Die von der Bezirksverwaltungsbehörde ins Treffen geführte gesetzliche Bestimmung verlangt, dass der gewerberechtliche Geschäftsführer seinen Wohnsitz im Inland haben muss. Da dies nicht nur für einen ausländischen, sondern auch für einen österreichischen Geschäftsführer gilt, werden durch das betreffende Gesetz Ausländer jedenfalls nicht ausdrücklich diskriminiert.

Eine nationale Vorschrift, die eine Unterscheidung aufgrund des Kriteriums des Wohnsitzes trifft, wirkt sich allerdings hauptsächlich zum Nachteil der Angehörigen anderer Mitgliedstaaten aus, weil Gebietsfremde meist Ausländer sind. Das eingemahnte Inlandswohnsitzerfordernis stellt demnach eine versteckte Diskriminierung aus Gründen der Staatsangehörigkeit dar. Diskriminierungen sind allerdings nicht schlechthin verboten. So könnte die mit dem Wohnsitzerfordernis einhergehende Diskriminierung erlaubt sein, wenn sie auf objektiven, von der Staatsangehörigkeit der betroffenen Arbeitnehmer unabhängigen Erwägungen beruht und in einem angemessenen Verhältnis zu einem legitimen Zweck stünde, den das nationale Recht verfolgt. Der EuGH konnte in einem vergleichbaren Fall keine Rechtfertigung für die Diskriminierung erkennen. Das Wohnsitzerfordernis bietet nämlich nicht notwendig Gewähr dafür, dass – was als Rechtfertigung ins Treffen geführt werden könnte – der Geschäftsführer in der Lage ist, sich im Betrieb entsprechend zu betätigen, wenn er in dem Mitgliedstaat wohnt, in dem das Gewerbe ansässig ist und ausgeübt wird. Ein Geschäftsführer, der in diesem Staat an einem Ort wohnt, der vom Ort des Gewerbebetriebes weit entfernt ist, wird im Allgemeinen größere Schwierigkeiten haben, sich im Betrieb entsprechend zu betätigen, als eine Person, die in einem anderen Mitgliedstaat an einem Ort wohnt, der vom Ort des Gewerbebetriebs nicht weit entfernt ist. Des Weiteren lässt sich auch durch weniger einschneidende Maßnahmen sicherstellen, dass – was als weitere Rechtfertigung ins Treffen geführt werden könnte – die Bescheide über die gegen den Geschäftsführer verhängten Geldstrafen diesem zugestellt und die Strafen vollstreckt werden können. Zu denken wäre etwa an die Zustellung des Strafbescheides am Sitz des Gewerbebetriebs, der den Geschäftsführer beschäftigt, oder die Absicherung seiner Zahlung durch die vorherige Stellung einer Sicherheit. Der EuGH würde in diesem Fall daher zum Ergebnis gelangen, dass das Wohnsitzerfordernis gegen die Arbeitnehmerfreizügigkeit verstößt.

Anmerkung: Dieser Beispielfall ist der Rs „Clean Car" (EuGH, Rs C-350/96, Slg 1998, I-252) nachgebildet, die Bestimmung in der österreichischen GewO hat es tatsächlich gegeben. Nach § 39 Abs 2a GewO in der heute geltenden Fassung muss der Geschäftsführer seinen Wohnsitz nicht im Inland haben, sofern die Zustellung der Verhängung und die Vollstreckung von Verwaltungsstrafen durch Übereinkommen sichergestellt sind, oder es sich um einen Staatsangehörigen einer EWR-Vertragspartei handelt, der seinen Wohnsitz in einem EWR-Vertragsstaat hat.

V. Niederlassungsfreiheit

A. Allgemeines

Was für Arbeiter und Angestellte gilt, gilt auch für Selbständige. Auch sie können innerhalb des Binnenmarktes erwerbstätig sein, wo sie wollen. Die Niederlassungsfreiheit gewährt das Recht zur Aufnahme und Ausübung einer dauerhaften selbständigen wirtschaftlichen Tätigkeit in einem anderen Mitgliedstaat mittels einer dortigen festen Einrichtung (Art 49 AEUV). Die Niederlassungsfreiheit ist insb auch bei Mobilitätsvorgängen von Gesellschaften zu beachten. Auf diese gesellschaftsrechtlichen Besonderheiten wird im Weiteren jedoch nicht näher eingegangen.

B. Schutzbereich

Auf die Niederlassungsfreiheit können sich alle Staatsangehörigen eines Mitgliedstaates der EU bzw des EWR berufen, und zwar grundsätzlich unabhängig davon, wo sie ansässig sind. Das Recht auf Gründung von Zweigniederlassungen in anderen Mitgliedstaaten kommt Unionsbürgern aber nur dann zu, wenn sie in einem Mitgliedstaat ansässig sind.

Beispiel

Eine EU-Bürgerin, die in den USA ansässig ist und dort ein Unternehmen betreibt, kann sich nicht auf die Niederlassungsfreiheit berufen, wenn sie eine Zweigniederlassung ihres Unternehmens in einem EU-Mitgliedstaat errichten will.

Selbständig ist eine Erwerbstätigkeit dann, wenn sie auf eigene Rechnung und Gefahr – also nicht in einem Arbeitsverhältnis – ausgeübt wird. Die Niederlassungsfreiheit umfasst laut Art 49 AEUV auch das Recht zur Gründung und Leitung von Unternehmen, insb von Gesellschaften, unter denselben Bedingungen wie für Inländer.

Auf die Niederlassungsfreiheit können sich auch Gesellschaften und juristische Personen berufen, sofern sie nach den Rechtsvorschriften eines Mitgliedstaates gegründet wurden und ihren satzungsmäßigen Sitz, ihre Hauptverwaltung oder ihre Hauptniederlassung innerhalb der EU haben (Art 54 AEUV). Auf die Staatsangehörigkeit der Gesellschafter oder Kapitaleigner kommt es nicht an.

Beispiel

In Großbritannien wurde eine Gesellschaft einzig zu dem Zweck gegründet, um sodann eine Zweigniederlassung in Dänemark errichten zu können. Die Gründer ersparten sich dadurch die Erfüllung der – im Vergleich zum englischen Gesellschaftsrecht – strengeren rechtlichen Voraussetzungen für Gesellschaftsgründungen nach dänischem Recht. Der EuGH (EuGH, Rs C-212/97, Centros, Slg 1999, I-1459) sah darin keine Umgehung des dänischen Gesellschaftsrechts. Da er auch keine Rechtfertigungsgründe unter dem Gesichtspunkt des Gläubigerschutzes anerkannte, war Dänemark entsprechend verpflichtet, im Sinne der Freiheit der Standortwahl die wirksam nach englischem Recht gegründete Gesellschaft (und ihre Zweigniederlassung in Dänemark) als rechtsfähig anzuerkennen.

Um in den Schutzbereich der Niederlassungsfreiheit zu fallen, muss der Sachverhalt einen grenzüberschreitenden Bezug aufweisen. Reine Inlandssachverhalte fallen nicht in den Schutzbereich der Niederlassungsfreiheit.

Beispiel

Ein französischer Staatsbürger möchte in Belgien einer selbstständigen Tätigkeit auf unbestimmte Dauer im Rahmen einer festen Einrichtung nachgehen. Der Schutzbereich der Niederlassungsfreiheit ist eröffnet.

Eine polnische Unternehmerin möchte in Polen eine Zweigniederlassung ihres Unternehmens errichten. Der Schutzbereich der Niederlassungsfreiheit ist mangels grenzüberschreitenden Bezugs nicht eröffnet.

Der Schutzbereich ist eröffnet, sofern eine natürliche oder juristische Person, die einem Mitgliedstaat angehört, einer selbstständigen Erwerbstätigkeit in einem anderen Mitgliedstaat auf unbestimmte Zeit nachgeht oder nachgehen will. Als selbstständige Erwerbstätigkeiten gelten insb die freien Berufe und gewerblichen Tätigkeiten. Diese Tätigkeit muss außerdem auf Dauer angelegt sein, was sich insb in einer permanenten Präsenz vor Ort mit fester Einrichtung niederschlägt.

Von der Niederlassungsfreiheit sind gem Art 51 AEUV solche Tätigkeiten ausgenommen, die in einem Mitgliedstaat dauernd oder zeitweise mit der Ausübung öffentlicher Gewalt verbunden sind. Hoheitliche Tätigkeiten fallen daher nicht in den Schutzbereich.

C. Eingriff

Die Niederlassungsfreiheit verbietet grundsätzlich (ausdrückliche und versteckte) Diskriminierungen aus Gründen der Staatsangehörigkeit sowie Beschränkungen der freien Standortwahl.

Beispiel

Einem deutschen Rechtsanwalt, der eine Kanzlei in Deutschland unterhielt, wurde die Gründung einer weiteren Kanzlei in Paris unter Berufung auf eine französische Vorschrift, welche (in- und ausländischen) Anwälten nur einen (in seinem Handlungsradius stark eingeschränkten) Kanzleisitz gestattet, untersagt. Der EuGH (EuGH, Rs 107/83, Klopp, Slg 1984, 2971) betrachtete diese – nicht-diskriminierende – französische Regelung als unzulässige Beschränkung der freien Standortwahl.

Beispiel

Bspw nachteilige Mindestbemessungsgrundlagen für nicht im Gebiet ansässige Steuerpflichtige. Die Anknüpfung an den Wohnsitz stellt – wie schon ausgeführt – regelmäßig eine versteckte Diskriminierung dar.

Maßnahmen, die die Ausübung der Niederlassungsfreiheit behindern oder weniger attraktiv machen, sind vom Beschränkungsverbot erfasst und stellen einen Eingriff in den Schutzbereich dar. Nicht-diskriminierende Beschränkungen, die den Marktzugang für selbstständig Erwerbstätige aus anderen Mitgliedstaaten nicht rechtlich oder faktisch beeinträchtigen, dürfen weiterhin von den Mitgliedstaaten vorgesehen werden und stellen keinen Eingriff in die Niederlassungsfreiheit dar.

Beispiel

Eine nationale Maßnahme, die die Niederlassung eines Unternehmens von der Erteilung einer vorherigen Erlaubnis abhängig macht, stellt eine Beschränkung und damit einen Eingriff in die Niederlassungsfreiheit dar. Eine nationale Festsetzung von Höchstsätzen für Rechtsanwaltshonorare, die unterschiedslos für in- wie ausländische Anwälte gilt, ist kein Hindernis für den Marktzugang für Anwälte aus anderen Mitgliedstaaten. Das System der Höchstsätze hindert Niederlassungswillige aus anderen EU-Mitgliedstaaten nicht daran, unter den Bedingungen des Wettbewerbs in den Markt des Aufnahmestaats einzutreten. Es liegt somit kein Eingriff in die Niederlassungsfreiheit vor.

D. Rechtfertigung

Im Rahmen der Niederlassungsfreiheit können ganz allgemein Diskriminierungen und Beschränkungen – wie bei den anderen Grundfreiheiten – aus Gründen der öffentlichen Ordnung, Sicherheit oder Gesundheit gerechtfertigt sein (Art 52 Abs 1 AEUV). Auch eine Rechtfertigung von nicht-diskriminierenden Beschränkungen aus zwingenden Gründen des Allgemeininteresses kommt in Betracht. Zu berücksichtigen ist dabei jeweils der Verhältnismäßigkeitsgrundsatz.

Beispiel

Angenommen, Italien schreibt für die Ausübung des Rechtsanwaltsberufes die Absolvierung des rechtswissenschaftlichen Studiums in Italien vor. EU-Ausländer könnten demnach zwar auch in Italien den Rechtsanwaltsberuf ausüben. Voraussetzung wäre jedoch, dass sie in Italien das Jus-Studium erfolgreich abgeschlossen haben. Da dieses Erfordernis von Inländern viel leichter erfüllt werden kann als von ausländischen Unionsbürgern, die idR nicht in Italien leben, läge insoweit eine versteckte Diskriminierung aus Gründen der Staatsangehörigkeit vor. Es liegt nahe, dieses mit dem Argument zu rechtfertigen, dass das Erfordernis eines italienischen Jus-Studienabschlusses eine Rechtsberatung und -vertretung durch Rechtsanwälte, die des italienischen Rechts nicht kundig sind, hintanhalten soll. Im Lichte des Verhältnismäßigkeitsgrundsatzes genügt es jedoch zur Erreichung dieses Regelungszwecks (Schutz der Klienten vor rechtsunkundiger Beratung), dass Rechtsanwälte die Berufsbezeichnung nach dem Heimatstaat führen, wodurch der Klient leicht erkennen kann, dass der betreffende Rechtsanwalt die Voraussetzungen für die Ausübung seines Berufs nicht in Italien erworben hat. Die betreffende italienische Reglung verletzt daher wegen Unverhältnismäßigkeit die Niederlassungsfreiheit.

Niederlassungsfreiheit

(Art 49 ff AEUV)

- **Schutzbereich**
  - persönlicher SB: Angehörige eines MS bzw des EWR
    Gesellschaften und juristische Personen mit Sitz, Hauptverwaltung oder Hauptniederlassung in einem MS
  - sachlicher SB: Aufnahme und Ausübung einer dauerhaften selbstständigen wirtschaftlichen Tätigkeit in einem anderen MS
  - Ausnahme: Ausübung öffentlicher Gewalt
- **Eingriff**
  - Diskriminierung aufgrund der Staatsangehörigkeit und Beschränkungen der freien Standortwahl
  - Maßnahmen, welche die Niederlassungsfreiheit behindern/weniger attraktiv machen
- **Rechtfertigung**
  - Rechtfertigungsgründe Art 52 Abs 1 AEUV / zwingende Gründe des Allgemeininteresses
  - Verhältnismäßigkeit

MITGLIEDSTAAT (Gesetzgebung, Vollziehung)

Christina möchte in Österreich auf eigene Rechnung und Gefahr eine Kaffeekonditorei betreiben. Sie will demnach in Österreich einer selbständigen wirtschaftlichen Tätigkeit im Rahmen einer fixen Einrichtung auf Dauer nachgehen.

Unter der Voraussetzung, dass sie Österreicherin ist und nicht von einem anderen EU-Mitgliedstaat nach Österreich „heimgekehrt“ ist, kann sie sich allerdings nicht gegenüber Österreich auf die Niederlassungsfreiheit berufen. Sie selbst wird nämlich nicht in einem anderen Mitgliedstaat tätig, so dass insoweit ein rein innerstaatlicher Sachverhalt vorliegt. Reine Inlandssachverhalte sind ausschließlich nach innerstaatlichem Recht zu beurteilen.

VI. Dienstleistungsfreiheit

A. Allgemeines

Die Dienstleistungsfreiheit wurde ursprünglich nur als ein Auffangtatbestand im Verhältnis zu den anderen Grundfreiheiten des Binnenmarkts gesehen, um eine Liberalisierung derjenigen Wirtschaftstätigkeiten zu gewährleisten, die nicht unter die Warenverkehrs-, die Niederlassungs- oder die Kapitalverkehrsfreiheit fallen. Der Dienstleistungsfreiheit kommt mittlerweile im Binnenmarkt besondere volkswirtschaftliche Bedeutung zu und, anders als Art 57 Abs 1 AEUV vermuten lässt, erachtet der EuGH die Dienstleistungsfreiheit nicht mehr durchgehend als subsidiär gegenüber den anderen Grundfreiheiten.

B. Schutzbereich

Bei der Dienstleistungsfreiheit geht es um selbständige (insb gewerbliche, kaufmännische, handwerkliche oder freiberufliche) vorübergehende Tätigkeiten, die gegen Entgelt erbracht werden und ein grenzüberschreitendes Element aufweisen (Art 56 AEUV).

Der grenzüberschreitende Bezug kann auf verschiedene Weise verwirklicht sein. Von aktiver Dienstleistungsfreiheit wird dann gesprochen, wenn die Dienstleistung in einem anderen Mitgliedstaat, nämlich in dem, in dem der Dienstleistungsempfänger ansässig ist, erbracht wird.

Beispiel

Ein Heilmasseur aus Deutschland bietet in Österreich im Rahmen einer Gesundheitswoche seine Therapien und Massagen an.

Unter die sog passive Dienstleistungsfreiheit fallen all jene Fälle, in welchen sich der Leistungsempfänger zur Entgegennahme der Leistung in einen anderen Mitgliedstaat begibt.

Beispiel

Eine Schwedin reist nach Griechenland, um dort Urlaub zu machen. Sie nächtigt in einem Hotel und konsumiert ihre Mahlzeiten in Restaurants.

Grenzüberschreitender Dienstleistungsverkehr liegt aber auch dann vor, wenn sich beide – Dienstleistungserbringer und Dienstleistungsempfänger – in einen anderen Mitgliedstaat begeben.

Beispiel

Österreichische Touristen reisen mit einem österreichischen Fremdenführer nach Frankreich.

Grenzüberschreitender Dienstleistungsverkehr liegt schließlich auch dann vor, wenn nur die Dienstleistung die Grenze überschreitet, Dienstleistungserbringer und -empfänger jedoch in ihrem jeweiligen Mitgliedstaat verbleiben (Korrespondenzdienstleitungen).

Beispiel

Grenzüberschreitende Durchführung von Bank- und Versicherungsdienstleistungen, grenzüberschreitende Rundfunksendungen, Telefonwerbung über die Grenze etc.

Auf die Dienstleistungsfreiheit kann sich eine natürliche Person dann berufen, wenn sie die Staatsangehörigkeit eines Mitgliedstaates der EU bzw des EWR besitzt und in einem Mitgliedstaat ansässig ist. Auch Gesellschaften können sich auf die Dienstleistungsfreiheit berufen, sofern sie nach den gesellschaftsrechtlichen Vorschriften eines Mitgliedstaates gegründet worden und innerhalb der EU ansässig sind.

Beispiel

Ein Tourist mit Staatsangehörigkeit eines (anderen) Mitgliedstaates der EU bzw des EWR, der – anders als die einheimischen Touristen – keine Ermäßigung für den Museumseintritt bekommt, kann sich auf die passive Dienstleistungsfreiheit berufen.

Von der Warenverkehrsfreiheit unterscheidet sich die Dienstleistungsfreiheit dadurch, dass es bei der Warenverkehrsfreiheit um materielle, bei der Dienstleistungsfreiheit dagegen um immaterielle Produkte geht.

Beispiel

Der Export von Uhren von Frankreich nach Deutschland unterliegt der Warenverkehrsfreiheit. Wenn ein deutscher Uhrmacher auch in Frankreich vorübergehend Reparaturleistungen anbietet, dann ist die Dienstleistungsfreiheit einschlägig.

Ein Werbeverbot in Bezug auf die Ausstrahlung einer Werbesendung ohne Bezug zu einer Ware muss die Anforderungen der Dienstleistungsfreiheit beachten. Ein Werbeverbot, das sich auf den Vertrieb bestimmter Waren bezieht, unterliegt demgegenüber der Warenverkehrsfreiheit.

Von der Niederlassungsfreiheit unterscheidet sich die Dienstleistungsfreiheit durch den bloß vorübergehenden Charakter der Tätigkeit. Während bei der Niederlassungsfreiheit die betreffende Tätigkeit dauerhaft in einem anderen Mitgliedstaat ausgeübt werden soll, will der Dienstleistungserbringer nur vorübergehend in einem anderen Mitgliedstaat tätig werden. Der vorübergehende Charakter einer Dienstleistung im Sinne der Dienstleistungsfreiheit schließt allerdings nicht die Möglichkeit für den Dienstleistungserbringer aus, sich im Aufnahmemitgliedstaat mit der Infrastruktur einschließlich eines Büros, einer Praxis oder einer Kanzlei auszustatten, die für die Erbringung seiner (vorübergehenden) Leistung erforderlich ist.

Beispiel

Wenn eine deutsche Rechtsanwältin hin und wieder in Italien Mandanten in Prozessen vertritt und zu diesem Zweck in Mailand einen Büroraum anmietet, geht es bei der betreffenden Prozessvertretung um eine Dienstleistung im Sinne der Dienstleistungsfreiheit.

Von der Arbeitnehmerfreizügigkeit unterscheidet sich die Dienstleistungsfreiheit dadurch, dass der Arbeitnehmer unselbständig, der Dienstleistende dagegen selbständig tätig wird.

Was die Abgrenzung zur Kapitalverkehrsfreiheit anbelangt, unterliegen nur Dienstleistungen, die mit dem Kapitalverkehr verbunden sind, nicht aber bereits Kapitalverkehr ausmachen, der Dienstleistungsfreiheit.

Beispiel

Eine österreichische Bank erbringt Beratungsdienstleistungen gegenüber deutschen Kunden. Überweist der deutsche Kunde hingegen Geld auf sein österreichisches Bankkonto, gelangt (uU neben der Dienstleistungsfreiheit) die Kapitalverkehrsfreiheit zur Anwendung.

C. Eingriff

Die Dienstleistungsfreiheit verbietet grundsätzlich (ausdrückliche und versteckte) Diskriminierungen des Erbringers oder Empfängers von Dienstleistungen.

Beispiel

Nach französischem Recht konnten nur inländische Opfer von Straftaten bei schweren Körperverletzungen vom Staat eine Entschädigung verlangen, wenn ausreichende Wiedergutmachung vom Verletzer nicht erlangt werden konnte. Der Brite Ian William Cowan, der bei einem touristischen Aufenthalt in Paris überfallen, ausgeraubt und schwer verletzt worden war, hatte dementsprechend keinen Anspruch auf Opferentschädigung. Der EuGH (EuGH, Rs 186/87, Cowan, Slg 1989, 195) sah darin einen Verstoß gegen die Dienstleistungsfreiheit, weil ausländische Dienstleistungsempfänger gegenüber inländischen Dienstleistungsempfängern ohne Rechtfertigung diskriminiert wurden.

Verboten sind auch alle nicht-diskriminierenden Beschränkungen, die unterschiedslos auf alle Dienstleistungen bzw Dienstleistungserbringer und -empfänger anwendbar sind, sich aber für die aus einem anderen Mitgliedstaat stammenden Dienstleistungen bzw Dienstleistungserbringer und -empfänger stärker auswirken.

Beispiel

In den Niederlanden ist es In- und Ausländern verboten, mit Privatleuten (im In- und Ausland) ohne deren vorherige schriftliche Zustimmung telefonisch Kontakt aufzunehmen, um ihnen verschiedene Finanzdienstleistungen anzubieten. Dieses Verbot des sog „cold calling" bewirkt nach Auffassung des EuGH (EuGH, Rs C-384/93, Alpine Investments, Slg 1995, I-1141) zwar keine Diskriminierung, sehr wohl aber eine Beschränkung. Das Verbot nimmt nämlich den betroffenen Wirtschaftsteilnehmern ein schnelles und direktes Mittel der Werbung und der Kontaktaufnahme mit potentiellen Kunden in anderen Mitgliedstaaten. Es beeinflusst damit unmittelbar den Zugang zum Dienstleistungsmarkt in den anderen Mitgliedstaaten. Der EuGH sah das Verbot des „cold calling" allerdings aus Gründen des Verbraucherschutzes und des Schutzes des guten Rufes der niederländischen Finanzmärkte als gerechtfertigt und zur Wahrung dieser Interessen als verhältnismäßig an.

D. Rechtfertigung

Eingriffe in die Dienstleistungsfreiheit in Form von ausdrücklichen Diskriminierungen können gem Art 62 iVm Art 52 AEUV durch geschriebene Gründe gerechtfertigt werden. Für Beschränkungen und indirekt diskriminierende Maßnahmen stehen neben den geschriebenen Rechtfertigungsgründen auch der Katalog der zwingenden Erfordernisse des Allgemeininteresses offen. Zu berücksichtigen ist dabei jeweils der Verhältnismäßigkeitsgrundsatz.

Dienstleistungsfreiheit
(Art 56 ff AEUV, DienstleistungsRL)

- **Schutzbereich**
  - persönlicher SB: Angehörige eines MS bzw des EWR
    Gesellschaften und juristische Personen, die in einem MS ansässig sind
  - sachlicher SB: Ausübung und Inanspruchnahme einer selbstständigen, vorübergehenden, idR entgeltlichen (wirtschaftlichen) Tätigkeit in einem anderen MS
- **Eingriff**
  - Diskriminierungen
  - sonstige Beschränkungen des freien Dienstleistungsverkehrs
- **Rechtfertigung**
  - Rechtfertigungsgründe Art 62 iVm Art 52 AEUV / zwingende Gründe des Allgemeininteresses
  - Verhältnismäßigkeit

MITGLIEDSTAAT (Gesetzgebung, Vollziehung)

Deutsche Autobahnmaut – David

Indem David in unregelmäßigen Abständen mit seinem Pkw nach Deutschland fährt, um dort Heilmassagen anzubieten, nimmt er seine Dienstleistungsfreiheit in Anspruch. Der Sachverhalt ist vom Schutzbereich der Dienstleistungsfreiheit erfasst, weil David als Unionsbürger einer selbstständigen Tätigkeit vorübergehend nachgeht und bei der Ausübung seiner Tätigkeit eine Binnengrenze überschreitet.

Durch die Verpflichtung zur Zahlung der Infrastrukturabgabe bei der Benutzung der deutschen Autobahn liegt ein Eingriff in die Dienstleistungsfreiheit vor: Die Infrastrukturabgabe kann nämlich die Kosten der Dienstleistung erhöhen. Es liegt ein Eingriff in die Dienstleistungsfreiheit vor, weil durch das Mautsystem der Zugang zum deutschen Markt behindert werden kann.

Für diesen Eingriff besteht keine Rechtfertigung, weil die Maßnahme nicht dazu geeignet ist, die angestrebten Ziele des Allgemeininteresses zu erreichen (vergleiche dazu schon oben bei der Warenverkehrsfreiheit).

VII. Kapital- und Zahlungsverkehrsfreiheit

A. Allgemeines

Der AEUV sieht vor, dass grundsätzlich alle Beschränkungen des Kapital- und des Zahlungsverkehrs zwischen den Mitgliedstaaten verboten sind (Art 63 AEUV). Es soll dadurch ein europäischer Finanzraum geschaffen werden, in dem alle Marktteilnehmer zu den gleichen Bedingungen ihre Kapital- und Zahlungstransaktionen tätigen können.

B. Schutzbereich

Der AEUV weitet die Kapital- und Zahlungsverkehrsfreiheit grundsätzlich auch auf Drittstaaten aus, wodurch ein weiter persönlicher und räumlicher Schutzbereich festgelegt wird.

Unter Kapitalverkehr versteht man jede grenzüberschreitende Übertragung von Geld- oder Sachkapital, die primär zu Anlagezwecken erfolgt. Der Begriff Kapital umfasst sowohl Sachkapital (zB Immobilieninvestitionen, Unternehmensbeteiligungen) als auch Geldkapital (zB Wertpapiere, Kredite, Darlehen, Bürgschaften). Umfasst sind sowohl Direkt- als auch Portfolioinvestitionen. Unter Direktinvestitionen werden idR grenzüberschreitende Unternehmensbeteiligungen mit einem Anteil von mindestens 10 % am stimmberechtigten Kapital verstanden. Ab diesem Stimmenanteil ist von einem längerfristigen Engagement des Investors auszugehen. Bei Portfolioinvestitionen handelt es sich demgegenüber idR um grenzüberschreitende Wertpapiergeschäfte, die nur der Vermögensanlage dienen und keine Einflussnahme auf das Management begründen (va Beteiligungen unter 10 %).

Der Zahlungsverkehr betrifft hingegen den Transfer von Geld (Bargeld, Überweisungen, Scheck, Wechsel etc) als Gegenleistung im Rahmen einer der anderen Grundfreiheiten. Der Zahlungsverkehr dient der Zahlungserbringung als Gegenleistung von Geschäften, die durch eine andere Grundfreiheit geschützt werden. Die Zahlungsverkehrsfreiheit wird daher häufig als Annexfreiheit zu den anderen Grundfreiheiten bezeichnet. Sie dient der Zahlungserbringung als Gegenleistung von Geschäften, die durch eine andere Grundfreiheit geschützt werden.

Es besteht eine Bereichsausnahme für jene Kapitalverkehrsbeschränkungen, die zum Zeitpunkt der Vollliberalisierung des Kapitalverkehrs bereits bestanden (Art 64 AEUV).

C. Eingriff

Auch die Kapital- und Zahlungsverkehrsfreiheit verbietet diskriminierende und beschränkende Eingriffe. Sofern eine Maßnahme den Marktzugang für Investitionen erschwert, liegt eine Beschränkung des Kapitalverkehrs vor, die als Eingriff rechtfertigungsbedürftig ist.

Beispiel

Durch die Deckelung der zulässigen Auslandsinvestitionen bestimmter Fonds wird in die Kapitalverkehrsfreiheit im Wege einer diskriminierenden Maßnahme eingegriffen.

D. Rechtfertigung

Im Gegensatz zu den anderen Grundfreiheiten sind die für den Bereich der Kapital- und Zahlungsverkehrsfreiheit zulässigen Beschränkungen im Vertrag genauer umschrieben (Art 65 AEUV). So darf ein Mitgliedstaat steuerrechtlich zwischen Personen mit unterschiedlichem Wohnort oder Kapitalanlageort differenzieren. Unterschiedliche steuerrechtliche Vorschriften, die zweifelsohne zumindest indirekt die Kapital- und Zahlungsverkehrsfreiheit behindern, können solange aufrechterhalten werden, als keine Harmonisierung der Steuern durch die EU erfolgt ist.

Darüber hinaus ist es den Mitgliedstaaten erlaubt, unerlässliche Maßnahmen zur Vermeidung finanzrechtlicher Vergehen oder zur Wahrung der öffentlichen Ordnung und Sicherheit (zB zur Verhinderung von Steuerhinterziehung, Geldwäsche, Rauschgifthandel) zu ergreifen. Dadurch soll die Umgehung nationaler Rechts- und Verwaltungsvorschriften vermieden werden.

Solche beschränkenden Maßnahmen dürfen jedoch weder ein Mittel der willkürlichen Diskriminierung noch eine verschleierte Beschränkung des freien Kapital- und Zahlungsverkehrs darstellen (Art 65 Abs 3 AEUV). Bei der Rechtfertigungs- und Verhältnismäßigkeitsprüfung ist derselbe strenge Maßstab wie bei den anderen Grundfreiheiten anzulegen. Unzulässig ist idR eine Genehmigungspflicht für Kapital- und Zahlungsverkehrstransaktionen, nicht hingegen ein bloßes Anmeldesystem. Auch Privatisierungsvorgänge fallen unter den Schutz der Kapitalverkehrsfreiheit, jedoch kann ein Privatisierungsverbot insb von staatlichen Energieversorgern zur Sicherung der

Energieversorgung und aus Verbraucherschutzgründen gerechtfertigt sein. Sondereinflussrechte des Staates in Form von Sonderaktien (sog „Golden Shares“), mit welchen Zustimmungsrechte zu besonderen Geschäftsvorgängen wie Anteilsveräußerungen oder andere wichtige Entscheidungen verbunden sind, stellen daher regelmäßig eine Beschränkung der Kapitalverkehrsfreiheit dar.

Beispiel

Im Zuge der Privatisierung bringt Spanien staatliche Energie- und Telekom-Unternehmen als Aktiengesellschaften an die Börse. Gleichzeitig wird ein spanisches Gesetz erlassen, wonach ua für bestimmte Transaktionen, insb für Veräußerungen von Aktien dieser Unternehmen ab 10 % des Gesellschaftskapitals eine behördliche Genehmigung erforderlich ist. Das Gesetz umschreibt die Voraussetzungen, unter welchen eine Genehmigung erteilt wird, nicht näher. Nach Auffassung des EuGH (EuGH, Rs C-463/00, Golden Shares IV, Slg 2003, I-4581) ist bei Direktinvestitionen in Form der Beteiligung an einem Unternehmen durch den Erwerb von Aktien und beim Erwerb von Wertpapieren auf dem Kapitalmarkt der Kapitalverkehr betroffen. Zwar sind nach dem spanischen Gesetz die Beschränkungen von Investitionen unterschiedslos sowohl auf Gebietsansässige als auch auf Gebietsfremde anwendbar, doch sind sie geeignet, Anleger aus anderen Mitgliedstaaten von solchen Investitionen abzuhalten und damit den Marktzugang zu beeinflussen. Ein System vorheriger behördlicher Genehmigungen muss in einem angemessenen Verhältnis zu dem verfolgten Ziel stehen, dh, dass das gleiche Ziel nicht durch weniger restriktive Maßnahmen, namentlich durch ein System nachträglicher Anmeldungen, erreicht werden kann. Zwar kann prinzipiell das Ziel, im Krisenfall die Versorgung mit Erdölprodukten und Elektrizität sowie ein Mindestmaß an Telekommunikationsdienstleistungen in einem Mitgliedstaat sicherzustellen, einen Grund der öffentlichen Sicherheit darstellen und somit gegebenenfalls eine Beeinträchtigung des freien Kapitalverkehrs rechtfertigen, doch gilt das nur für den Fall einer tatsächlichen schweren Gefährdung und nur, wenn die Regelung nicht über das hinausgeht, was erforderlich ist. Das ist bei der spanischen Regelung jedoch nicht der Fall gewesen. Sie enthielt keine objektiven und genauen Kriterien, welche die betreffenden Anleger darauf hinwiesen, unter welchen konkreten objektiven Umständen eine vorherige Genehmigung erteilt oder versagt würde; sie war deshalb nicht gerechtfertigt.

In einem anderen Urteil (EuGH, Rs C-503/99, Golden Shares I, Slg 2002, I-4809) hat der EuGH eine belgische Regelung als gerechtfertigt angesehen, mit der eine Sonderaktie des Staates an zwei Gasbeförderungs- und -vertriebsgesellschaften geschaffen wurde. Denn diese Aktie räumte dem Staat ein genau umrissenes nachträgliches Widerspruchsrecht – das somit weniger einschneidend ist als ein System vorheriger Genehmigungen – gegen bestimmte Entscheidungen von Energieversorgungsunternehmungen ein, mit dem Ziel, strategischen Einfluss und damit die Sicherheit der Energieversorgung im Krisenfall sicherzustellen. Als Grund für die Rechtfertigung der belgischen Regelung führte der EuGH an, dass das Widerspruchsrecht dadurch gekennzeichnet ist, dass die betroffenen strategischen Aktiva sowie die Verwaltungsentscheidungen, die punktuell vom Staat beeinsprucht werden können, einzeln aufgeführt sind und die behördlichen Eingriffe strikt auf Fälle einer Gefährdung der energiepolitischen Ziele beschränkt sind.

Kapital- und Zahlungsverkehrsfreiheit
(Art 63 ff AEUV)

- **Schutzbereich**
  - Sachkapital (zB Immobilien)
  - Geldkapital (zB Wertpapiere)
  - Zahlungsmittel (zB Bargeld)
  - Ausnahme: Kapitalverkehrsbeschränkungen, die bei Vollliberalisierung bereits bestanden (Art 64 AEUV)
- **Eingriff**
  - Beschränkungen des Kapital- und Zahlungsverkehrs zwischen den MS selbst und zwischen den MS und Drittstaaten
- **Rechtfertigung**
  - Rechtfertigungsgründe Art 65 AEUV / zwingende Gründe des Allgemeininteresses
  - Verhältnismäßigkeit

MITGLIEDSTAAT (Gesetzgebung, Vollziehung)

Weiterführende Literatur

Borchardt, Die rechtlichen Grundlagen der Europäischen Union^{7} (2020)
Jaeger, Materielles Europarecht^{2} (2020)
Klamert, EU-Recht^{2} (2018)
Streinz, Europarecht^{11} (2019)

Links

<europa.eu> (EU-Server)
<ec.europa.eu/priorities/internal-market_de> (Europäische Kommission, Binnenmarkt)
<ec.europa.eu/finance/index_de.htm> (Europäische Kommission, Bank- und Finanzwesen)
<eur-lex.europa.eu/de/index.htm> (Recht der EU – Gesetzgebung, Rechtsprechung)
<curia.europa.eu> (EU – Rechtsprechung)

Wiederholungsfragen

- Was versteht man unter dem Binnenmarkt?
- Was ist die Unionsbürgerschaft und wer ist Unionsbürger?
- Was sind die Personenverkehrsfreiheiten?
- Warum bedarf es der Rechtsangleichung?
- Was ist der Unterschied zwischen dem Beschränkungsverbot und dem Diskriminierungsverbot?
- Welche Konsequenzen hat es, dass die EU eine Zollunion ist?
- Was besagt die „Dassonville-Formel"?
- Verbietet die Warenverkehrsfreiheit nur Diskriminierungen?
- Worum ging es in der Rs „Gourmet"?
- Welche Voraussetzungen müssen erfüllt sein, damit eine Einfuhrbeschränkung ausnahmsweise erlaubt ist?
- Nennen Sie drei „Cassis"-Schutzgüter!
- Welche Rechte gewährt die Arbeitnehmerfreizügigkeit?
- Schützt die Arbeitnehmerfreizügigkeit auch Familienangehörige von EU-Wanderarbeitnehmern, auch wenn sie nicht die Staatsangehörigkeit eines EU-Mitgliedstaates besitzen?
- Unterliegen Beschäftigungen in der öffentlichen Hoheitsverwaltung der Arbeitnehmerfreizügigkeit?
- Worum ging es in der Rs „Bosman"?
- Bindet das Diskriminierungsverbot der Arbeitnehmerfreizügigkeit auch private Personen?
- Wen und was schützt die Niederlassungsfreiheit?
- Unter welcher Voraussetzung kann sich eine Gesellschaft auf die Niederlassungsfreiheit berufen?
- Schützt die Niederlassungsfreiheit auch vor nicht-diskriminierenden Beschränkungen?
- Wodurch unterscheidet sich die Niederlassungsfreiheit von der Arbeitnehmerfreizügigkeit?
- Was versteht man unter passiver Dienstleistungsfreiheit?
- Wodurch unterscheidet sich die Dienstleistungsfreiheit von der Niederlassungsfreiheit?
- Worum geht es bei der Kapital- und Zahlungsverkehrsfreiheit?

Lektion 5

Gewerbliches Berufsrecht

Disco in der Wiener Innenstadt (Teil 1)

Sie haben die Idee, in der Innenstadt von Wien ein Lokal zu eröffnen, das endlich so sein soll, wie Sie es sich schon immer gewünscht haben. Nach Ihren Vorstellungen soll das Lokal eine Diskothek werden. In den Räumlichkeiten soll Platz für ca 200 Gäste sein. Eine professionelle Musikanlage samt DJ soll für den richtigen Sound sorgen. Es ist geplant, dass sowohl Cocktails, Longdrinks als auch Bier, Wein, Schnaps und nichtalkoholische Getränke ausgeschenkt werden. Den Gästen sollen im hinteren Bereich des Lokals – etwas entfernt von der Tanzfläche – auch Speisen in Form von Suppen, Salaten, überbackenen Broten, Toasts und kleinen Hauptspeisen angeboten werden. An Räumlichkeiten sind ein großer Raum mit Tanzfläche und Bar, ein kleinerer Raum an der gegenüberliegenden Seite der Tanzfläche für die Verköstigung der Gäste, eine Küche, ein Vorraum mit Garderobe und sanitäre Einrichtungen geplant.

Auf Ihren Streifzügen durch die Innenstadt ist Ihnen schon ein entsprechendes, leerstehendes Lokal ins Auge gefallen. Mit dem Eigentümer haben Sie sich bereits geeinigt. Da Sie fünf Jahre lang eine Höhere Lehranstalt für Tourismus (HLT) mit Erfolg besucht und im Zuge dieser Ausbildung ein fünfmonatiges Praktikum absolviert haben, fühlen Sie sich für das Vorhaben „Disco in der Wiener Innenstadt" bestens geeignet. Nun gilt es, die rechtlichen Fragen zu klären: Fragen des Zivilrechts etc widmet sich einer Ihrer Freunde. Die Klärung der öffentlich-rechtlichen Fragen ist allerdings von Ihnen vorzunehmen. Sie stellen sich daher die Frage, welche Behördenwege notwendig und welche gesetzlichen Regelungen zu beachten sind.

Die zentralen Fragen dieses Kapitels sind:

- Was ist Regelungsgegenstand bzw Regelungsziel der Gewerbeordnung?
- Was ist eine gewerbliche Tätigkeit iSd Gewerbeordnung?
- Welche Voraussetzungen müssen Sie erfüllen, um ein Gewerbe ausüben zu dürfen?
- Welche Rechte und Pflichten sind mit der Ausübung eines Gewerbes verbunden?

I. Die Gewerbeordnung 1994 – Was regelt sie und worauf zielt sie ab?

Die österreichische Bundesverfassung garantiert in Art 6 Staatsgrundgesetz (StGG 1867) allen Staatsbürgern die Freiheit, jeden Erwerbszweig – sei es selbständig (zB als Unternehmer), sei es unselbständig (zB als Angestellter) – auszuüben (siehe dazu auch LE 3), dies allerdings nur „unter den gesetzlichen Bedingungen".

Erwerbsbetätigungen sind damit nicht völlig frei, sondern können vom Gesetzgeber reglementiert werden. Tatsächlich findet sich eine Reihe derartiger gesetzlicher Vorschriften. Unter den zahlreichen Gesetzen, die den Antritt selbständiger Erwerbstätigkeiten regeln und Ausübungsvorschriften vor allem branchen- oder berufsspezifischer Natur enthalten, nimmt die Gewerbeordnung (GewO) eine zentrale Stellung ein. Es handelt sich dabei um ein Bundesgesetz, dessen Ursprünge bis in das Jahr 1859 zurückreichen. Die Stammfassung der heute geltenden GewO wurde im Jahr 1994 (BGBl 194/1994) kundgemacht und seither vielfach novelliert.

Die GewO versucht, die Vielzahl an erwerbswirtschaftlichen Tätigkeiten in geordnete Bahnen zu lenken. Ihr Ziel ist es, die Qualität der angebotenen Leistungen zu fördern und etwaige, von den Gewerben ausgehende Gefahren zu verhindern bzw abzuwehren. Daher verlangt die GewO für den Antritt eines Gewerbes vielfach den Nachweis fachlicher Eignung und gewährt damit in bestimmten Segmenten nur qualifizierten Fachleuten den Zugang zum jeweiligen Markt. Damit soll Qualität im Wettbewerb gefördert werden („Wettbewerb unter Qualifizierten"). Neben dem Antritt wird auch die Ausübung der Gewerbe geregelt, um mögliche Gefahren für Kunden, Nachbarn und den Gewerbetreibenden selbst oder sonst betroffene Personen zu verhindern bzw abzuwehren und den Schutz der Konsumenten zu gewährleisten.

Die Vorschriften der GewO betreffen zum einen den Antritt und die Ausübung gewerblicher Erwerbstätigkeiten allgemein, zum anderen enthalten sie für einzelne Gewerbe auch detailliertere Regelungen.

II. Für welche Tätigkeiten gilt die GewO?

Die GewO gilt nicht für sämtliche, sondern nur für bestimmte Erwerbstätigkeiten, nämlich für

- alle gewerbsmäßig ausgeübten und
- nicht gesetzlich verbotenen Tätigkeiten, soweit sie
- nicht durch die §§ 2 bis 4 GewO ausgenommen sind (§ 1 Abs 1 GewO).

Es müssen also drei Voraussetzungen (Tatbestandselemente) erfüllt sein, damit die GewO zur Anwendung kommt. Ist eine dieser Voraussetzung nicht erfüllt, unterliegt die betreffende Tätigkeit nicht der GewO und es besteht keine Pflicht zur Anmeldung eines Gewerbes nach der GewO (Ausnahme: dies wird in speziellen Gesetzen wie zB dem Gelegenheitsverkehrsgesetz oder dem Berufsausbildungsgesetz verlangt). Die Frage, ob eine Tätigkeit der GewO unterliegt oder nicht, hat also weitreichende Konsequenzen.

A. Gewerbsmäßigkeit

Gewerbsmäßig iSd § 1 Abs 2 GewO wird eine Tätigkeit dann ausgeübt, wenn sie

- selbständig,
- regelmäßig und
- in der Absicht betrieben wird, einen Ertrag oder sonstigen wirtschaftlichen Vorteil zu erzielen, gleichgültig für welche Zwecke dieser bestimmt ist.

1. Selbständigkeit

Selbständig wird eine Tätigkeit dann ausgeübt, wenn sie auf eigene Rechnung und Gefahr ausgeübt wird (§ 1 Abs 3 GewO). Selbständige sind ihr „eigener Chef“ (während Unselbständige den Weisungen ihres Dienstgebers unterliegen). Sie tragen also das geschäftliche Risiko: Sie erhalten den erwirtschafteten Gewinn, müssen aber auch für den Verlust einstehen. Dadurch unterscheiden sie sich von unselbständigen Arbeitnehmern: Für diese manifestiert sich das geschäftliche Risiko „lediglich" mittelbar in der Gefahr, die Arbeitsstelle zu verlieren. Den Verlust als Folge schlechter Wirtschaftsführung in seiner gesamten finanziellen Dimension tragen sie jedoch nicht.

Wirtschaftliche Abhängigkeit schließt Selbständigkeit nicht unbedingt aus. Wenn zum Beispiel ein Gewerbetreibender nur für einen einzigen Auftraggeber tätig wird und insoweit von diesem wirtschaftlich abhängig ist, kann er dennoch selbständig tätig iSd § 1 Abs 3 GewO sein.

Beispiel

Maria designt Homepages nur für einen einzigen Kunden. Sie ist trotz der wirtschaftlichen Abhängigkeit von diesem Kunden selbständig tätig, weil sie auf eigene Rechnung und Gefahr handelt.

2. Regelmäßigkeit

Regelmäßig ist eine Tätigkeit, wenn sie wiederkehrend vorgenommen wird. Es gilt aber auch schon eine einmalige Tätigkeit als regelmäßig, wenn nach den konkreten Begleitumständen nachvollziehbar auf Wiederholungsabsicht geschlossen werden kann oder wenn die Tätigkeit längere Zeit erfordert, wie es etwa bei Bauarbeiten der Fall sein kann.

Das Anbieten einer den Gegenstand eines Gewerbes bildenden Tätigkeit an einen größeren Kreis von Personen (zB Inserat) wird der Ausübung des Gewerbes gleichgehalten (§ 1 Abs 4 GewO).

3. Ertragserzielungsabsicht

Als Ertragserzielungsabsicht wird die Absicht bezeichnet, einen Ertrag oder sonstigen wirtschaftlichen Vorteil, dh Gewinn, zu erzielen. Dass dieser Ertrag tatsächlich erzielt wird, ist nicht erforderlich. Es genügt die Absicht, einen solchen zu erwirtschaften. (§ 1 Abs 2 GewO) Das Anbieten von Waren und Dienstleistungen gegen Entgelt bedeutet nicht zwangsläufig, dass eine Ertragserzielungsabsicht vorliegt.

Beispiel

Eine karitative Einrichtung bietet Waren ausschließlich zum Selbstkostenpreis an. Mangels Ertragserzielungsabsicht handelt es sich dabei um keine gewerbliche Tätigkeit.

Umgekehrt bedeutet aber das Anbieten von Waren und Dienstleistungen gegen ein variables Entgelt nicht notwendigerweise, dass die Ertragserzielungsabsicht fehlt.

Beispiel

Führt ein Restaurant ein sog „Pay as you wish"-System ein, bei dem der Kunde lediglich jenen Betrag bezahlt, den ihm das konsumierte Essen und der Service wert sind, so wird man von einer Ertragserzielungsabsicht ausgehen müssen: In mehreren Pilotprojekten fand man heraus, dass Kunden oft sogar mehr zahlen, wenn ihnen die einseitige Festsetzung des Preises ermöglicht wird. Betriebe, die ein solches System einführen, tun dies gerade aufgrund dieser Erkenntnis – sie erhoffen sich einen wirtschaftlichen Vorteil durch die oftmals besser zahlenden Kunden. Daher ist bei „Pay as you wish"-Systemen entgegen dem ersten Anschein von einer Ertragserzielungsabsicht auszugehen.

Bei Vereinen, die nach dem Vereinsgesetz 2002 gegründet worden sind (sog ideelle bzw nicht auf Gewinn gerichtete Vereine), kann die Frage nach dem Vorliegen von Ertragserzielungsabsicht mitunter schwierig zu beantworten sein. Nach § 1 Abs 6 GewO handeln ideelle Vereine dann mit Ertragserzielungsabsicht, wenn die Vereinstätigkeit das Erscheinungsbild eines einschlägigen Gewerbebetriebes aufweist und auf Erlangung vermögensrechtlicher Vorteile für die Vereinsmitglieder gerichtet ist.

Beispiel

Ein Reiseverein veranstaltet oder vermittelt Reisen zu günstigen Konditionen an seine Mitglieder.

Übt ein Verein eine an sich der GewO unterliegende Tätigkeit öfter als einmal in der Woche aus, wird die Ertragserzielungsabsicht vermutet. Diese Vermutung ist aber widerleglich.

Beispiel

Ein Sportverein schenkt täglich in einer eigenen Kantine an die Mitglieder Getränke zu günstigen Preisen aus und finanziert damit den Ankauf neuer Sportbekleidung. Da diese Tätigkeit öfter als einmal in der Woche ausgeübt wird, unterliegt das Betreiben der Kantine durch den Sportverein den Vorschriften der GewO.

B. Keine verbotene Tätigkeit

Für gesetzlich verbotene Tätigkeiten iSd § 1 Abs 1 GewO, wie etwa Vermietung von Mautvignetten, Hehlerei oder Drogenhandel, kann man keine Gewerbeberechtigung erhalten.

Dies gilt jedoch nur, wenn die Tätigkeit als solche verboten ist. Der Verstoß gegen einzelne Rechtsvorschriften im Zuge der Ausübung einer an sich erlaubten Tätigkeit spricht hingegen nicht gegen ihre Gewerbsmäßigkeit iSd GewO (davon zu unterscheiden ist der strafrechtliche Begriff der Gewerbsmäßigkeit iSd § 70 StGB).

Beispiel

Ein Fleischhauer verkauft auch geschmuggeltes oder gewildertes Fleisch. Ein Bäcker verkauft seine Waren teilweise außerhalb der gesetzlich erlaubten Ladenöffnungszeiten. Ein Goldschmied schließt vereinzelt Wuchergeschäfte ab, indem er unwissenden Kunden wertlose Falschware zum üblichen Schmuckpreis verkauft. Ein Gebrauchtwagenhändler manipuliert die Kilometerstände seiner Fahrzeuge.

C. Ausnahmen

Soweit eine der Ausnahmen der §§ 2 bis 4 GewO zutrifft, unterliegt die betreffende gewerbsmäßig ausgeübte und gesetzlich nicht verbotene Tätigkeit nicht der GewO (§ 1 Abs 1 GewO). Die Regelungen der GewO kommen nicht zur Anwendung. Für diese nicht der GewO unterliegenden Tätigkeiten bestehen Sondergesetze, die spezielle Regelungen für den jeweiligen Berufsstand festlegen. Der Grund für den Ausschluss der Anwendbarkeit der GewO liegt zumeist darin, dass die allgemeinen Bestimmungen der GewO für die genaue Reglementierung dieser Tätigkeiten nicht ausreichen (zB Banken, Versicherungen, Rechtsanwälte, Notare, Ziviltechniker, Ärzte etc). Daneben darf der Bundesgesetzgeber aufgrund der Kompetenzverteilung, gestützt auf die Kompetenzgrundlage „Angelegenheiten des Gewerbes" (Art 10 Abs 1 Z 8 B-VG) keine Sachverhalte regeln, deren Regelung den Ländern vorbehalten ist (zB Land- und Forstwirtschaft, Berg- und Schiführer, Privatzimmervermietung, Kinos und Veranstaltungsbetriebe etc). Auch diese Angelegenheiten fallen daher nicht in den Anwendungsbereich der GewO.

Zunächst wollen Sie natürlich wissen, ob Sie überhaupt die Vorschriften der GewO beachten müssen. Sie müssen daher prüfen, ob die GewO auf Ihr Vorhaben Anwendung findet. Mit anderen Worten: Sie müssen feststellen, ob das Betreiben einer Disco in der Wiener Innenstadt von der GewO erfasst wird.

Ihre Tätigkeit soll das Bewirten von Gästen sein. Sie müssen prüfen, ob alle Voraussetzungen (juristisch ausgedrückt: alle Tatbestandselemente), die in der GewO für das Vorliegen eines Gewerbes vorgesehen sind, vorliegen.

1. Selbständigkeit – Sie wollen das Lokal betreiben. Sie wollen den zu erzielenden Gewinn für sich erwirtschaften (müssen aber auch einen möglichen Verlust tragen). Sie werden nicht auf Weisung anderer tätig. Selbständigkeit ist demnach gegeben, nachdem Sie die Tätigkeit auf eigene Rechnung und Gefahr ausüben werden.

2. Regelmäßigkeit – Sie wollen das Lokal regelmäßig über mehrere Jahre hinweg und nicht bloß eine kurze Zeit lang (zB für ein Wochenende) betreiben. Regelmäßigkeit ist also auch gegeben.

3. Ertragserzielungsabsicht – Natürlich wollen Sie mit ihrem Lokal einen Ertrag erwirtschaften, dh einen Gewinn erzielen. Ertragserzielungsabsicht liegt demnach auch vor.

4. Keine verbotene Tätigkeit – Der Betrieb eines Lokals ist in Österreich gesetzlich nicht verboten.
5. Der Betrieb eines Lokals fällt nicht unter die Ausnahmen der §§ 2 bis 4 GewO.

Ergebnis: Ihre Tätigkeit – der Betrieb einer Disco – fällt unter die GewO.

Eine Tätigkeit unterliegt der Gewerbeordnung (GewO), wenn sie ...

gewerbsmäßig, das heißt

selbständig	**regelmäßig**	**mit Ertragserzielungsabsicht**
auf eigene Gefahr; der Selbständige trägt das geschäftliche Risiko	laufend vorgenommen; die äußeren Umstände lassen auf Wiederholungsabsicht schließen	Absicht, einen Ertrag oder sonstigen wirtschaftlichen Vorteil zu erzielen

ausgeübt wird,

erlaubt ist und

Erlaubt ist eine Tätigkeit dann, wenn keine gesetzlichen Vorschriften sie verbieten. Verboten sind zB Hehlerei, Vermietung von Autobahnvignetten, Auftragsmord, Drogenhandel, etc.

nicht unter die Ausnahmebestimmungen der §§ 2–4 GewO fällt.

ausgenommen von der GewO sind:
- Land- und Forstwirtschaft
- Unternehmen mit Sondergewerberecht (Banken, Versicherungen, Elektrizitätsunternehmen, etc)
- freie Berufe (Ärzte, Anwälte, etc)
- ...

III. Welche Gewerbearten gibt es?

Wenn eine konkrete Tätigkeit der GewO unterliegt, ist im Weiteren – je nach Gesichtspunkt (Befähigungsnachweis, Zuverlässigkeitsprüfung, Betriebsbeschaffenheit) – zwischen verschiedenen Gewerbearten zu unterscheiden. Für alle Gewerbearten ist dabei die Erfüllung allgemeiner Voraussetzungen notwendig (siehe Abschnitt IV.A.). Nur für manche Gewerbearten müssen zusätzlich bestimmte besondere Voraussetzungen erfüllt werden (siehe Abschnitt IV.B.).

A. Reglementierte Gewerbe und freie Gewerbe

Je nachdem, ob zur Ausübung eines bestimmten Gewerbes ein Befähigungsnachweis erforderlich und wie dieser zu erbringen ist, unterscheidet die GewO zwischen reglementierten Gewerben und freien Gewerben. Ferner differenziert die GewO innerhalb der Kategorie der reglementierten Gewerbe zwischen „normalen" reglementierten Gewerben, Handwerken und verbundenen Gewerben (bzw verbundenen Handwerken).

- Die **reglementierten Gewerbe** werden in § 94 GewO in einer eigenen Liste erschöpfend aufgezählt. Hierunter fallen zB Tischler, Metalltechnik, Ingenieurbüros, Gastgewerbe, Kosmetik (Schönheitspflege), Lebens- und Sozialberatung, Fremdenführer oder Reisebüros. Um ein reglementiertes Gewerbe ausüben zu dürfen, müssen allgemeine Voraussetzungen erfüllt und ein Befähigungsnachweis erbracht werden (§ 18 GewO). Unter einem Befähigungsnachweis versteht man den Nachweis der Befähigung für das jeweilige Gewerbe, etwa durch Vorlage eines entsprechenden Abschlusszeugnisses (siehe Abschnitt IV.B.). Das Erfordernis des Befähigungsnachweises dient der Sicherstellung eines hohen Leistungsstandards und dem Schutz der Konsumenten.
- Bei der Regelung des Berufszuganges kommt dem Gesetzgeber ein rechtspolitischer Gestaltungspielraum zu. Wenn dabei in das Grundrecht auf Erwerbsfreiheit eingegriffen wird (siehe dazu LE 3, Abschnitt II.), hat der Gesetzgeber bei der Regelung Entwicklungen im Tatsächlichen zu berücksichtigen. Dies betrifft zB technische Veränderungen eines Berufszweiges: Zu berücksichtigen ist ua, dass die Digitalfotografie

die Analogfotografie weitgehend ersetzt hat. Vergleichbare Tätigkeiten müssen grundsätzlich gleich geregelt werden (zu den Gleichheitsrechten siehe LE 3), zB Presse- und Berufsfotografie (VfSlg 19.814/2013).

- In der Liste der reglementierten Gewerbe werden einige der angeführten Tätigkeitsfelder als **Handwerke** bezeichnet: zB Augenoptik, Bäcker, Dachdecker, Fleischer, Friseur und Perückenmacher (Stylist), Rauchfangkehrer, Schuhmacher, Uhrmacher, Zahntechniker etc. Für diese ist der Befähigungsnachweis in der Regel durch Ablegung der sog Meisterprüfung zu erbringen.
- Einzelne Handwerke werden in § 94 GewO als **verbundene Handwerke** bezeichnet. Dabei handelt es sich um Tätigkeitsfelder, die zu zwei oder mehreren Gewerben mit besonders engem fachlichem Zusammenhang gehören. Wird ein Befähigungsnachweis für ein Gewerbe (Handwerk), das zu einem verbundenen Gewerbe (Handwerk) gehört, in vollem Umfang erbracht, dürfen auch die Leistungen der anderen Gewerbe (Handwerke), die ebenfalls Teil des verbundenen Gewerbes (Handwerks) sind, erbracht werden (§ 30 GewO).

Beispiel

Wer eine Meisterprüfung als Tischler ablegt, darf auch gewerblich als Bootsbauer oder Bildhauer tätig werden (§ 94 Z 71 GewO), Gewerbeberechtigungen von Gärtnern umfassen auch Tätigkeiten als Florist (§ 94 Z 24 GewO), Gewerbeberechtigungen von Malern umfassen auch Tätigkeiten als Lackierer, Vergolder und die Schildherstellung (§ 94 Z 47 GewO).

- Einen Sonderfall stellen die sog **Teilgewerbe** dar. Teilgewerbe umfassen Tätigkeiten eines reglementierten Gewerbes, deren selbständige Ausführung auch von Personen erwartet werden kann, die die Befähigung hierfür auf vereinfachte Art (Lehrabschluss, einschlägige Tätigkeit etc) nachweisen (§ 31 Abs 2 bis 4 GewO).
- Mit der GewO-Novelle 2017 (BGBl I 94/2017) wurden 19 der bis dahin 21 in der 1. TeilgewerbeVO (BGBl II 11/1998) aufgezählten Teilgewerbe zu freien Gewerben (§ 162 Abs 1 GewO). Diese dürfen nunmehr jedenfalls auch ohne Einschränkung von den jeweiligen Stammgewerben ausgeübt werden (§ 162 Abs 2 GewO). Die beiden verbleibenden Teilgewerbe Erdbau sowie Betonbohren und -schneiden sind nun dem reglementierten Gewerbe des Baumeisters (§ 94 Z 5 GewO) zugeordnet. Das Rechtsinstitut des Teilgewerbes gem § 31 Abs 2 GewO bleibt damit zwar aufrecht, wird gegenwärtig jedoch nicht genutzt.

Beispiel

Folgende Tätigkeiten waren Teilgewerbe: Änderungsschneiderei, Autoverglasung, Einbau von Radios, Erzeugung von Lebzelten und kandierten und getunkten Früchten, Friedhofsgärtnerei, Modellieren von Fingernägeln (Nagelstudio), Zusammenbau von Möbelbausätzen.

- Alle anderen Gewerbe sind **freie Gewerbe**. Dies sind zB Handelsgewerbe (ausgenommen der Handel mit Medizinprodukten und Handelstätigkeiten, die ausdrücklich Bestandteil eines reglementierten Gewerbes sind, wie zB Waffenhandel), Werbeagenturen, Partnervermittlung, Ton- und Musikproduktion, Gewerbe der Dienstleistungen in der automatischen Datenverarbeitung und Informationstechnik, Public Relations-Berater etc. Die bisher reglementierten Gewerbe der Arbeitsvermittlung und die Erzeugung kosmetischer Artikel sind nun freie Gewerbe. Bei ihnen besteht keine Pflicht zur Vorlage eines Befähigungsnachweises (§ 5 Abs 2 GewO).
- Der Grundsatz, dass alle nicht reglementierten Gewerbe freie Gewerbe sind, stellt sicher, dass neue Tätigkeitsfelder und Berufsbilder entstehen können, ohne dass dies durch Reglementierungen erschwert wird. Eine abgeschlossene Auflistung sämtlicher freien Gewerbe ist dementsprechend nicht möglich. Vom Bundesministerium für Digitalisierung und Wirtschaftsstandort wird eine bundeseinheitliche Liste der freien Gewerbe herausgegeben, die eine Orientierung bieten kann, aber nicht den Anspruch erhebt, alle denkbaren freien Gewerbe anzuführen. Die GewO enthält für einzelne freie Gewerbe spezielle Ausübungsvorschriften, wie zB für Adressverlage und Direktmarketingunternehmen, Handelsgewerbe, Tankstellen, etc (§ 151 ff GewO).

Beachte: Wird eine gewerbliche Tätigkeit in Form eines Industriebetriebes nach § 7 GewO ausgeübt, bedarf es in der Regel (beachte aber § 7 Abs 5 GewO) keines Befähigungsnachweises (siehe Abschnitt III.C.).

B. Anmeldungspflichtige und bescheidbedürftige Gewerbe

Im Anschluss an die Frage nach einem allenfalls zu erbringenden Befähigungsnachweis ist zu untersuchen, ob zur Ausübung eines konkreten Gewerbes die bloße Anmeldung genügt oder noch zusätzlich eine Zuverlässigkeitsprüfung erforderlich ist. Auch anhand dieses Kriteriums können die unterschiedlichen Gewerbe unterteilt werden, nämlich in (bloße) Anmeldungsgewerbe einerseits und bescheidbedürftige Gewerbe (diese sind aufgrund ihrer „Sensibilität" genehmigungspflichtig) andererseits.

Gem § 5 Abs 1 GewO dürfen Gewerbe grundsätzlich bei Erfüllung der entsprechenden Voraussetzungen (siehe Abschnitt IV.) aufgrund der Anmeldung des betreffenden (reglementierten oder freien) Gewerbes bei der Gewerbebehörde ausgeübt werden.

Anmeldung bedeutet, dass die Gewerbebehörde davon verständigt wird, dass ein bestimmtes Gewerbe ausgeübt werden soll. Die Anmeldung hat die genaue Bezeichnung des Gewerbes und des für die Ausübung in Aussicht genommenen Standortes zu enthalten. Des Weiteren sind diverse Belege (zB hinsichtlich Name, Wohnung, Alter, Staatsangehörigkeit, allenfalls Befähigung oder ein Firmenbuchauszug) anzuschließen. Liegen die Voraussetzungen für die Ausübung des Gewerbes vor, trägt die Gewerbebehörde den Anmelder in das – elektronisch geführte – Gewerbeinformationssystem Austria (GISA) ein. Der Anmelder wird durch Übermittlung eines Auszugs aus dem GISA von der Eintragung verständigt (§ 340 Abs 1 GewO).

Wer ein Gewerbe ohne die erforderliche Gewerbeanmeldung ausübt, macht sich verwaltungsrechtlich strafbar (gem § 366 Abs 1 Z 1 GewO beträgt die Geldstrafe bis zu € 3.600,–). Liegen die Voraussetzungen für die Aufnahme des angemeldeten Gewerbes nicht vor, wird dies von der Gewerbebehörde mit Bescheid festgestellt und die Ausübung des Gewerbes untersagt.

Beispiel

Piercen und Tätowieren sind dem Gewerbe der Kosmetik (Schönheitspflege) vorbehalten (§ 109 Abs 3 GewO). Da dieses ein reglementiertes Gewerbe ist (§ 94 Z 42 GewO), bedarf es eines Befähigungsnachweises (§ 18 GewO). Ausgeübt werden darf das Gewerbe aufgrund und in Folge der Anmeldung bei der Gewerbebehörde.

Bei einigen reglementierten Gewerben bedarf es neben der Anmeldung zusätzlich einer Zuverlässigkeitsprüfung (bescheidbedürftige Gewerbe). Sie werden in § 95 GewO aufgelistet (zB Baumeister, chemische Laboratorien, Elektrotechnik, Pyrotechnikunternehmen, Gas- und Sanitärtechnik, Inkassoinstitute, Reisebüros, Sicherheitsgewerbe, Sprengungsunternehmen, Gewerbliche Vermögensberatung, Waffengewerbe etc). Aus Gründen der öffentlichen Sicherheit, des Schutzes von Leben und Gesundheit, des Konsumentenschutzes etc ist bei diesen das Vorliegen der (während der gesamten Gewerbeausübung erforderlichen) gewerbespezifischen Zuverlässigkeit des Bewerbers bereits vor Gewerbeantritt von der Behörde anlässlich der Gewerbeanmeldung zu überprüfen.

Sind die Voraussetzungen für die Ausübung eines angemeldeten bescheidbedürftigen Gewerbes erfüllt, stellt die Behörde dies mittels Bescheid fest.

Erwächst dieser Bescheid in Rechtskraft (siehe dazu LE 7), so hat die Behörde den Anmelder umgehend in das GISA einzutragen (§ 340 Abs 2 GewO). Erst mit der Rechtskraft des Bescheides, mit dem das Vorliegen der Voraussetzungen festgestellt wurde, ist der Anmelder zur Ausübung des betreffenden Gewerbes berechtigt.

Für einige Gewerbe wie das Waffengewerbe oder das Gewerbe der Rauchfangkehrer gilt Besonderes. Bei diesen Gewerben müssen für die Erteilung einer Gewerbeberechtigung zusätzlich zur Überprüfung der Zuverlässigkeit des Anmelders noch weitere besondere Voraussetzungen vorliegen, wie zB eine besondere sicherheitspolizeiliche Zuverlässigkeit beim Waffengewerbe oder ein tatsächlicher Bedarf dieses Gewerbes bei Rauchfangkehrern (§§ 139 ff bzw 120 ff GewO).

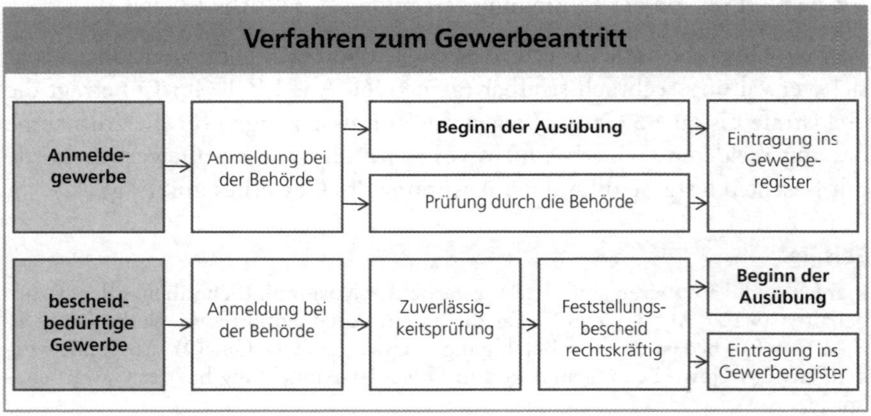

C. Gewerbeausübung als Industriebetrieb

Schließlich kennt die GewO den Industriebetrieb als eine besondere Gewerbeausübungsform. Ein solcher zeichnet sich unter anderem durch hohen Kapital- und Maschineneinsatz, serienmäßige Produktion, größere Zahl an ständig beschäftigten Arbeitnehmern sowie organisatorische Trennung von technischer und kaufmännischer Führung (§ 7 Abs 1 GewO) gegenüber den eher handwerksmäßig betriebenen anderen Gewerben aus. Bei der Beurteilung als Industriebetrieb kommt es auf das Gesamtbild des Betriebes an. Es müssen daher – entsprechend einer Betrachtung iSe beweglichen Systems – nicht alle genannten Merkmale und diese nicht gleich stark ausgeprägt vorhanden sein.

Beispiel:

In einer Großtischlerei werden mit zahlreichen Maschinen Holztische und Bürostühle in Serienfertigung hergestellt. Die große Anzahl automatisierter Arbeitsschritte bringt niedrige Personalkosten mit sich. Obwohl daher keine größere Anzahl an ständig beschäftigten Arbeitnehmern vorliegt, kann aufgrund der serienmäßigen Produktion und dem hohen Einsatz von Kapital und Maschinen in diesem Fall ein Industriebetrieb bestehen.

Die Qualifikation eines Gewerbebetriebes als Industriebetrieb ist insofern von Bedeutung, als für Gewerbe, die in Form eines Industriebetriebes ausgeübt werden, kein Befähigungsnachweis erforderlich ist, es sei denn, es liegt eines der in § 7 Abs 5 GewO aufgezählten Gewerbe (Baumeister, Herstellung von Arzneimitteln und Giften, Waffengewerbe etc) vor. Die sachliche Rechtfertigung dieser Privilegierung wird darin gesehen, dass es dem Gewerbetreibenden bei einer bestimmten Größe eines Betriebes kaum mehr möglich ist, einen prägenden Einfluss auf die Erbringung der gewerblichen Leistung auszuüben. Ein von ihm vorgelegter Befähigungsnachweis würde insofern weitgehend leerlaufen.

Einige Gewerbe wie das Handelsgewerbe oder das Tourismusgewerbe können nicht industriemäßig ausgeübt werden (§ 7 Abs 6 GewO).

Übersicht Gewerbearten

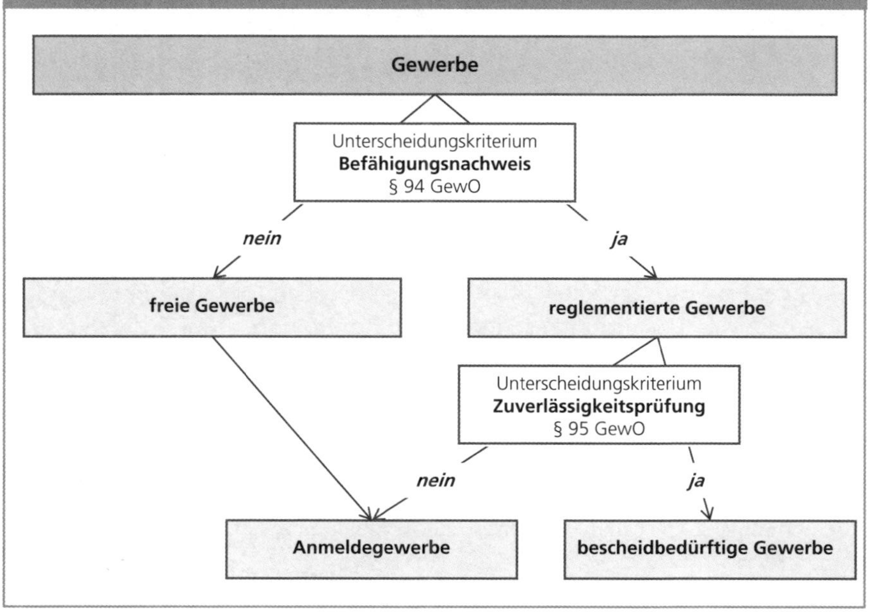

Da das Gastgewerbe ein reglementiertes Gewerbe ist (§ 94 Z 26 GewO), müssen Sie neben den allgemeinen auch besondere Voraussetzungen (Befähigungsnachweis siehe Abschnitt IV.B.1.) erfüllen, damit Sie im Gastgewerbe tätig sein dürfen.

Das Gastgewerbe ist ein Anmeldungsgewerbe. Da das Gastgewerbe kein bescheidbedürftiges Gewerbe iSd § 95 GewO ist, bedarf es keiner Zuverlässigkeitsprüfung. Sie müssen die geplante Ausübung dieses Gewerbes bei der Gewerbebehörde anmelden. Da sich das Lokal in Wien befindet, ist der Magistrat der Stadt Wien zuständig. Würden Sie Ihr Lokal ohne Anmeldung eröffnen, müssten Sie mit einer Verwaltungsstrafe rechnen.

Das Gastgewerbe können Sie nicht als Industriebetrieb ausüben, weil gem § 7 Abs 6 GewO das Tourismusgewerbe, das auch das Gastgewerbe umfasst, von der Anwendung der Abs 1 bis 5 ausgenommen wird.

IV. Unter welchen Voraussetzungen darf ein Gewerbe ausgeübt werden?

Um ein Gewerbe ausüben zu dürfen, müssen allgemeine und teilweise besondere Voraussetzungen erfüllt werden. Freie Gewerbe können im Regelfall ohne besondere Voraussetzungen ausgeübt werden.

A. Die allgemeinen Voraussetzungen

1. Gewerberechtliche Handlungsfähigkeit

- Gem § 8 GewO müssen natürliche Personen eigenberechtigt sein, dh
- sie müssen grundsätzlich volljährig sein (das 18. Lebensjahr vollendet haben) und
- ihre rechtsgeschäftlichen Handlungen dürfen grundsätzlich nicht dem Wirkungskreis eines Erwachsenenvertreters unterliegen.
- Juristische Personen, zB Gesellschaften mit beschränkter Haftung (GmbH) oder Aktiengesellschaften (AG), müssen einen Geschäftsführer bestellen, um gewerberechtlich handlungsfähig zu sein (§ 9 Abs 1 GewO).

2. Unbescholtenheit

Von der Ausübung eines Gewerbes ausgeschlossen sind nach § 13 GewO insb

- Personen, die wegen betrügerischen Vorenthaltens von Sozialversicherungsbeiträgen und Zuschlägen nach dem Bauarbeiter-Urlaubs- und Abfertigungsgesetz (§ 153d StGB), organisierter Schwarzarbeit (§ 153e StGB) oder Kridadelikten (§§ 156 bis 159 StGB) verurteilt wurden (unabhängig von Art und Höhe der Strafe), sofern die Verurteilung noch nicht getilgt ist (dh bereits so lange zurückliegt, dass sie aus dem Strafregister wieder gestrichen wurde),
- Personen, die wegen sonstiger Straftaten zu einer drei Monate übersteigenden Freiheitsstrafe oder einer Geldstrafe von mehr als 180 Tagessätzen von einem Gericht verurteilt wurden, sofern die Verurteilung noch nicht getilgt ist,

- von der Ausübung des Gastgewerbes: Personen, gegen die eine nicht getilgte gerichtliche Verurteilung wegen bestimmter Suchtgiftdelikte (insb der Handel mit Suchtmitteln und psychotropen Stoffen, nicht jedoch der (bloß) unerlaubte Umgang mit Suchtgiften, §§ 28 bis 31a Suchtmittelgesetz [SMG]) vorliegt,
- Personen, die wegen bestimmter Finanzvergehen (Schmuggel, Abgabenhehlerei etc) mit einer Geldstrafe von mehr als € 726,– oder mit einer Geld- und Freiheitsstrafe bestraft wurden, wenn seit der Bestrafung noch nicht fünf Jahre vergangen sind,
- Personen, denen die Gewerbeberechtigung aus bestimmten Gründen (§ 87 Abs 1 Z 3 und 4 GewO: erfasst sind schwerwiegende Verstöße gegen die gewerberechtlichen Vorschriften und der dadurch bewirkte Verlust der Zuverlässigkeit sowie die Beihilfe zu bestimmten Verwaltungsübertretungen) entzogen wurde sowie
- Personen, deren Vermögen nicht mehr ausreicht, um die Kosten des Insolvenzverfahrens abzudecken. Die Eröffnung des Insolvenzverfahrens über das Vermögen des Antragstellers ist als solche dagegen noch kein Gewerbeausschlussgrund.
- In bestimmten Fällen besteht die Möglichkeit der Nachsicht bei Vorliegen von Ausschlussgründen (§§ 26 f und 346 GewO).

3. Österreichische bzw gleichgestellte Staatsbürgerschaft oder legaler Aufenthalt im Inland

Die Erwerbsfreiheit gem Art 6 StGG ist ihrem Wortlaut nach ein Staatsbürgerrecht und gewährt daher nur österreichischen Staatsangehörigen die Freiheit, jeden Erwerbszweig auszuüben. Gewerbe dürfen allerdings gem § 14 GewO auch von Angehörigen anderer Staaten ausgeübt werden, sofern dies in Staatsverträgen festgelegt worden ist. Das Recht zur Ausübung eines Gewerbes durch Angehörige anderer Staaten setzt zudem deren legalen Aufenthalt in Österreich und einen Aufenthaltszweck, der die Erwerbstätigkeit zulässt, voraus (§ 14 Abs 1 GewO).

Staatsangehörige eines Mitgliedstaates der Europäischen Union (zur EU siehe die LE 2 und 4) dürfen aufgrund des für den EU-Binnenmarkt geltenden europarechtlichen Verbots der Schlechterstellung aus Gründen der Staatsangehörigkeit Gewerbe überhaupt wie Inländer ausüben (Art 18 AEUV). Durch den Vertrag über den Europäischen Wirtschaftsraum (EWR) wurde der Binnenmarkt der EU auf die Vertragsstaaten des EWR ausgedehnt, weshalb auch Staatsangehörige Norwegens, Islands und Liechtensteins (als Nicht-

EU-Mitglieder) Unionsbürgern hinsichtlich der sog Grundfreiheiten des Binnenmarktes (Warenverkehrsfreiheit, Arbeitnehmerfreizügigkeit, Niederlassungs-, Dienstleistungs-, Kapital- und Zahlungsverkehrsfreiheit) grundsätzlich gleichgestellt sind.

Dies gilt auch für Familienangehörige von Staatsangehörigen eines EU/EWR-Mitgliedstaates unabhängig von ihrer Staatsangehörigkeit, sofern sie ein Aufenthaltsrecht in einem EU/EWR-Mitgliedstaat genießen (§ 14 Abs 3 GewO).

Im VI. Hauptstück der GewO finden sich Bestimmungen, welche vorübergehende grenzüberschreitende Dienstleistungen im Rahmen der Dienstleistungsfreiheit und die Anerkennung von Ausbildungsnachweisen im Rahmen der Niederlassungsfreiheit näher regeln. Für Staatsangehörige der Schweiz und Gesellschaften nach schweizerischem Recht trifft § 373b GewO eine Sonderregelung. Sonstige Drittstaatsangehörige müssen sich in Österreich legal aufhalten und es muss einen Aufenthaltszweck geben, der die Erwerbstätigkeit zulässt, um das entsprechende Gewerbe ausüben zu dürfen.

Juristische Personen müssen ihren Sitz oder ihre Niederlassung im Inland haben (§ 14 Abs 4 GewO). Gesellschaften mit Sitz oder Niederlassung in einem EWR-Mitgliedstaat dürfen jedoch im Rahmen der Dienstleistungs- oder Niederlassungsfreiheit ausgeübte gewerbliche Arbeiten in Österreich unter den gleichen Voraussetzungen wie Inländer ausführen.

Sie müssen prüfen, ob Sie die allgemeinen Voraussetzungen erfüllen:
Sie sind über 18 Jahre alt und werden nicht von einem Erwachsenenvertreter repräsentiert, damit sind Sie gewerberechtlich handlungsfähig.
Da Sie nicht wegen einschlägiger Straftaten verurteilt worden sind und Ihnen auch nicht eine Gewerbeberechtigung entzogen worden ist, sind Sie unbescholten.
Da Sie zudem österreichischer Staatsangehöriger sind, liegen die allgemeinen Voraussetzungen in Ihrem Fall vor.

B. Die besonderen Voraussetzungen

Neben den oben angeführten allgemeinen Voraussetzungen schreibt die GewO für die Ausübung bestimmter Gewerbe die Erfüllung weiterer, besonderer Voraussetzungen vor.

1. Befähigungsnachweis

Um ein reglementiertes Gewerbe ausüben zu können, müssen die fachlichen, einschließlich der kaufmännischen (= betriebswirtschaftlichen und rechtlichen) Kenntnisse, Fähigkeiten und Erfahrungen zur selbständigen Ausführung der betreffenden Tätigkeit nachgewiesen werden (§ 16 GewO). Dies geschieht durch die Vorlage eines Befähigungsnachweises. Bei juristischen Personen hat der gewerberechtliche Geschäftsführer den entsprechenden Nachweis zu erbringen. Auch natürliche Personen können den Befähigungsnachweis durch einen Geschäftsführer erbringen lassen (siehe dazu Abschnitt V.C.). Der Befähigungsnachweis kann auf folgende Arten erbracht werden:

- Für die einzelnen reglementierten Gewerbe legt der zuständige Bundesminister mittels Verordnung bestimmte Zugangswege fest, bei deren Nachweis die fachliche Qualifikation jedenfalls als erbracht anzusehen ist (sog genereller Befähigungsnachweis). Als Belege sind dabei zB Zeugnisse über erfolgreich abgelegte Meisterprüfungen bei den Handwerken, über erfolgreich abgelegte Unternehmerprüfungen, über den erfolgreichen Besuch einer Schule oder eines Lehrganges, über erfolgreich abgelegte Lehrabschlussprüfungen, über eine Tätigkeit in leitender Stellung oder als Betriebsleiter sowie Nachweise über eine Tätigkeit als Selbständiger etc vorgesehen (§ 18 GewO).

Beispiel

So werden zB die Zugangsvoraussetzungen für das Gastgewerbe in der GastgewerbeVO (BGBl II 51/2003) geregelt.

- Meisterprüfungen bilden einen Zugangsweg zu Handwerken. Sie müssen einem bestimmten Qualifikationsniveau (§ 20 Abs 1 GewO) entsprechen. Das bedeutet, dass Inhalt und Umfang der Meisterprüfung so zu gestalten sind, dass eine Bewertung zur Anerkennung nachgewiesener Lernergebnisse bei facheinschlägigen Studiengängen und Lehrgängen von Hochschulen vorgenommen werden kann. Die zuständige Fachorganisation der Wirtschaftskammer Österreich hat gem § 24 Abs 1 GewO die zu überprüfenden Lernergebnisse unter Berücksichtigung der für die Berufsausübung charakteristischen Kenntnisse, Fertigkeiten und Kompetenzen durch Verordnung festzulegen (Prüfungsordnungen).
- Qualifizierte Bewerber, welche die Vorgaben der Befähigungsnachweis-Verordnungen nicht erfüllen, können ihre Kenntnisse, Fähigkeiten und Erfahrungen auch individuell nachweisen (sog individueller Befähigungsnachweis nach § 19 GewO). Ist auch dies nicht möglich, kann die Gewerbebehörde eine der Befähigung entsprechende Beschränkung auf Teiltätigkeiten des jeweiligen Gewerbes aussprechen.

Für EU/EWR-Staatsangehörige und diesen gleichgestellten Personen sind bestimmte im Ausland erzielte Qualifikationen nach einer EU-Richtlinie über die Anerkennung von Berufsqualifikationen (zu EU-Richtlinien siehe LE 2, Abschnitt VI.B.1.b.) anzuerkennen. Der zuständige Bundesminister hat zu diesem Zweck durch verschiedene Verordnungen Art und Dauer der Tätigkeiten festgelegt, deren Nachweis Voraussetzung für eine Anerkennung in Österreich ist (§ 373c GewO). Wenn solche Vorgaben nicht durch eine Verordnung geregelt sind, dann hat der zuständige Landeshauptmann im Rahmen einer Äquivalenzprüfung zu entscheiden, ob die erworbene Befähigung jener für den Befähigungsnachweis geforderten gleichzuhalten ist (§ 373d GewO).

2. Zuverlässigkeit

Bei bescheidbedürftigen Gewerben (siehe Abschnitt III.B.) überprüft die Behörde, ob der Bewerber die für die Ausübung des jeweiligen Gewerbes erforderliche Zuverlässigkeit besitzt (§ 95 GewO).

Die für die Gewerbeausübung erforderliche Zuverlässigkeit ist dann nicht gegeben, wenn der Gewerbeinhaber schwerwiegend gegen die im Zusammenhang mit dem betreffenden Gewerbe zu beachtenden Rechtsvorschriften und Schutzinteressen – die insb auch zur Wahrung des Ansehens des Berufsstandes dienen – verstößt (§ 87 Abs 1 Z 3 GewO).

Beispiel

Ein Bauunternehmer, der kontinuierlich gegen das Ausländerbeschäftigungsgesetz verstößt, ist für das Baumeistergewerbe unzuverlässig.

3. Weitere Bedingungen

Bei einzelnen Gewerben müssen noch zusätzliche Voraussetzungen erfüllt sein. Eine sog Bedarfsprüfung wird auf Grundlage der GewO nur mehr beim Gewerbe der Rauchfangkehrer hinsichtlich der sicherheitsrelevanten Tätigkeiten wie zB Feuerpolizei oder Baupolizei (§ 120 Abs 1 zweiter Satz GewO) durchgeführt. Dabei handelt es sich um die Prüfung, ob tatsächlich ein Bedarf an einem (weiteren) Rauchfangkehrer in einem bestimmten Gebiet besteht (§ 121 GewO).

Beispiel

Augenoptiker haben sich qualifizierter Fachkräfte zu bedienen (§ 98 Abs 1 GewO). Gastgewerbetreibende sind verpflichtet, Betrunkenen keine alkoholischen Getränke auszuschenken (§ 112 Abs 5 GewO). Immobilientreuhänder haben für ihre Berufstätigkeit eine Vermögensschadenhaftpflichtversicherung abzuschließen (§ 117 Abs 7 und 8 GewO).

Voraussetzungen für den Gewerbeantritt

allgemeine Voraussetzungen	besondere Voraussetzungen
gelten für alle Gewerbe – gewerberechtliche Handlungsfähigkeit – Unbescholtenheit – österreichische bzw gleichgestellte Staatsbürgerschaft oder legaler Aufenthalt im Inland, der die Aufnahme einer gewerblichen Tätigkeit zulässt	**für reglementierte Gewerbe** – Befähigungsnachweis (generell oder individuell) **für bescheidbedürftige Gewerbe** – Befähigungsnachweis (generell oder individuell) – Zuverlässigkeitsprüfung **allfällige sonstige Voraussetzungen** Bedarfsprüfung, Qualifikation der Bediensteten, Abschluss einer Haftpflichtversicherung, etc

Erfüllen Sie auch die besonderen Voraussetzungen?

Befähigungsnachweis – Sie haben vor, in Ihrem Lokal sowohl warme als auch kalte Speisen sowie nichtalkoholische und alkoholische Getränke zu servieren. Bei Ihrem Gewerbe handelt es sich damit um ein Gastgewerbe. Nach § 94 Z 26 GewO ist das Gastgewerbe ein reglementiertes Gewerbe, dh, Sie benötigen einen (generellen oder individuellen) Befähigungsnachweis (siehe aber auch § 111 Abs 2 GewO, der für bestimmte Ausformungen des Gastgewerbes keinen Befähigungsnachweis verlangt).

In einer Verordnung des zuständigen Bundesministers wird der generelle Befähigungsnachweis für das Gastgewerbe genauer definiert. Da Sie eine HLT mit Erfolg besucht und im Rahmen dieser Ausbildung ein fünfmonatiges Praktikum absolviert haben, können Sie ohne Probleme Ihre Befähigung für das Gastgewerbe durch Vorlage der einschlägigen Zeugnisse nachweisen (§ 1 Abs 1 Z 4 der GastgewerbeVO BGBl II 51/2003).

Zuverlässigkeitsprüfung – Das Gastgewerbe ist nicht in § 95 GewO aufgelistet und wird daher nicht zu den bescheidbedürftigen Gewerben gezählt, weswegen keine Zuverlässigkeitsprüfung erforderlich ist.

Weitere besondere Bedingungen für den Gewerbeantritt des Gastgewerbes existieren nicht (keine Bedarfsprüfung).

Somit erfüllen Sie alle allgemeinen und besonderen Voraussetzungen. Sie können mit der Eintragung in das GISA rechnen, wovon Sie durch Übermittlung eines GISA-Auszugs verständigt werden.

V. Wozu und wen ermächtigen Gewerbeberechtigungen?

A. Umfang der Gewerbeberechtigung

1. Allgemeines

Inhalt und Umfang der Gewerbeberechtigung ergeben sich bei den Anmeldungsgewerben aus dem Wortlaut der Gewerbeanmeldung und bei den bescheidbedürftigen Gewerben aus dem Bescheid, mit dem festgestellt wird, dass die Voraussetzungen für die Gewerbeausübung vorliegen (§ 29 GewO).

Die Gewerbeberechtigung ist das Recht, ein Gewerbe auszuüben (§ 38 GewO). Von dieser zu unterscheiden ist die Gewerbelizenz. Diese ist das Recht, gewerbsmäßig Tätigkeiten auszuüben. Sie umfasst sämtliche Gewerbe einschließlich der Nebenrechte. Die Gewerbelizenz wird mit der Anmeldung eines Gewerbes durch einen Gewerbetreibenden begründet, der zum Zeitpunkt der Anmeldung über keine Gewerbeberechtigung verfügt. Bei bescheidbedürftigen Gewerben (§ 95 GewO) entsteht die Gewerbelizenz erst mit Rechtskraft des Feststellungsbescheides gem § 340 Abs 2 GewO. Durch Anmeldung weiterer Gewerbe wird die Gewerbelizenz erweitert. Handelt es sich bei der Erweiterung um ein freies Gewerbe, ist dieses gem § 345 GewO nur anzuzeigen. Eine Gewerbelizenz umfasst demnach eine oder mehrere Gewerbeberechtigungen.

Beispiel

Wird zum bestehenden reglementierten Gewerbe Kosmetik (Schönheitspflege) gem § 94 Z 42 GewO das freie Gewerbe Modellieren von Fingernägeln (§ 162 Abs 2 Z 10 GewO) angezeigt, besteht die Gewerbelizenz aus den Gewerben „Kosmetik (Schönheitspflege)“ und „Modellieren von Fingernägeln“.

2. Weitere Befugnisse

Die GewO räumt den Gewerbetreibenden daneben weitere Befugnisse ein. Die Rechtsinstitute „Fachübergreifende Leistungen (verbundener Gewerbe)“ (§ 30 GewO), „Einfache Tätigkeiten und Teilgewerbe mit vereinfachtem Zugang“ (§ 31 GewO) und „Sonstige Rechte von Gewerbetreibenden (Nebenrechte)" (§§ 32 ff GewO) bewirken eine Abschwächung der strikten Trennung der einzelnen Gewerbe.

- Gewerbetreibende dürfen verbundene Gewerbe aus der gleichen Gruppe der Tätigkeit, für die sie einen Befähigungsnachweis in vollem Umfang erbracht haben, ausüben (§ 30 GewO).
- Gewerbetreibende dürfen einzelne, einfache Tätigkeiten von reglementierten Gewerben, deren fachgemäße Ausübung keinen sonst vorgeschriebenen Befähigungsnachweis erfordert, ausüben. Nicht zu den einfachen Tätigkeiten zählen die für ein Gewerbe typischen Kerntätigkeiten, die für die Gewerbeausübung erforderlichen Kenntnisse, Fähigkeiten und Erfahrungen voraussetzen (§ 31 Abs 1 GewO).

Beispiel

Nähen von Vorhängen als einzelnes, einfaches Tätigkeitsfeld des reglementierten Gewerbes Tapezierer und Dekorateur (§ 94 Z 68 GewO), Verkauf von vorgefertigten Korrektionsbrillen ist nicht Augenoptikern vorbehalten, sondern kann im Rahmen eines Handelsgewerbes geschehen.

- Alle Gewerbetreibenden sind darüber hinaus zur Ausübung der in § 32 Abs 1 GewO aufgezählten Nebenrechte befugt. Gewerbetreibende dürfen nach § 32 Abs 1a GewO Leistungen anderer Gewerbe erbringen, wenn diese Leistungen die eigenen wirtschaftlich sinnvoll ergänzen. Der Umfang der Ergänzungsarbeiten ist ausdrücklich geregelt. Hier besteht eine doppelte Grenze: Die Ergänzungsarbeiten dürfen höchstens 30 % des Jahresumsatzes ausmachen. Für Ergänzungsarbeiten auf dem Gebiet eines reglementierten Gewerbes ist zusätzlich bei jedem Auftrag die Grenze von 15 % der Auftragssumme zu beachten. Überdies muss gem § 32 Abs 2 GewO der wirtschaftliche Schwerpunkt und die Eigenart des Betriebes erhalten bleiben.

Beispiel

Eine wirtschaftlich sinnvolle Ergänzung kann bei Bestattung und Friedhofsgärtnerei angenommen werden, wohl nicht aber bei Kraftfahrzeugtechnik und Werbeagenturen.

Umfasst ein Auftrag zur Sanierung eines Wohngebäudes neben Baumeisterarbeiten (§ 94 Z 5 iVm § 99 Abs 1 GewO) auch die Pflasterung des Vorplatzes, dürfen neben den Baumeisterarbeiten auch die Pflasterarbeiten gem § 94 Z 54 GewO durchgeführt werden, wenn diese nicht mehr als 15 % der gesamten Leistung, also des konkreten Sanierungsauftrags, betragen. Außerdem darf der Erlös aus den ergänzenden Pflasterarbeiten insgesamt bis zu 30 % des Jahresumsatzes des Baumeisters nicht übersteigen.

- Alle Gewerbetreibenden dürfen gem § 32 Abs 1 Z 10 GewO auch Waren zurücknehmen, kaufen, verkaufen, vermieten und vermitteln (allgemeines Handelsrecht der Gewerbetreibenden, davon ausgenommen ist der Handel mit Medizinprodukten sowie Handelstätigkeiten, die einzelnen reglementierten Gewerben vorbehalten sind).
- Die §§ 32 bis 34 GewO enthalten weitere Nebenrechte: So dürfen Gewerbetreibende zum Beispiel Arbeiten im zulässigen Umfang ihrer Gewerbeausübung planen oder Vorarbeiten und Vollendungsarbeiten vornehmen, die der Absatzfähigkeit ihrer Produkte dienen. Des Weiteren dürfen sie ihre Betriebseinrichtungen wie Maschinen, Anlagen und Gebäude instand setzen und instand halten, unentgeltlich Getränke ausschenken sowie ihre Güter und Mitarbeiter transportieren (Werkverkehr). Gewerbetreibende dürfen auch Dienstleistungen auf dem Gebiet des Postwesens mit Ausnahme des Geld- und Zahlungsverkehrs erbringen, ohne hierfür eine besondere gesetzliche Ermächtigung einholen zu müssen (§ 34 GewO).

Was dürfen Sie in Ihrem Lokal tatsächlich tun bzw welche Speisen und Getränke dürfen angeboten werden?

Das Gastgewerbe ist ein Anmeldungsgewerbe – die Antwort darauf ergibt sich daher aus dem Wortlaut der Gewerbeanmeldung. Bei der Anmeldung haben Sie der Behörde mitgeteilt, welche Art von Gastgewerbe ausgeübt werden soll: Sie beabsichtigen, ein Musiklokal (Diskothek) zu führen, in dem kleinere warme und kalte Speisen sowie bestimmte alkoholische und nichtalkoholische Getränke angeboten werden sollen. Die Berechtigung bezieht sich somit nur auf das Betreiben eines Lokals dieser Art.

Sie dürfen aber auch während der Betriebszeiten des Lokals – bei Wahrung des Charakters des Betriebes als Gastgewerbebetrieb – bestimmte Waren verkaufen (gem §§ 32 Abs 1 Z 10, 111 Abs 4 GewO Lebensmittel, soweit sie von Ihnen verwendet werden, Reiseproviant, sonstige Waren des üblichen Reisebedarfs, Geschenkartikel). Ferner sind Sie nach dem Tabakmonopolgesetz berechtigt, Tabakerzeugnisse an Ihre Gäste zu verkaufen (§ 40 Abs 1 Tabakmonopolgesetz), was ansonsten Trafiken vorbehalten ist.

3. Für welchen örtlichen Bereich gelten Gewerbeberechtigungen?

Die Gewerbeberechtigung berechtigt grundsätzlich zur Ausübung des Gewerbes auch in weiteren Betriebsstätten (§ 46 Abs 1 GewO). Der Gewerbeinhaber hat der Behörde die Ausübung des Gewerbes in einer weiteren Betriebsstätte oder die Verlegung des Betriebes eines Gewerbes bzw einer weiteren Betriebsstätte an einen anderen Standort anzuzeigen. Die Anzeige hat bloßen Mitteilungscharakter. Für die Gewerbeausübung in einer weiteren Betriebsstätte kann ein Filialgeschäftsführer bestellt werden (§ 47 GewO). Dieser ist dann der Behörde gegenüber für die Einhaltung der gewerberechtlichen Vorschriften in der weiteren Betriebsstätte verantwortlich.

Wenn Sie eine „Disco-Filiale" eröffnen wollen, ist dies durch Ihre Gewerbeberechtigung abgedeckt. Die Ausübung des Gewerbes in der weiteren Betriebsstätte müssen Sie der Behörde anzeigen.

B. Wen berechtigen Gewerbeberechtigungen?

Als *Gewerbeinhaber* wird bezeichnet, wer über eine Gewerbeberechtigung (bzw -lizenz) verfügt. Gewerbeberechtigung und -lizenz sind subjektiv-öffentliche Rechte und können nicht übertragen werden (§ 38 Abs 1 GewO). Sie können durch Dritte nur insoweit ausgeübt werden, als dies in der GewO bestimmt ist. *Gewerbetreibender* ist hingegen derjenige, der eine Gewerbeberechtigung tatsächlich ausübt. Sofern die GewO nicht ausdrücklich anderes bestimmt, ist als Gewerbetreibender der Gewerbeinhaber einschließlich des Fortbetriebsberechtigten zu verstehen (§ 38 Abs 5 GewO).

Der *Fortbetriebsberechtigte* hat das Recht, einen Gewerbebetrieb aufgrund der Gewerbeberechtigung einer anderen Person fortzuführen. Fortbetriebsberechtigt sind im Falle des Todes des Gewerbeinhabers dessen Ehepartner oder eingetragener Partner und Kinder, im Falle einer Insolvenz die Insolvenzmasse, wobei dem Insolvenzverwalter die Funktion des Geschäftsführers zukommt (§ 41 GewO). Wenn das Fortbetriebsrecht einer natürlichen Person zusteht, die das Vorliegen der für die Ausübung des betreffenden Gewerbes vorgeschriebenen persönlichen Voraussetzungen nicht nachweist, ist von dem oder den Fortbetriebsberechtigten ohne unnötigen Aufschub ein Geschäftsführer (§ 39 GewO) zu bestellen. Das Fortbetriebsrecht der Kinder endet mit ihrer Vollendung des 24. Lebensjahres (§ 41 Abs 1 Z 3 GewO), jenes des überlebenden Ehegatten oder eingetragenen Partners grundsätzlich mit dessen Ableben.

C. Der gewerberechtliche Geschäftsführer

Gewerbeinhaber können für die Ausübung ihres Gewerbes einen sog gewerberechtlichen Geschäftsführer bestellen, der ihnen gegenüber für die fachlich einwandfreie Ausübung des Gewerbes und der Behörde gegenüber für die Einhaltung der gewerberechtlichen Vorschriften verantwortlich ist (§ 39 Abs 1 GewO). Bei Übertretungen der gewerberechtlichen Vorschriften ist also primär der Geschäftsführer haftbar. Geschäftsführer müssen ihrer Bestellung daher zustimmen.

Ein gewerberechtlicher Geschäftsführer muss nicht gleichzeitig unternehmensrechtlicher Geschäftsführer sein (in dieser Lektion bezieht sich der Begriff Geschäftsführer grundsätzlich auf den gewerberechtlichen Geschäftsführer). Er ist kein Gewerbetreibender, sondern ein bloßes Hilfsorgan des Gewerbeinhabers: Er wird als Vertreter im Namen und auf Rechnung des Gewerbeinhabers tätig und verfügt nicht selbst über die Gewerbeberechtigung.

Wenn eine natürliche Person um eine Gewerbeberechtigung ansucht, den Befähigungsnachweis aber nicht erbringen kann, hat sie einen gewerberechtlichen Geschäftsführer zu bestellen („volle Supplierung", § 16 Abs 1 Satz 2 iVm § 39 GewO).

Will eine juristische Person oder sonstige Gesellschaft ein Gewerbe ausüben, muss jedenfalls ein gewerberechtlicher Geschäftsführer bestellt werden (§ 9 Abs 1 GewO).

Der gewerberechtliche Geschäftsführer muss den für die Ausübung des Gewerbes vorgeschriebenen persönlichen Voraussetzungen (Eigenberechtigung, Befähigungsnachweis etc) genügen und in der Lage sein, sich im Betrieb entsprechend zu betätigen. Insb muss er befugt sein, gegenüber den Mitarbeitern Anordnungen zu treffen. Der bei einer juristischen Person zu bestellende gewerberechtliche Geschäftsführer muss bei reglementierten Gewerben dem zur Vertretung berufenen Organ der juristischen Person angehören oder ein zumindest halbtägig beschäftigter Arbeitnehmer sein. Der Geschäftsführer darf also nicht bloß zum Schein bestehen (§ 39 Abs 2 GewO).

Der gewerberechtliche Geschäftsführer muss ferner seinen Wohnsitz im Inland haben. Dies gilt allerdings nicht, wenn die Zustellung der Verhängung und die Vollstreckung von Verwaltungsstrafen in dem anderen Staat durch völkerrechtliche Übereinkommen sichergestellt sind oder wenn es sich um Staatsangehörige einer EWR-Vertragspartei oder der Schweiz handelt, die ihren Wohnsitz in eben diesen Staaten haben (§ 39 Abs 2a GewO).

Der Gewerbeinhaber hat die Bestellung und das Ausscheiden eines gewerberechtlichen Geschäftsführers der Gewerbebehörde anzuzeigen. Bei bescheidbedürftigen Gewerben muss die Bestellung des gewerberechtlichen Geschäftsführers behördlich genehmigt werden.

Das Sie selbst alle vorgeschriebenen Anforderungen (Befähigungsnachweis etc) erfüllen, müssen Sie keinen gewerberechtlichen Geschäftsführer bestellen.

VI. Wann erlöschen Gewerbeberechtigungen?

Die Gewerbeberechtigung endet bei natürlichen Personen mit deren Tod (bei Fortbetrieb erst mit Endigung des Fortbetriebsrechts), bei einer Gesellschaft mit deren Auflösung. Sie endet aber auch mit Zurücklegung der Gewerbeberechtigung oder mit Entziehung der Gewerbeberechtigung durch die Behörde (§§ 85 ff GewO).

Gründe für die Entziehung der Gewerbeberechtigung sind zum Beispiel bestimmte strafgerichtliche oder finanzstrafbehördliche Verurteilungen mit zu befürchtender Wiederholungsgefahr bei Ausübung des Gewerbes, sonstige schwerwiegende Verstöße gegen die im Zusammenhang mit dem betreffenden Gewerbe zu beachtenden Rechtsvorschriften oder die rechtskräftige Nichteröffnung einer Insolvenz, wenn das Vermögen nicht einmal mehr ausreicht, um die Kosten des Insolvenzverfahrens zu decken. Die Gewerbeberechtigung eines Ausländers ist ferner dann zu entziehen, wenn sich dieser nicht mehr legal in Österreich aufhält (§ 88 Abs 1 GewO).

Die Gewerbelizenz wird durch die Beendigung von Gewerben gem § 85 GewO eingeschränkt. Die Gewerbelizenz endet, wenn das letzte Gewerbe, das sie umfasst hat, endet (§ 38 Abs 4 GewO).

VII. Die Zuständigkeit im Gewerberecht

Die Vollziehung der GewO obliegt grundsätzlich dem Bund in mittelbarer Bundesverwaltung (Art 102 Abs 1 B-VG). Sachlich zuständige Gewerbebehörde ist, soweit im Gesetz nichts anderes bestimmt ist, gem § 333 GewO die Bezirksverwaltungsbehörde (BVB). In der Regel handelt es sich dabei um den Bezirkshauptmann (BH). In Städten mit eigenem Statut ist der Bürgermeister die BVB, in Wien kraft der Sonderregelung in Art 109 B-VG der Magistrat der Stadt Wien. Zuständig für Beschwerden gegen Entscheidungen der Gewerbebehörde ist das örtlich zuständige Landesverwaltungsgericht.

Weiterführende Literatur

Ennöckl, Gewerberecht, in Raschauer (Hrsg), Wirtschaftsrecht[3] (2010)
Erlacher/Forster, Gewerbeordnung, in Aigner et al (Hrsg), Besonderes Verwaltungsrecht[3] (2020)
Feik, Gewerberecht, in Bachmann et al (Hrsg), Besonderes Verwaltungsrecht[13] (2020)
Pöschl, System der Gewerbeordnung (2016)
Potacs, Gewerberecht, in Holoubek/Potacs (Hrsg), Öffentliches Wirtschaftsrecht I[4] (2019)
Strejcek, Gewerbliches Berufsrecht, in Kolonovits et al (Hrsg), Besonderes Verwaltungsrecht[2] (2017)

Wiederholungsfragen

- Welche Tätigkeiten fallen in den Anwendungsbereich der GewO?
- Wann wird eine Tätigkeit gewerbsmäßig ausgeübt?
- Wodurch unterscheiden sich reglementierte Gewerbe von freien Gewerben?
- Wie begründet man ein Gewerbe?
- Was ist das Besondere an bescheidbedürftigen Gewerben?
- Inwieweit ist die Gewerbsausübung in Form eines Industriebetriebes von Relevanz?
- Welche allgemeinen Voraussetzungen müssen zum Gewerbeantritt erfüllt sein?
- Dürfen auch Ausländer ein Gewerbe in Österreich ausüben?
- Wie kann die Befähigung für ein Gewerbe nachgewiesen werden?
- Woraus ergibt sich der Umfang einer Gewerbeberechtigung?
- Wofür ist der gewerberechtliche Geschäftsführer verantwortlich?
- Für welchen örtlichen Bereich gilt die Gewerbeberechtigung?
- Bei welcher Behörde ist die Anmeldung des Gewerbes einzubringen?

Lektion 6

Betriebsanlagenrecht und Baurecht

Disco in der Wiener Innenstadt (Teil 2)

Parallel zur Anmeldung Ihres Gewerbes müssen Sie auch der Frage nachgehen, ob Sie die geplante Tätigkeit in dem von Ihnen gewählten Lokal überhaupt ausüben dürfen.

Sie müssen klären, ob Sie Ihre Diskothek ohne behördliche Bewilligung eröffnen und betreiben dürfen. Dabei ist zu berücksichtigen, ob Ihre Diskothek zu Beeinträchtigungen der Nachbarn führen könnte. Einer Ihrer Nachbarn, der in unmittelbarer Nähe ein Hotel betreibt, hat Sie schon wissen lassen, ihm sage die Vorstellung, dass eine lärmende Diskothek in seiner Nähe eröffnet werden soll, nicht recht zu. Sie müssen also damit rechnen, dass Ihnen der Hotelbesitzer möglicherweise den einen oder anderen Stein in den Weg legen wird.

Außerdem muss Ihr Lokal baulich umgestaltet werden. Diese Veränderungen werden zwar nur geringfügig sein, trotzdem stellt sich die Frage, ob Sie solche Änderungen ohne Bewilligung der Behörde vornehmen dürfen.

Die zentralen Fragen dieses Kapitels sind:

- Was ist eine Betriebsanlage?
- Was sind bloß vorübergehende Tätigkeiten?
- Unter welchen Voraussetzungen bewilligt die Gewerbebehörde eine Betriebsanlage?
- Welche Arten von betriebsanlagenrechtlichen Genehmigungsverfahren kennt die GewO?
- Welche Anträge können im vereinfachten Genehmigungsverfahren gestellt werden?
- Was muss die Gewerbebehörde unternehmen, wenn von einer Betriebsanlage Gefahren oder Belästigungen ausgehen?
- Welche Pflichten treffen den Inhaber einer Betriebsanlagengenehmigung?
- Welche Bedeutung hat das Baurecht für die Errichtung einer Betriebsanlage?

I. Das Betriebsanlagenrecht

A. Grundsätzliches

Das Betriebsanlagenrecht der Gewerbeordnung 1994 (GewO) in den §§ 74 ff und 353 ff regelt die Voraussetzungen, unter denen ein Unternehmer eine gewerbliche Betriebsanlage errichten und betreiben darf. Dem Interesse des Unternehmers an einer Genehmigung und Ausübung seiner Tätigkeit in einer Betriebsanlage stehen regelmäßig Interessen der Nachbarn und Aspekte des Umweltschutzes entgegen. Die Nachbarn wollen durch die Betriebsanlage (zB durch Geruch, Lärm, Staub) nicht belästigt und schon gar nicht gefährdet werden. Auch die Umwelt (insb Gewässer, Luft) ist vor unzulässigen Verschmutzungen und anderen Beeinträchtigungen zu bewahren. Das Betriebsanlagenrecht gleicht das Spannungsverhältnis zwischen den Interessen und den Anforderungen der Wirtschaft auf der einen Seite und einem effektiven Nachbar- und Umweltschutz auf der anderen Seite aus. Nachbar- und Umweltschutz sind dabei miteinander verknüpft, weil die Ausübung von Nachbarrechten (subjektive Rechte, welche die Nachbarn in einem Betriebsanlagengenehmigungsverfahren gegenüber der Behörde geltend machen können) vielfach nicht nur individuellen Interessen, sondern auch dem öffentlichen Interesse am Umweltschutz dient. Diese Interessen hat die Behörde, soweit sie nicht als subjektive individuelle Rechte der Nachbarn von diesen wahrgenommen werden, von Amts wegen wahrzunehmen.

Anlagenrechtliche Verwaltungsstrafbestimmungen sind in §§ 366 ff GewO geregelt. § 371c GewO sieht eine Sonderbestimmung für sanktionsmildernde Maßnahmen („beraten statt strafen") für bestimmte Verwaltungsübertretungen hinsichtlich leichter, gewerblicher Betriebsanlagen vor (siehe dazu Abschnitt VII.B.).

B. Die gewerbliche Betriebsanlage

Eine Betriebsanlage ist eine örtlich gebundene Einrichtung, die der Entfaltung einer gewerblichen Tätigkeit (vgl dazu LE 5) nicht bloß vorübergehend zu dienen bestimmt ist (§ 74 Abs 1 GewO).

Folgende **drei Voraussetzungen** müssen kumulativ erfüllt sein, damit man von einer gewerblichen Betriebsanlage sprechen kann (und damit das Betriebsanlagenrecht der GewO Anwendung findet):

1. Ortsgebundenheit

Das Wesen der Anlage liegt in ihrer ortsfesten Einrichtung. Aber auch bewegliche Einrichtungen sind Betriebsanlagen, wenn sie nach der Absicht der Gewerbetreibenden ausschließlich oder überwiegend und nicht bloß vorübergehend an einem bestimmten Standort der Entfaltung der gewerblichen Tätigkeit dienen sollen (zB Food Trucks mit nicht bloß vorübergehendem Standplatz).

2. Nicht bloß vorübergehende Tätigkeit

Die gewerbliche Tätigkeit muss in der Betriebsanlage nicht bloß vorübergehend ausgeübt werden. Dabei ist auf die zeitliche Nutzungsabsicht abzustellen. Bei einer Betriebsanlage kommt es deshalb darauf an, dass sie dazu bestimmt ist, nicht nur vorübergehend, sondern regelmäßig der Entfaltung einer gewerblichen Tätigkeit zu dienen. Eine „regelmäßige" Entfaltung einer gewerblichen Tätigkeit ist zu verneinen, wenn eine Einrichtung, mit der das Gewerbe ausgeübt wird, für eine bestimmte Zeit aufgestellt und nach Beendigung wieder beseitigt wird (VwGH 26.9.2017, Ra 2017/04/0057). Das Abstellen auf eine „nicht bloß vorübergehende" Tätigkeit soll insb Gastgewerbetreibenden außerhalb ihres Gasthauses (Betriebsstätte) gewerbliche Tätigkeiten (zB anlässlich eines selbst veranstalteten Zeltfestes) ohne Genehmigungsverfahren ermöglichen. Eine bis zu vier Wochen andauernde Tätigkeit kann als bloß vorübergehende Tätigkeit angesehen werden (vgl § 81 Abs 2 Z 11 GewO).

Beispiel

Eine Baustelle, die errichtet wird, um ein Wohnhaus zu bauen, ist keine Betriebsanlage. Auch eine vorübergehende mobile Hackschnitzelproduktion beim Kunden vor Ort stellt keine Betriebsanlage dar.

3. Gewerbliche Tätigkeit

In der Betriebsanlage muss eine gewerbliche Tätigkeit entfaltet werden (vgl dazu LE 5). Es muss sich daher um eine Tätigkeit handeln, die gewerbsmäßig (§ 1 Abs 2 GewO: Selbständigkeit, Regelmäßigkeit, Ertragsabsicht) ausgeübt wird und unter die Bestimmungen der GewO fällt.

Sie müssen nun feststellen, ob es sich bei einer Diskothek um eine Betriebsanlage iSd Betriebsanlagenrechts handelt. Sie planen, das Lokal, bei dem es sich zweifelsohne um eine ortsgebundene Einrichtung handelt, nicht bloß vorübergehend für die gewerbliche Tätigkeit des Gastgewerbes zu nützen. Somit stellt die Diskothek eine gewerbliche Betriebsanlage dar.

Unter diesen Begriff fallen Baulichkeiten und sonstige nicht vorübergehende Einrichtungen, die Wirtschaftstreibende benützen, um ihrer unternehmerischen Tätigkeit nachzugehen. Dazu gehören bspw Büros, Fabriken, Gaststätten, Lagerhallen, ein Steinbruch oder ein Autoabstellplatz. Keine Betriebsanlage stellen hingegen Public-Viewing-Events, Zelt-, Feuerwehr- oder Straßenfeste sowie Pop-Up-Stores dar.

Als gewerbliche Betriebsanlage ist die Gesamtheit der Einrichtungen zu betrachten, welche dem Zweck des Betriebs eines Unternehmens dienen. Das kann daher auch eine Mehrzahl an Einrichtungen wie Gebäuden (zB Bürogebäude, Lagerhallen) oder Parkplätzen oÄ sein. Man spricht in diesem Zusammenhang vom Grundsatz der Einheit der gewerblichen Betriebsanlage.

II. Wann ist eine Betriebsanlage genehmigungspflichtig?

A. „Normalanlagen"

Ist die Betriebsanlage wegen der Verwendung von Maschinen und Geräten, ihrer Betriebsweise, ihrer Ausstattung oder sonst geeignet, bestimmte Schutzgüter (zB Leben, Gesundheit; siehe § 74 Abs 2 Z 1 bis 5 GewO) zu beeinträchtigen, muss die Errichtung bzw der Betrieb durch die Behörde genehmigt werden. Es ist daher zu fragen, ob eine bestimmte Anlage „geeignet" ist, Gefährdungen, Belästigungen etc iSd § 74 Abs 2 GewO hervorzurufen (abstrakte Gefährdung, Belästigung etc), was schon dann anzunehmen ist, wenn derartige Einwirkungen nicht auszuschließen sind. Ist das der Fall, ist ein Betriebsanlagengenehmigungsverfahren (siehe dazu Abschnitt III.) einzuleiten. Dies geschieht durch einen Antrag des Unternehmers (§§ 353 ff GewO).

Beispiel

Nachbarn eines Stehimbisses können durch Geruch, Lärm oder Rauch belästigt werden. Auch durch das Zu- und Abfahren der Kunden und Kundinnen mit Kraftfahrwagen und das Konsumieren der Speisen und Getränke im Freien kann eine Belästigung angenommen werden. Somit ist ein Stehimbiss geeignet, Belästigungen iSd § 74 Abs 2 GewO bei Nachbarn hervorzurufen (VwGH 22.03.1988, 87/04/0226).

B. IPPC-Betriebsanlagen (§ 77a GewO)

Der Begriff IPPC-Betriebsanlage leitet sich von der sog IPPC-RL (**I**ntegrated **P**ollution **P**revention and **C**ontrol-RL) über die integrierte Vermeidung und Verminderung der Umweltverschmutzung ab und bezeichnet bestimmte, besonders umweltgefährdende Betriebe. Diese RL wurde inzwischen von der sog IE-RL (Industrieemissions-RL) ersetzt. Für die in der Anlage 3 zur GewO angeführten IPPC-Betriebsanlagen sind zusätzliche Genehmigungsvoraussetzungen vorgesehen (zB geeignete Vorsorgemaßnahmen gegen Umweltverschmutzungen, Maßnahmen gegen Unfälle). Außerdem gelten für die Genehmigung von IPPC-Betriebsanlagen verfahrensrechtliche Sonderregelungen; ein vereinfachtes Verfahren ist gem § 359b Abs 4 GewO (siehe dazu Abschnitt II.D.) ausgeschlossen.

Beispiel

Raffinerien, bestimmte Anlagen der chemischen Industrie, bestimmte Abfallbehandlungsanlagen, Anlagen zur Herstellung von Zellstoff aus Holz oder anderen Faserstoffen.

C. Seveso III-Betriebsanlagen (§§ 84a ff GewO)

Auch die Seveso III-Betriebsanlagen verdanken ihren Namen einer EU-RL, der sog Seveso III-RL zur Beherrschung der Gefahren bei schweren Unfällen mit gefährlichen Stoffen. Als Seveso III-Betriebsanlagen iSd GewO gelten Anlagen, in denen „gefährliche Stoffe" vorhanden sind. Unter „gefährlichen Stoffen" versteht man Stoffe oder Gemische, die in der Anlage 5 zur GewO angeführt sind oder die dort festgelegten Kriterien erfüllen (§ 84b GewO), zB Erdölerzeugnisse oder explosive Stoffe. Für solche Betriebsanlagen gelten zusätzliche Anforderungen. Insb hat der Betriebsinhaber alle nach dem Stand der Technik notwendigen Maßnahmen zu ergreifen, um schwere Unfälle zu verhüten und deren Folgen für Mensch und Umwelt zu begrenzen (§ 84c GewO).

D. „Bagatellanlagen" (§ 359b GewO)

Als „Bagatellanlagen" werden Betriebsanlagen bezeichnet, die zwar geeignet sind, schädliche Wirkungen (iSd § 74 Abs 2 GewO) hervorzurufen, die aber nur einen geringen Belästigungsgrad aufweisen. Welche Anlagen damit konkret gemeint sind, ergibt sich aus § 359b GewO und den einschlägigen VO. Für solche „Bagatellanlagen" ist ein vereinfachtes Genehmigungsverfahren vorgesehen, in dem Nachbarn keine (unbeschränkte) Parteistellung zukommt (siehe dazu näher LE 7). Eine beschränkte Parteistellung haben die Nachbarn aber auch in solchen Verfahren bezogen auf die Frage, ob im konkreten Fall überhaupt eine derartige Anlage vorliegt und ob daher tatsächlich ihre Parteistellung nicht gegeben ist. Unter den objektiven Voraussetzungen des § 359b Abs 1 GewO (zB gewerbliche Verwendung typischer Haushaltsgeräte; Betriebsfläche unter 800 m² und 300 kW elektrischer Anschlussleistung) kann ein vereinfachtes Genehmigungsverfahren beantragt werden. Für die Wahl der Verfahrensart ist die Prognose über die Unbedenklichkeit der Betriebsanlage iSv § 74 Abs 2 GewO nicht als Zulässigkeitskriterium heranzuziehen. Betriebsanlagen, die in der auf § 359b Abs 5 GewO basierenden sog BagatellanlagenVO (BGBl 850/1994 idgF) aufgezählt sind, sind jedenfalls dem vereinfachten Genehmigungsverfahren zu unterziehen. IPPC-Anlagen, Seveso III-Betriebsanlagen und weitere in einer VO zu bezeichnende Anlagen sind einem einfachen Genehmigungsverfahren nicht zugänglich (§ 359b Abs 4 und Abs 6 GewO).

Beispiel

BagatellanlagenVO: Restaurant mit bis zu 200 Sitzplätzen mit bloßer Hintergrundmusik, Getreidemühlen mit einer jährlichen Gesamtmahlmenge unter 10 Tonnen, Konditoreien, Eissalons, Imbissstuben und kleine Hotelbetriebe.

E. Nicht genehmigungspflichtige Betriebsanlagen

Bei Betriebsanlagen, bei denen nach allgemeiner Erfahrung von vornherein ausgeschlossen werden kann, dass sie geeignet sind, Gefährdungen, Belästigungen oder sonstige relevante Einwirkungen (§ 74 Abs 2 GewO) hervorzurufen, besteht keine Genehmigungspflicht (zB reine Bürobetriebe). Außerdem kann der zuständige Bundesminister durch VO „Arten von Betriebsanlagen" bezeichnen, „für die jedenfalls keine Genehmigung erforderlich ist", wenn von ihnen erwartet werden kann, dass die gem § 74 Abs 2 GewO wahrzunehmenden Interessen hinreichend geschützt sind (§ 74 Abs 7 GewO). Davon erfasst sind ua Einzelhandelsbetriebe mit einer Betriebsfläche von bis zu 600 m² und Fußpflege-, Frisör- sowie Massagebetriebe.

Beachte: Für die Errichtung derartiger Baulichkeiten kann jedoch eine baurechtliche Genehmigung erforderlich sein, zumal die Bauordnungen der Länder andere Ziele verfolgen als das Gewerberecht (siehe dazu näher Abschnitt IX.).

III. Das Genehmigungsverfahren

A. Allgemeines

Sofern eine Betriebsanlage bewilligungspflichtig ist, muss die Behörde im Betriebsanlagengenehmigungsverfahren prüfen, ob die Anlage die Genehmigungskriterien der GewO (§ 77 iVm § 74 GewO) erfüllt. Voraussetzung für die Erteilung einer Betriebsanlagengenehmigung ist, dass nach dem Stand der Technik (§ 71a GewO) und dem Stand der medizinischen und der sonst in Betracht kommenden Wissenschaften zu erwarten ist, dass überhaupt oder bei Einhaltung der erforderlichenfalls vorzuschreibenden Auflagen (siehe dazu näher Abschnitt IV.) voraussehbare Gefährdungen des Lebens oder der Gesundheit von Menschen sowie Gefährdungen des Eigentums oder sonstiger dinglicher Rechte (§ 74 Abs 2 Z 1 GewO) vermieden werden. Ebenso müssen dadurch Belästigungen, Beeinträchtigungen oder nachteilige Einwirkungen iSd § 74 Abs 2 Z 2 bis 5 GewO auf ein zumutbares Maß beschränkt werden.

Gegenstand der Genehmigung ist nicht der Typus einer Betriebsanlage, sondern die konkrete Betriebsanlage.

Beachte: Die Bewilligungskriterien sind auch im vereinfachten Bewilligungsverfahren dieselben wie bei einer Normalanlage.

Nachbarn sind alle Personen, die durch die Errichtung, den Bestand oder den Betrieb einer Betriebsanlage gefährdet oder belästigt oder deren Eigentum oder sonstige dingliche Rechte gefährdet werden könnten (§ 75 Abs 2 GewO). Sie haben im Betriebsanlagengenehmigungsverfahren grundsätzlich Parteistellung und können sich zur Wahrung ihrer Interessen auf jene Genehmigungskriterien der GewO berufen, die dem Schutz der Nachbarn dienen (subjektive Rechte). Die Nachbarn können ihre Parteistellung aber verlieren, wenn sie es unterlassen, zeitgerecht taugliche Einwendungen zu erheben (siehe dazu näher LE 7). Eine Ausnahme davon besteht im Zusammenhang mit dem Verfahren zur Genehmigung von Bagatellanlagen, bei denen Nachbarn nur eine eingeschränkte Parteistellung zukommt (siehe zuvor Abschnitt II.D.).

B. Genehmigungskriterien

Folgende Genehmigungskriterien sind – vereinfacht dargestellt – zu unterscheiden:

1. Gefährdung von Leben, Gesundheit und Eigentum (§ 77 iVm § 74 Abs 2 Z 1 GewO)

Die Behörde hat zu prüfen, ob von der Anlage eine Gefährdung des Lebens oder der Gesundheit des Gewerbetreibenden, der mitarbeitenden Familienangehörigen oder des mittätigen eingetragenen Partners, der Nachbarn oder der Kunden ausgeht. Eine Gefährdung des Lebens oder der Gesundheit liegt bei einer Einwirkung auf den menschlichen Organismus vor, die in Art und Nachhaltigkeit über eine bloße Belästigung (zB durch Geruch oder Lärm) hinausgeht.

Voraussehbare Gefährdungen sind jedenfalls zu vermeiden.

Beispiel

Eine Betriebsanlage verursacht gesundheitsschädliche Abgase.

Ebenso ist zu untersuchen, ob das Eigentum oder sonstige dingliche Rechte der Nachbarn hinreichend geschützt sind. Die Möglichkeit einer bloßen Minderung des Verkehrswertes des Eigentums gilt jedoch noch nicht als Gefährdung des Eigentums (§ 75 Abs 1 GewO). Eine Gefährdung des Eigentums oder dinglicher Rechte ist nur dann gegeben, wenn die Substanz des Eigentums bedroht ist oder wenn eine sinnvolle Nutzung der Sache wesentlich beeinträchtigt wird oder überhaupt nicht mehr möglich ist (VwGH 27.8.2014, Ro 2014/05/0057).

Beispiel

Ein Hotel, das mit absoluter Ruhelage wirbt, muss einen Lebensmittelgroßhandel in der Nachbarschaft dulden, auch wenn dadurch das Verkehrsaufkommen in der Zufahrtsstraße zum Hotel steigt und sich der „Werbeslogan“ nicht mehr durchhalten lässt.

2. Belästigungen der Nachbarn (§ 77 iVm § 74 Abs 2 Z 2 GewO)

Belästigungen sind von einer Betriebsanlage ausgehende Emissionen, die zwar nicht gesundheitsgefährdend sind, aber das Wohlbefinden stören. Nachbarn müssen solche Belästigungen, zB infolge von Geruch, Lärm oder Staub, sofern sie das zumutbare Maß nicht überschreiten, hinnehmen. Ob bestimmte Belästigungen der Nachbarn zumutbar sind, hat die Behörde danach zu beurteilen, wie sich die durch die Betriebsanlage verursachten Änderungen der tatsächlichen örtlichen Verhältnisse („Istmaß") auf ein gesundes, normal empfindendes Kind und auf einen gesunden, normal empfindenden Erwachsenen auswirken („Durchschnittsmensch"). Besondere Empfindlichkeiten von Nachbarn bilden daher insoweit keinen Versagungsgrund. Erforderlichenfalls hat die Behörde dem Projektwerber Auflagen vorzuschreiben, durch die die Belästigungen auf ein zumutbares Maß beschränkt werden (siehe Abschnitt IV.). Sind solche Auflagen nicht möglich, muss die Behörde die Genehmigung versagen.

Bei der Untersuchung im Einzelfall stützt sich die Behörde in aller Regel auf Gutachten einschlägiger Sachverständiger (zB einer Ärztin).

Beispiel

Als Belästigung der Nachbarn ist eine Einwirkung auf den menschlichen Organismus unterhalb der Gesundheitsgefährdungsschwelle durch den von einer Betriebsanlage ausgehenden Geruch anzusehen, der zwar nicht gesundheitsgefährdend ist, die Nachbarn aber bspw zwingt, die Fenster geschlossen zu halten.

Beachte: Im Gegensatz zu Gesundheitsgefährdungen müssen Belästigungen nicht vermieden, sondern nur auf ein zumutbares Maß beschränkt werden!

3. Beeinträchtigung öffentlicher Interessen (§ 77 iVm § 74 Abs 2 Z 3 und 4 GewO)

Die Behörde hat außerdem zu prüfen, ob die Betriebsanlage die Religionsausübung in Kirchen, den Schulunterricht, den Betrieb von Kranken- und Kuranstalten oder die Verwendung oder den Betrieb anderer öffentlichen Interessen dienender benachbarter Anlagen oder Einrichtungen beeinträchtigt. Außerdem hängt die Genehmigung einer Betriebsanlage auch davon ab, ob diese Anlage die Sicherheit, Leichtigkeit und Flüssigkeit des Verkehrs an oder auf Straßen mit öffentlichem Verkehr wesentlich beeinträchtigt.

Die genannten Beeinträchtigungen müssen – allenfalls durch behördlich vorgeschriebene Auflagen – auf ein zumutbares Maß beschränkt werden. Sind solche Auflagen nicht möglich, hat die Behörde die Genehmigung zu versagen.

Beispiel

Die Außenbeleuchtung einer Fabrikhalle muss so angebracht werden, dass davon keine Blendung für den Straßenverkehr ausgeht.

Beachte: Die GewO schützt alle Anlagen und Einrichtungen, die öffentlichen Interessen dienen (zB Wasserversorgungsanlagen, Badeanstalten, Kindergärten, Sportstätten), vor Beeinträchtigungen durch gewerbliche Betriebsanlagen.

4. Nachteilige Einwirkungen auf Gewässer (§ 77 iVm § 74 Abs 2 Z 5 GewO)

Sofern nicht ohnedies eine wasserrechtliche Bewilligung erforderlich ist, hat die Behörde auch sicherzustellen, dass durch die Betriebsanlage verursachte nachteilige Einwirkungen auf Gewässer auf ein zumutbares Maß beschränkt werden.

Beachte: Den Nachbarn steht ein isoliertes Recht auf Prüfung der nachteiligen Einwirkungen einer Betriebsanlage auf die Beschaffenheit der Gewässer gem § 74 Abs 2 Z 5 GewO nicht zu, auch wenn damit eine Gefährdung ihres Eigentums, sonstiger dinglicher Rechte oder ihrer Gesundheit verbunden wäre.

Nach § 356b GewO umfasst die gewerberechtliche Betriebsanlagengenehmigung auch gewisse für die Errichtung, den Betrieb oder die Änderung der Anlage notwendige wasserrechtliche Bewilligungen. Die Verfahrenskonzentration bei der Gewerbebehörde erfasst auch allenfalls erforderliche Rodungsbewilligungen nach dem Forstrecht. Die Betriebsanlagengenehmigung gilt daher auch als entsprechende Genehmigung nach den anderen Verwaltungsvorschriften des Bundes (vgl § 356b Abs 1 GewO). Eine kompetenzübergreifende Verfahrenskonzentration bzw ein vollständiges One-Stop-Shop-Prinzip kennt die GewO aber nicht. Demnach werden Verwaltungsangelegenheiten der Länder, wie zB naturschutzrechtliche oder baurechtliche Vorschriften, nicht in einem gewerberechtlichen Genehmigungsbescheid konzentriert.

5. Luftschadstoffe (§ 77 Abs 3 GewO)

Eine Anlage darf grundsätzlich Luftschadstoffe emittieren. Allerdings hat die Behörde die Emission von Luftschadstoffen nach dem Stand der Technik zu begrenzen („Minimierungsgebot"). Besonderes gilt für bereits vorbelastete Gebiete, also Gebiete, in denen bestimmte Überschreitungen von Emissionsgrenzwerten vorliegen: In diesem Fall darf die Genehmigung nur erteilt werden, wenn die Emissionen der Anlage keine relevante Zusatzbelastung darstellen (Irrelevanzklausel) oder die Zusatzbelastung durch emissionsbegrenzende Auflagen im technisch möglichen und wirtschaftlich zumutbaren Ausmaß beschränkt wird. Die zusätzlichen Emissionen müssen in diesem Fall erforderlichenfalls durch Maßnahmen zur Senkung der Immissionsbelastung soweit ausgeglichen werden, dass in einem realistischen

Szenario langfristig keine weiteren Grenzwertüberschreitungen anzunehmen sind („Kompensationsklausel"). Durch diese Regelung soll im Interesse des Umweltschutzes ein bestimmtes Qualitätsniveau der Luft gesichert werden.

6. Abfall (§ 77 Abs 4 GewO)

Einem Ansuchen um Genehmigung einer gewerblichen Betriebsanlage ist ein Abfallwirtschaftskonzept anzuschließen (§ 353 Z 1 lit c GewO). Dieses Konzept wird von der Gewerbebehörde geprüft. Erforderlichenfalls wird die Behörde bestimmte Auflagen vorschreiben, um sicherzustellen, dass die Abfälle nach dem Stand der Technik vermieden oder verwertet werden oder, soweit dies wirtschaftlich nicht vertretbar ist, ordnungsgemäß entsorgt werden.

Sie kommen nach Prüfung des Projekts zum Ergebnis, dass die Diskothek eine genehmigungspflichtige Betriebsanlage darstellt, weil nicht ausgeschlossen werden kann, dass Schutzgüter des § 74 Abs 2 GewO berührt werden. Eine Belästigung der Nachbarn durch Lärm aus der Gaststätte ist sogar wahrscheinlich.

Darüber hinaus ist die Gaststätten betreffende BagatellanlagenVO zu beachten, der zufolge Betriebsanlagen zur Ausübung des Gastgewerbes, in denen bis zu 200 Verabreichungsplätze bereitgestellt werden und weder musiziert noch, zB mit einem Tonbandgerät, Musik wiedergegeben wird (nicht unter dieses Musizieren bzw Wiedergeben von Musik fällt bloße Hintergrundmusik, die leiser ist als der übliche Gesprächslärm der Gäste), dem vereinfachten Verfahren zu unterziehen sind.

Das trifft auf Ihr Lokal (Diskothek!) nicht zu. Somit stellt dieses Lokal eine Normalanlage dar, auf die das allgemeine Verfahren Anwendung findet.

Im vorliegenden Fall stellt sich vor allem die Frage, ob die durch die Diskothek zu erwartende Lärmbelästigung der Nachbarn einer Bewilligung entgegensteht. Die Behörde muss nun die Zumutbarkeit dieser Belästigung beurteilen, indem sie prüft, wie sich die tatsächlichen örtlichen Verhältnisse durch die Betriebsanlage ändern (§ 77 Abs 2 GewO). Dazu wird sie die Lärmsituation ohne Discomusik und mit Discomusik vergleichen und die Nachbarn, die dazu Stellung nehmen wollen, anhören.

Die Behörde stellt tatsächlich eine Belästigung fest. Durch die laute Musik zu nächtlicher Stunde werden die Gäste des naheliegenden Hotels gestört; es liegt eine Belästigung der Nachbarn iSd § 74 Abs 2 Z 2 GewO vor.

IV. Auflagen

Die beschriebenen Voraussetzungen für die Genehmigung einer gewerblichen Betriebsanlage werden vielfach erst durch die Vorschreibung von Auflagen erfüllt. Bescheide, mit denen eine gewerbliche Betriebsanlage bewilligt wird, enthalten daher in der Regel eine Reihe von Auflagen. Die Behörde wird insb jene Auflagen vorschreiben, die erforderlich sind, um die nach den Umständen des Einzelfalles voraussehbaren Gefährdungen iSd § 74 Abs 2 Z 1 GewO zu vermeiden und Belästigungen, Beeinträchtigungen oder nachteilige Einwirkungen iSd § 74 Abs 2 Z 2 bis 5 GewO auf ein zumutbares Maß zu beschränken (§ 77 Abs 1 GewO).

Eine beantragte Genehmigung darf sohin nicht schon deswegen versagt werden, weil die Behörde feststellt, dass das Vorhaben zur Beeinträchtigung von Schutzgütern der GewO (§ 74 Abs 2) führt. Vielmehr muss die Behörde von Amts wegen prüfen, ob die festgestellten Genehmigungshindernisse durch Vorschreibung zulässiger Auflagen beseitigt werden können. Für die Zulässigkeit einer Auflage ist allerdings weder die Zustimmung des Bewilligungswerbers noch der Nachbarn entscheidend. Auch auf die wirtschaftliche Tragbarkeit der Auflage kommt es nicht an.

Eine Auflage ist eine pflichtenbegründende Nebenbestimmung in einem dem Hauptinhalt nach begünstigenden Bescheid. Auflagen haben akzessorischen Charakter: Sie werden erst dann relevant, wenn von der Begünstigung Gebrauch gemacht wird (zB die Betriebsanlage in Betrieb genommen wird). Auflagen dürfen das eingereichte Projekt nicht in seinem Wesen verändern und müssen bestimmt, geeignet, erforderlich und behördlich erzwingbar sein.

A. Auflagen dürfen das Projekt nicht in seinem Wesen verändern

Die Behörde darf das Vorhaben durch Auflagen nur soweit modifizieren, solange dieses in seinem Wesen unberührt bleibt. Es ist daher der Behörde nicht erlaubt, durch Auflagen das beantragte Projekt so zu verändern (und dann zu genehmigen), dass es sich praktisch um ein neues Projekt handelt. Kann die Genehmigungsfähigkeit der beantragten Anlage durch Auflagen, die das Wesen des Projekts unverändert lassen, nicht erreicht werden, ist die Genehmigung zu versagen.

Beispiel

Auflagen, die eine Lärmkapselung einer Maschine vorsehen, berühren das Vorhaben nicht in seinem Wesen.

Da sich das Wesen einer Warmwasserkesselanlage gerade durch die Art des eingesetzten Betriebsmittels (Brennstoff) bestimmt, würde die Vorschreibung eines anderen Betriebsmittels (zB Heizöl extra leicht) das Vorhaben in seinem Wesen ändern.

B. Bestimmtheit

Auflagen müssen konkrete Ge- bzw Verbote („Befehle") enthalten. Da die Missachtung von Auflagen strafbar ist, müssen Auflagen so klar formuliert sein, dass der Verpflichtete jederzeit erkennen kann, ob er die Auflagen einhält.

Beispiel

Eine Betriebszeitenbeschränkung auf „während der Winterzeit" ist nicht ausreichend bestimmt, weil nicht mit der erforderlichen Klarheit angeordnet wird, ob damit die kalendermäßig bestimmte Winterzeit oder ein davon unabhängiger Zeitraum der „Wintersaison" oder allenfalls einer „winterlichen Jahreszeit" erfasst werden soll.

C. Geeignetheit

Auflagen müssen zur Erreichung des Ziels (etwa der Reduktion von Immissionen wie jenen durch Lärm) geeignet sein. Dies schließt mit ein, dass die Erfüllung von Auflagen faktisch möglich, dh vor allem auch technisch durchführbar sein muss.

D. Erforderlichkeit

Die vorgeschriebenen Auflagen müssen erforderlich sein, um (iSd § 77 Abs 1 GewO) eine Gefährdung zu vermeiden und Belästigungen etc auf ein zumutbares Maß zu beschränken. Bestehen mehrere Möglichkeiten zur Erreichung des Schutzzweckes, hat die Behörde jene Maßnahme zu wählen, die den Unternehmer am wenigsten belastet.

Beispiel

Einem Holzverarbeitungsunternehmen wird die Auflage erteilt, dass zur Verminderung von Emissionen am Lagerplatz in einer Länge und Höhe von 4 m Schnittholzwaren zu lagern sind. Aus dieser Auflage geht nicht hervor, weshalb die Lärmschutzwand unbedingt aus Schnittholz bestehen muss oder ob sie auch aus anderem Material sein darf.

E. Behördliche Erzwingbarkeit

Auflagen müssen so gestaltet sein, dass sie von der Behörde durchgesetzt werden können. Das setzt eine Formulierung der Auflage voraus, deren Einhaltung von der Behörde überprüft werden kann.

Beispiel

Einer Auflage fehlt sowohl die Bestimmtheit als auch die behördliche Erzwingbarkeit, wenn die darin vorgesehenen – im Einzelnen nicht näher konkretisierten – Alternativvorkehrungen durch die Anordnung eingeleitet werden, die Verfrachtung staubender Güter durch Wind sei durch folgende Maßnahmen „nach Möglichkeit zu vermeiden".

Die Behörde bewilligt Ihre Betriebsanlage unter Vorschreibung folgender Auflage: „Sie sind verpflichtet, in der Zeit, in der Ihr Lokal geöffnet hat und Musik gespielt wird, die Fenster und Türen des Lokals geschlossen zu halten. Außerdem sind Sie verpflichtet, schalldichte Fenster und Türen zu verwenden."

Diese Auflage entspricht den gesetzlichen Anforderungen: Sie verändert das Wesen Ihrer Betriebsanlage nicht und sie ist ausreichend bestimmt. Somit kann sie von der Behörde überwacht und von dieser nötigenfalls erzwungen werden. Darüber hinaus ist sie geeignet, die Lärmbelästigung auf das zumutbare Maß zu beschränken, und erforderlich, damit die Gäste des Hotels nicht gestört werden. Es kann auch davon ausgegangen werden, dass es sich um die gelindeste Maßnahme zur gebotenen Reduktion der Lärmbelästigung handelt. Andere Maßnahmen, wie etwa eine Verringerung der Lautstärke Ihrer Musikanlage oÄ, würden Sie in Ihrer gewerblichen Tätigkeit stärker einschränken.

V. Betrieb der Anlage während anhängiger Beschwerdeverfahren

Unterliegt der Genehmigungsbescheid noch möglichen Änderungen, etwa weil ein Nachbar gegen die behördliche Genehmigung der Anlage Beschwerde beim Verwaltungsgericht des jeweiligen Landes erhoben hat (Näheres zur formellen Rechtskraft, die erst eintritt, wenn kein Rechtsmittel gegen den Bescheid erhoben wird oder das Verwaltungsgericht über eine gegen den Bescheid erhobene Beschwerde entschieden hat, siehe LE 7), kann der Projektwerber dennoch mit dem Bau bzw mit dem Betrieb der Anlage beginnen, wenn er die Auflagen der Genehmigung einhält (§ 78 GewO). Diese Bestimmung dient den Unternehmen als Überbrückung bis zur Entscheidung durch das Verwaltungsgericht bei länger andauernden Verfahren und soll Investitionen der Unternehmer begünstigen. Die Gewerbetreibenden tragen dabei aber das Risiko, dass die Genehmigung vom Verwaltungsgericht abgeändert oder im schlimmsten Fall verwehrt wird. Dann müssten sie ihre Anlage nachträglich anpassen oder vielleicht sogar abreißen.

VI. Nachträgliche Änderungen von Betriebsanlagen

Es kann notwendig sein, bereits genehmigte Betriebsanlagen zu verändern. Hiebei sind zwei Fallgruppen zu unterscheiden:

A. Änderung der Betriebsanlage auf Initiative von Gewerbetreibenden (§ 81 GewO)

Soll bspw eine technisch überholte Fabrik auf den neuesten Stand gebracht werden, weil die alten Produktionsmaschinen nicht mehr rentabel sind, stellt sich die Frage, ob eine solche Modernisierung eine gewerbebehördliche Bewilligung erfordert.

§ 81 Abs 1 GewO sieht vor, dass auch die Änderung einer rechtskräftig genehmigten Betriebsanlage einer behördlichen Genehmigung bedarf, wenn dies zur Wahrung der in § 74 Abs 2 GewO umschriebenen Interessen erforderlich ist. Die Genehmigungsvoraussetzungen für die Änderung einer Anlage sind die gleichen wie für die Errichtung einer Anlage. Die Genehmigungspflicht entfällt jedoch in den in § 81 Abs 2 GewO (demonstrativ, also beispielhaft) aufgezählten Fällen. Nicht genehmigungspflichtig sind Änderungen, die das Emissionsverhalten der Anlage nicht nachteilig beeinflussen, der Ersatz von Maschinen, Geräten oder Ausstattungen durch gleichartige Maschinen, Ersatzinvestitionen oder die Fortschreibung des Abfallwirtschaftskonzepts. Für Änderungen, die das Emissionsverhalten der Anlage zu den Nachbarn nicht nachteilig beeinflussen und die auf Grund der besonderen Situation des Einzelfalles erwarten lassen, dass überhaupt oder bei Einhaltung der erforderlichenfalls vorzuschreibenden Auflagen Gefährdungen des Lebens oder der Gesundheit von Personen vermieden und Beeinträchtigungen oder nachteilige Einwirkungen im Sinne des § 74 Abs 2 Z 3 bis 5 GewO auf ein zumutbares Maß beschränkt werden, ist in § 81 Abs 3 GewO eine Anzeigepflicht vorgesehen.

Beispiel

Aus einer Betriebsanlagengenehmigung für ein Kaffeehaus kann nicht auf die Genehmigung für die Aufstellung eines Billardtisches geschlossen werden. Die nachträgliche Aufstellung eines Billardtisches in einem Kaffeehaus fällt unter den Begriff „Änderung der Betriebsanlage“ (VwSlg 13.152 A/1990). Public-Viewing ist eine bloß vorübergehende Tätigkeit und daher selbst keine Betriebsanlage; es ist als bloß temporäre Änderung einer bereits genehmigten Betriebsanlage einzustufen und weder anzeige- noch genehmigungspflichtig. Auch der Tausch einer defekten Video-Wall durch einen gleichwertigen neuen Ersatz ist anzeige- und genehmigungsfrei. Alte, ausrangierte Ausstattungen müssen nicht (mehr) nachweislich für Kontrollzwecke aufbewahrt werden. Sie können unmittelbar entsorgt oder verkauft werden.

B. Änderung der Betriebsanlage aufgrund behördlicher Anordnung (§§ 79, 79b GewO)

Ergibt sich nach Abschluss des Verfahrens und trotz Einhaltung der im Bewilligungsbescheid vorgesehenen Auflagen, dass die Schutzgüter des § 74 Abs 2 GewO gefährdet sind, hat die Behörde von sich aus oder auf Antrag andere oder zusätzliche Auflagen vorzuschreiben (§ 79 Abs 1 GewO). Der Grund hiefür kann in einer Fehleinschätzung der Sachverständigen im Genehmigungsverfahren, im Vorliegen neuer technischer Erkenntnisse über die Auswirkungen einer Betriebsanlage oder aber auch in unzureichenden Auflagen des Genehmigungsbescheides liegen.

Nachträgliche Auflagen dienen der Anpassung der Genehmigung an die tatsächliche Gefährdungs- und Belästigungssituation. Diese dürfen aber dann nicht vorgeschrieben werden, wenn sie unverhältnismäßig sind, insb wenn der mit der Erfüllung der Auflagen verbundene Aufwand außer Verhältnis zu dem mit den Auflagen angestrebten Erfolg steht.

Beachte: Auflagen zum Schutz der Gesundheit und des Lebens können niemals unverhältnismäßig sein.

Ist es dem Inhaber der Anlage wirtschaftlich nicht zuzumuten, die Umsetzung neuer Auflagen sofort vorzunehmen, kann ihm, sofern im Hinblick auf die Schutzinteressen der GewO keine Bedenken bestehen, eine Frist von bis zu fünf Jahren zur Erfüllung von Auflagen gewährt werden.

Die Vorschreibung anderer oder zusätzlicher Auflagen ist auch für den Fall vorgesehen, dass trotz Einhaltung des Abfallwirtschaftskonzepts und der im Bescheid vorgeschriebenen Auflagen die gem § 77 Abs 4 GewO wahrzunehmenden Interessen nicht hinreichend gewahrt sind (§ 79b GewO).

C. Sanierungskonzept (§ 79 Abs 3 und 4 GewO)

Würden die erforderlichen Auflagen jedoch die Betriebsanlage in ihrem Wesen verändern, hat die Behörde dem Anlageninhaber die Vorlage eines Sanierungskonzepts aufzutragen (§ 79 Abs 3 GewO). Auch für dieses Sanierungskonzept ist der Grundsatz der Verhältnismäßigkeit maßgebend. Entspricht das vorgelegte Sanierungskonzept den gesetzlichen Voraussetzungen, hat die Behörde die Sanierung mit Bescheid zu genehmigen. In diesem Bescheid ist eine entsprechende Sanierungsfrist festzulegen. Die Vorlage eines Sanierungskonzepts kommt außerdem im Zusammenhang mit Sanierungen gem dem Immissionsschutzgesetz-Luft (IG-L) in Betracht (§ 79 Abs 4 GewO).

VII. Überwachung von Betriebsanlagen

Nach der GewO gilt das Gebot, dass Betriebsanlagen im Interesse des Umweltschutzes und des Schutzes der Interessen der Nachbarn kontinuierlich zu kontrollieren sind. Diese Aufgabe teilt das Gesetz auf Anlagenbetreiber und Behörde auf.

A. Überwachung durch den Anlagenbetreiber

Der Inhaber der genehmigten Betriebsanlage muss in regelmäßigen Abständen (wenn nicht anderes bestimmt ist: alle fünf Jahre; bei Bagatellanlagen: alle sechs Jahre) selbst prüfen oder prüfen lassen, ob die Anlage dem Bewilligungsbescheid bzw den sonst für die Anlage geltenden gewerberechtlichen Vorschriften entspricht (§ 82b GewO). Über jede wiederkehrende Prüfung ist eine Prüfbescheinigung auszustellen. Werden darin Mängel festgehalten, hat der Inhaber der Anlage diese Prüfbescheinigung unverzüglich der Behörde vorzulegen und ihr überdies innerhalb angemessener Frist eine Darstellung der zur Mängelbehebung getroffenen Maßnahmen zu übermitteln. Im Fall der Bestellung eines gewerberechtlichen Geschäftsführers (siehe dazu LE 5) treffen diesen die Prüfpflichten (§ 39 GewO).

B. Überwachung durch die Behörde

Soweit dies zur Vollziehung der gewerberechtlichen Vorschriften erforderlich ist, sind die Organe der zuständigen Bezirksverwaltungsbehörden (siehe dazu Abschnitt VIII.) und die von diesen Behörden herangezogenen Sachverständigen berechtigt, Betriebe und deren Lagerräume während der Betriebszeiten zu betreten und zu besichtigen, Kontrollen des Lagerbestandes vorzunehmen, in alle Geschäftsunterlagen Einsicht zu nehmen und Beweismittel zu sichern (amtswegige Überprüfungen nach § 338 GewO). Nachbarn einer Betriebsanlage haben allerdings kein subjektiv-öffentliches Recht auf die Durchführung einer Überprüfung. Unter bestimmten Voraussetzungen ist die Behörde jedoch zum Einschreiten verpflichtet. Als Konsequenz einer amtswegigen Überprüfung kann es bspw zur Einleitung eines Verwaltungsstrafverfahrens oder zu einstweiligen Zwangs- und Sicherheitsmaßnahmen (§ 360 GewO) kommen.

Anlagenrechtliche Verwaltungsstrafbestimmungen sind in den §§ 366 ff GewO geregelt. Im Falle bestimmter, in § 371c GewO bezeichneter – leichter – Verwaltungsübertretungen, die Betriebsanlagen betreffen, wie zB die Verletzung von Auflagen im Genehmigungsbescheid oder Gastgärten betreffende Verwaltungsübertretungen, ist es dem Anlageninhaber durch die Wiederherstellung des gesetzmäßigen Zustandes möglich, ein Verwaltungsstrafverfahren zu verhindern („beraten statt strafen"). Voraussetzung dafür ist, dass das verwaltungsstrafrechtlich geschützte Rechtsgut und die Intensität seiner Beeinträchtigung durch die Tat gering und das Verschulden des Gewerbetreibenden leicht sind. Die Gewerbebehörde hat den Gewerbetreibenden mit dem Ziel einer möglichst wirksamen Beendigung des strafbaren Verhaltens oder der strafbaren Tätigkeiten zu beraten und ihn schriftlich unter Angabe der festgestellten Sachverhalte aufzufordern, innerhalb einer angemessenen Frist den den Rechtsvorschriften und behördlichen Verfügungen entsprechenden Zustand herzustellen. Wird der schriftlichen Aufforderung fristgerecht entsprochen, ist die weitere Verfolgung wegen jener Verwaltungsübertretungen, denen die Übertretung der Rechtsvorschriften und behördlichen Verfügungen zugrunde liegt, unzulässig. In § 371c Abs 5 GewO werden Verwaltungsübertretungen bezeichnet, im Falle derer jedenfalls ein Verwaltungsstrafverfahren durchzuführen ist, wie zB Verwaltungsübertretungen, die zur Strafbarkeit vorsätzliches Verhalten erfordern oder für welche die Verwaltungsvorschriften die Maßnahme der Entziehung der Gewerbeberechtigung vorsehen.

§ 360 GewO ermächtigt die Gewerbebehörde zu gewerbepolizeilichen Maßnahmen im Rahmen der allgemeinen Gewerbeaufsicht. Die dort vorgesehenen einstweiligen Zwangs- und Sicherheitsmaßnahmen dienen der Herstellung des der Rechtsordnung entsprechenden Zustandes, der Abwehr von Gefahren für Leben, Gesundheit und Eigentum sowie zur Beendigung unzumutbarer Belästigungen der Nachbarn durch nicht genehmigte Betriebsanlagen. Als äußerstes Mittel kommt auch die gänzliche Schließung des Betriebes in Betracht. Maßnahmen nach § 360 GewO sind von Amts wegen zu treffen. Nachbarn einer Betriebsanlage steht kein Antragsrecht und auch kein Recht auf Einleitung eines Verfahrens zu.

Beispiel

Die Behörde ist verpflichtet, eine Bäckerei in Bezug auf eine durch die Genehmigung nicht gedeckte Tätigkeit (zB Herstellung von Lebensmittelkonserven) zu überwachen. Sie ist verpflichtet, einzuschreiten und den Schutz der Nachbarn herzustellen, wenn die Tätigkeit nicht der Genehmigung entspricht.

Genehmigungspflichtige Betriebsanlagen
Normalanlagen
Bagatellanlagen
Seveso III-/ IPPC-Anlagen
Leben Gesundheit Eigentum
Beeinträchtigung öffentlicher Interessen
Genehmigungskriterien
Abfall
Belästigung (Nachbarn)
Luftqualitäts- und Gewässerschutz
Rechtsschutz
Verwaltungsgericht der Länder
Bezirksverwaltungsbehörde
Nicht genehmigungspflichtig sind ungefährliche Anlagen wie zB Büros

VIII. Die Zuständigkeit im Betriebsanlagenrecht

Die verwaltungsbehördliche Genehmigung sowie die Überwachung aller Betriebsanlagen im Sinne der GewO fallen in die Kompetenz der Bezirksverwaltungsbehörden (BVB). Der Antrag auf Genehmigung einer Anlage ist daher bei den Bezirkshauptmannschaften (BH), in Städten mit eigenem Statut beim jeweiligen Bürgermeister und in Wien beim Magistrat der Stadt Wien (Art 109 B-VG) einzubringen (§ 333 Abs 1 GewO). Gegen den Bescheid dieser Verwaltungsbehörde kann Beschwerde an das Verwaltungsgericht des jeweiligen Landes erhoben werden (Art 130 Abs 1 Z 1 iVm Art 131 Abs 1 B-VG).

IX. Das Baurecht

Erfordert eine gewerbliche Betriebsanlage die Errichtung oder Änderung einer baulichen Anlage, benötigt der Unternehmer in der Regel auch eine Genehmigung nach der BauO des jeweiligen Bundeslandes (Baurecht) – sog Kumulationsprinzip. Dabei bedingt der Umstand, dass eine Betriebsanlage nach §§ 74 ff GewO genehmigt worden ist, noch nicht, dass diese Anlage auch nach baurechtlichen Bestimmungen zulässig sein muss. Die in der GewO vereinzelt vorgesehene Verfahrenskonzentration im Betriebsanlagengenehmigungsverfahren (betreffend forst- und wasserrechtliche Genehmigungserfordernisse; § 356b GewO) ist nicht auf das Baurecht anwendbar.

A. Regelungsgegenstand

Als (öffentliches) Baurecht bezeichnet man – vereinfacht gesagt – die Gesamtheit jener (öffentlich-rechtlichen) Vorschriften, die das Bauen regeln. Dabei geht es zum einen um die Sicherheit und einwandfreie Beschaffenheit von Bauwerken vor allem in technischer Hinsicht. Zum anderen dient das Baurecht aber auch dem Schutz der Nachbarn. Augenfällig ist auch die enge Verzahnung des Baurechts mit dem Raumordnungsrecht, zumal baurechtliche Bescheide (Bauplatzerklärung, Baubewilligung) den raumordnungsrechtlichen Vorgaben (Flächenwidmungsplan) entsprechen müssen. Schließlich zählen auch Aspekte des Ortsbild- und des Umweltschutzes (zB Verwendung energiesparender Baustoffe) zu den typischen Inhalten baurechtlicher Regelungen.

Das Baurecht ist gem Art 15 B-VG in Gesetzgebung und Vollziehung Landessache (siehe dazu LE 1). Daher hat jedes Bundesland eine eigene Bauordnung. Diesem Abschnitt wird das Wiener Baurecht zugrunde gelegt (Bauordnung für Wien; LGBl 11/1930 idgF), die Ausführungen gelten aber für die Bauordnungen anderer Bundesländer sinngemäß. Unterschiede ergeben sich in den Bauordnungen der einzelnen Länder bspw hinsichtlich der Einteilung in bewilligungspflichtige, anzeigepflichtige und freie Bauvorhaben (siehe zB für Niederösterreich die §§ 14 ff NÖ BauO).

B. Kategorien von Bauvorhaben

Die Wiener Bauordnung gliedert Bauvorhaben in solche, die vor Ausführung von der Baubehörde bewilligt werden müssen, solche, die bei der Behörde angezeigt werden müssen, und solche, für die weder eine Bewilligung noch eine Anzeige notwendig ist.

1. Bewilligungspflichtige Bauvorhaben

Bewilligungspflichtig sind grundsätzlich Neubauten (= Errichtung neuer Gebäude), Zubauten (= Vergrößerungen eines Gebäudes in waagrechter oder lotrechter Richtung) und Umbauten (= grundlegende Änderungen eines Gebäudes). Unter die Bewilligungspflicht fallen etwa auch Änderungen oder Instandsetzungen von Bauwerken, wenn diese von Einfluss auf die Festigkeit, die gesundheitlichen Verhältnisse, die Feuersicherheit oder auf die subjektiv-öffentlichen Rechte der Nachbarn sind.

2. Anzeigepflichtige Bauvorhaben

Bestimmte Bauvorhaben können ohne Bewilligungsverfahren durchgeführt werden, sie sind der Behörde lediglich anzuzeigen. Nach Vorlage der vollständigen Unterlagen darf grundsätzlich mit der Bauführung begonnen werden. Ergibt jedoch die Prüfung der Angaben in den Bauplänen, dass die zur Anzeige gebrachten Baumaßnahmen nicht den gesetzlichen Erfordernissen entsprechen oder einer Baubewilligung bedürfen, hat die Behörde binnen sechs Wochen die Bauführung mit schriftlichem Bescheid zu untersagen. Eine Bauanzeige genügt zB für den Einbau oder die Abänderung von Badezimmern und Sanitäranlagen, Loggienverglasungen und den Austausch von Fenstern (§ 62 Wr BauO).

3. Freie Bauvorhaben

§ 62a Wr BauO listet Vorhaben auf, für die weder eine Bewilligung noch eine Anzeige erforderlich ist. Darunter fallen zB Badehütten, Verkaufsstände, Marktstände, Telefonhütten und öffentliche Toiletten.

C. Verfahren/Zuständigkeit

Das Baubewilligungsverfahren ist – wie das Betriebsanlagengenehmigungsverfahren – ein Mehrparteienverfahren unter Beiziehung der Nachbarn des geplanten Vorhabens (siehe dazu LE 7).

In Bauangelegenheiten ist in erster Instanz grundsätzlich der Bürgermeister der Gemeinde, in dessen Gebiet das Bauwerk errichtet werden soll, zuständig. In zweiter Instanz entscheidet regelmäßig der Gemeinderat oder der Gemeindevorstand. Die Möglichkeit einer Entscheidung durch eine überprüfende zweite (Verwaltungs-)Instanz innerhalb der Gemeinde ist nicht verpflichtend und kann vom jeweiligen Landesgesetzgeber ausgeschlossen werden (Art 118 Abs 4 B-VG). Nach Erschöpfung des Instanzenzuges der Gemeinde kann Beschwerde beim Verwaltungsgericht des jeweiligen Landes erhoben werden (Art 130 Abs 1 Z 1 iVm Art 131 Abs 1 B-VG). In Wien ist auf Gemeindeebene der Magistrat zuständig, gegen dessen Bescheid kann das (Landes-)Verwaltungsgericht Wien angerufen werden (§ 132 Abs 1 und § 136 Abs 1 Wr BauO).

Da Sie nur geringfügige Umbauten vornehmen müssen und die Räumlichkeiten, die Sie verwenden wollen, auch bisher als Gaststätte genutzt wurden, benötigen Sie keine Bewilligung, sondern müssen der Behörde lediglich Ihre Absichten mitteilen. Diese kann innerhalb von sechs Wochen nach Ihrer Anzeige die Bauführung mit Bescheid untersagen. Erfolgt keine rechtskräftige Untersagung der Bauführung, gilt das Bauvorhaben als bewilligt (§ 62 Abs 6 Wr BauO).

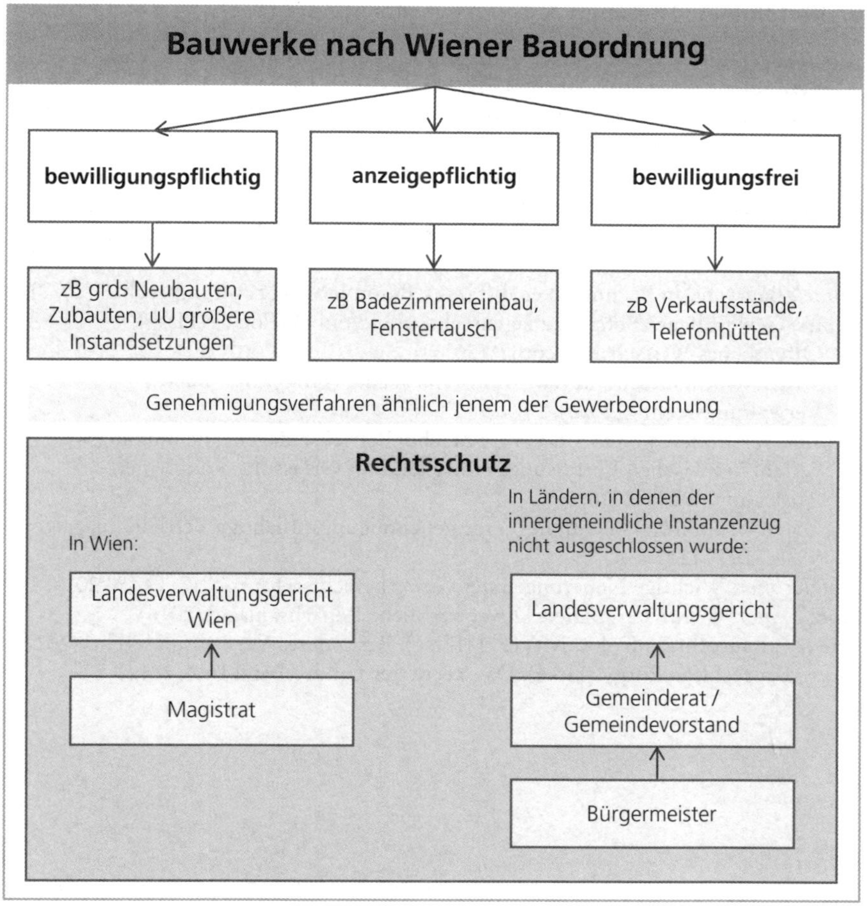
Bauwerke nach Wiener Bauordnung
bewilligungspflichtig
anzeigepflichtig
bewilligungsfrei
zB grds Neubauten, Zubauten, uU größere Instandsetzungen
zB Badezimmereinbau, Fenstertausch
zB Verkaufsstände, Telefonhütten
Genehmigungsverfahren ähnlich jenem der Gewerbeordnung
Rechtsschutz
In Wien:
Landesverwaltungsgericht Wien
Magistrat
In Ländern, in denen der innergemeindliche Instanzenzug nicht ausgeschlossen wurde:
Landesverwaltungsgericht
Gemeinderat / Gemeindevorstand
Bürgermeister

Weiterführende Literatur

Altenburger/Piska, Gewerbliches Anlagenrecht, in Kolonovits et al (Hrsg), Besonderes Verwaltungsrecht[2] (2017)
Erlacher/Forster, Gewerbeordnung, in Aigner et al (Hrsg), Besonderes Verwaltungsrecht[3] (2020)
Feik, Gewerbliches Betriebsanlagenrecht, in Ennöckl/N. Raschauer/Wessely (Hrsg), Handbuch Umweltrecht[3] (2019)
Feik, Gewerberecht, in Bachmann et al (Hrsg), Besonderes Verwaltungsrecht[13] (2020)
Jahnel, Baurecht, in Bachmann et al (Hrsg), Besonderes Verwaltungsrecht[13] (2020)
Potacs, Gewerbliches Betriebsanlagenrecht, in Holoubek/Potacs (Hrsg), Öffentliches Wirtschaftsrecht II[4] (2019)
Rath-Kathrein, Baurecht, in Rath-Kathrein/Weber (Hrsg), Besonderes Verwaltungsrecht[12] (2020)
Reithmayer-Ebner, § 359b – Das vereinfachte Betriebsanlagengenehmigungsverfahren zwischen Verfassungswidrigkeit und verfassungskonformer Auslegung, ÖZW 2016, 92
Seitlinger/Grünbichler, Wann liegt eine genehmigungspflichtige Betriebsanlage vor?, SWK 2017, 1212
Stolzlechner, Wichtige Neuerungen der Gewerberechtsreform 2017, ÖZW 2017, 150
Stolzlechner/Wendl/Bergthaler, Die gewerbliche Betriebsanlage[4] (2016)
Strejcek, Baurecht, in Kolonovits et al (Hrsg), Besonderes Verwaltungsrecht[2] (2017)
Tolar, Baurecht, in Pürgy (Hrsg), Das Recht der Länder Band II/2 (2012)

Wiederholungsfragen

- Was ist eine Betriebsanlage iSd GewO?
- Welche Formen von Betriebsanlagen gibt es?
- Wann ist eine Betriebsanlage bewilligungspflichtig?
- Was unterscheidet die Normalanlage von der IPPC-Betriebsanlage?
- Was unterscheidet die Normalanlage von der Seveso III-Anlage?
- Was unterscheidet die Normalanlage von der Bagatellanlage?
- Was unterscheidet die Normalanlage von der nicht genehmigungspflichtigen Betriebsanlage?
- Nennen Sie die Kriterien der GewO für die Bewilligung einer Betriebsanlage!
- Welche Arten von Bewilligungskriterien gibt es?
- Was ist eine Auflage?
- Welchen Anforderungen müssen Auflagen genügen?
- Welche Regelungen gelten für die nachträgliche Änderung einer Betriebsanlage?
- Wem obliegt die Überwachung von Betriebsanlagen?
- Bezeichnen Sie die zuständige Gewerbebehörde im Betriebsanlagenrecht und die Rechtsschutzeinrichtung!
- Unter welchen Voraussetzungen kann bei Verwaltungsübertretungen betreffend Betriebsanlagen von einem Verwaltungsstrafverfahren abgesehen werden?
- Was regelt das Baurecht?
- Welche Kategorien von Bauvorhaben kennen Sie?
- Bezeichnen Sie die zuständige Baurechtsbehörde!
- Wie ist der Rechtsschutzweg gegen einen erstinstanzlichen Baubescheid ausgestaltet?

Lektion 7

Verwaltungsverfahren und nationaler Rechtsschutz

Disco in der Wiener Innenstadt (Teil 3)

Nachdem die Voraussetzungen für die Ausübung des Gastgewerbes und die Anforderungen, die Ihr Lokal erfüllen muss, geklärt sind, stellt sich die Frage, wie Sie an die notwendigen behördlichen Bewilligungen gelangen. Insb ist für Sie von Interesse, an welche Behörde Sie sich wenden können und welche Schritte von der Behörde zu setzen sind, damit Sie letztlich Ihr Lokal in Betrieb nehmen können.

Die zentralen Fragen sind:

- Wie läuft das Verfahren zur Bewilligung einer Betriebsanlage ab?
- Wer nimmt am Verfahren teil?
- Wie (dh mit welchem rechtlichen Instrument) entscheidet die Behörde?

Nachdem Sie die behördliche Bewilligung erhalten haben und Ihr Lokal betreiben, erfahren Sie von einem Hotelbesitzer in Ihrer Nachbarschaft, dass sich seine Gäste immer wieder über den Lärm des Lokals beschweren. Die Behörde prüft diese Vorwürfe und lässt Messungen von einem Sachverständigen in einem einzigen, der Disco am nächsten gelegenen Hotelzimmer durchführen. Die Behörde stellt tatsächlich eine erhöhte Lärmbelästigung um 5 dB fest, obwohl die schalldichten Fenster und Türen Ihres Lokals geschlossen waren. Sie werden von der Behörde verständigt und geben eine Stellungnahme ab, in der Sie Ihren Standpunkt zu dieser Problematik darlegen. Sie weisen darauf hin, dass das Abspielen von lauter Musik für Ihr Lokal wichtig ist, weil es einen grundlegenden Bestandteil Ihres Geschäftskonzeptes bildet. Dennoch erlässt die Behörde einen Bescheid, mit dem zusätzliche Auflagen vorgeschrieben werden. Ihnen wird vorgeschrieben, die Lautstärke Ihrer Musikanlage zu drosseln. Das soll durch den Einbau eines Dynamikbegrenzers in Ihre Musikanlage erreicht werden, der es Ihnen unmöglich macht, die Musikanlage über eine gewisse Lautstärke zu betreiben. Das ist ein schwerer Schlag für Sie. Ihre Gäste waren gewohnt, bis spät in die Nacht zu lauter Musik zu tanzen und zu feiern. Sie müssen ein Ausbleiben der Gäste und damit Umsatzeinbußen befürchten. Sie beschließen daher, den Bescheid zu bekämpfen.

Die zentralen Fragen sind:

- Warum ist nach der Verfassung Rechtsschutz geboten?
- Welche Rechtsmittel und -behelfe kann man gegen Verwaltungsakte ergreifen?
- Bei welcher Stelle muss man sie einbringen?
- Welche Rechtsschutzeinrichtung entscheidet darüber?

I. Verfahrensrecht und materielles Recht

Die Verwaltungsverfahrensgesetze regeln jene Verfahren, die Behörden bei der Vollziehung von Verwaltungsrecht (Baurecht, Gewerberecht, Straßenverkehrsrecht, Sicherheitspolizeirecht etc) anzuwenden haben. Diese Regelungen sind die Voraussetzung für verwaltungsbehördliches Handeln. Es geht also zB darum, wie eine Betriebsanlagen- oder Baubewilligung erlangt werden kann, wie ein Strafverfahren wegen Geschwindigkeitsüberschreitung abläuft oder wie die Behörde Betriebsanlagen überwacht und gegebenenfalls eine Betriebsschließung verfügt. Daneben finden sich gesetzliche Regelungen über das Verfahren vor den Verwaltungsgerichten (VwG).

Dem Bundesgesetzgeber (siehe dazu LE 1) kommen nach der bundesstaatlichen Kompetenzverteilung die Zuständigkeiten zu, das Verfahrensrecht vor den Verwaltungsbehörden (Art 11 Abs 2 B-VG) und das Verfahren vor den VwG (Art 136 Abs 2 B-VG) einheitlich zu regeln.

Daher wird das Verfahren vor den Verwaltungsbehörden grundsätzlich nach den Vorgaben des Allgemeinen Verwaltungsverfahrensgesetzes (AVG) geführt. Regelungen für die Erlassung von Strafbescheiden durch Verwaltungsbehörden enthält das Verwaltungsstrafgesetz (VStG). Das Verfahren zur zwangsweisen Durchsetzung von Bescheiden und von Entscheidungen der VwG ist im Verwaltungsvollstreckungsgesetz (VVG) (und zum Teil auch im VStG) geregelt. Das Einführungsgesetz zu den Verwaltungsverfahrensgesetzen (EGVG) bestimmt, wann (dh von welchen Behörden in welchen Verfahren) diese Verfahrensgesetze anzuwenden sind. Aus der Zusammenschau der materiengesetzlichen Regelungen, also jenen Vorschriften inhaltlicher Art, die im konkreten Fall anzuwenden sind, mit den Bestimmungen von EGVG, AVG, VStG oder VVG ergeben sich jene Normen, anhand derer das konkrete Verwaltungsverfahren durchzuführen ist.

Beispiel

Sofern in den besonderen Verwaltungsvorschriften nichts anderes bestimmt ist, sind Behörden gem § 73 Abs 1 AVG dazu verpflichtet, über Anträge ohne unnötigen Aufschub, spätestens aber binnen sechs Monaten zu entscheiden. Wird eine Genehmigung auf Erteilung der Verkehrsgenehmigung nach dem Eisenbahngesetz beantragt, sieht § 15f Eisenbahngesetz vor, dass die zuständige Behörde spätestens binnen drei Monaten zu entscheiden hat. Diese Abweichung ist schon daher zulässig, weil eine Abweichung von der allgemeinen sechsmonatigen Entscheidungspflicht bereits im AVG vorgesehen ist.

Die einheitliche Bescheidbeschwerdefrist im Verwaltungsverfahren beträgt gem § 7 Abs 4 Verwaltungsgerichtsverfahrensgesetz (VwGVG) vier Wochen. Eine Verkürzung oder Verlängerung dieser Frist ist nur zulässig, wenn dies erforderlich ist. So wird diese Frist im Bereich des Bundesbehindertengesetzes und des Behinderteneinstellungsgesetzes auf sechs Wochen verlängert, weil Menschen mit Behinderung oftmals nicht mit den Verwaltungsvorschriften vertraut und eher selten rechtsfreundlich vertreten sind. Die Verlängerung ist also erforderlich, damit die Rechtsverfolgung für Menschen mit Behinderung durch ausreichende Beschwerdefristen erleichtert werden kann.

II. Das Verfahren vor der Verwaltungsbehörde

A. Die Zuständigkeit

1. Allgemeines

Eine Behörde kann entweder von Amts wegen – also von sich aus – oder aufgrund eines Antrages tätig werden. Bevor eine Behörde aber tätig wird, muss sie prüfen, ob sie überhaupt zuständig ist und damit in der betreffenden Angelegenheit Rechtsakte setzen darf. Entscheidet eine Behörde, ohne zuständig zu sein, ist ihre Entscheidung gesetzwidrig und kann bekämpft werden. Die Einhaltung der Zuständigkeitsordnung ist durch das Grundrecht auf ein Verfahren vor dem gesetzlichen Richter auch verfassungsrechtlich gewährleistet (vgl dazu LE 3). Dieses und das Legalitätsprinzip des Art 18 B-VG verpflichten dabei auch den Gesetzgeber, die Zuständigkeit gesetzlich eindeutig zu regeln (siehe dazu LE 1).

Die Frage der behördlichen Zuständigkeit ist stets mit der Frage der verfassungsrechtlich bestimmten Vollziehungskompetenz des Bundes, der Länder und der Gemeinden verbunden, weil sich erst daraus ergibt, ob die nach der Verfassung „richtige" Behörde tätig wird. Bei der Festlegung von Zuständigkeitsregelungen ist der Gesetzgeber an die Kompetenzverteilung zwischen Bund und Ländern gebunden. Diese ergibt sich aus den Art 10 bis 15 B-VG (siehe dazu LE 1). Darüber hinaus gibt es eine Reihe von Sonderbestimmungen über die Vollziehung, etwa für die Gemeinden in den Art 118 ff B-VG. Anhand der Kompetenzfestlegung im B-VG und der auf dieser Grundlage ergehenden Materiengesetze (zB Gewerbeordnung [GewO]) sowie des AVG ergibt sich die konkrete, sachlich zuständige Behörde. Soweit es keine eigene Regelung in den Materiengesetzen gibt, ist in Angelegenheiten der mittelbaren Bundesverwaltung (siehe Abschnitt III.C.2.a.) die Bezirksverwaltungsbehörde (BVB) zuständig (§ 2 AVG). In der Regel handelt es sich dabei um den Bezirkshauptmann (BH). In Städten mit eigenem Statut ist der Bürgermeister die BVB und in Wien nach Art 109 B-VG der Magistrat der Stadt Wien.

Neben der sachlichen Zuständigkeit – also der Frage, welche Art von Behörde entscheidet – muss eine Behörde auch örtlich zuständig sein, damit sie über eine Verwaltungssache entscheiden darf. Das ist besonders dann wichtig, wenn es mehrere sachlich zuständige Behörden gibt, weil dann die örtliche Zuständigkeit erst festlegt, welche von diesen Behörden im jeweiligen Fall zuständig ist. Jede Behörde hat einen eigenen, örtlichen Wirkungsbereich (zB ist jeder BH für Verwaltungssachen im jeweiligen politischen Bezirk örtlich zuständig). Die Frage, welcher Anknüpfungspunkt (zB Wohnsitz des Antragstellers oder der Antragstellerin oder Standort der Betriebsanlage) heranzuziehen ist, um festzustellen, in wessen örtlichen Wirkungsbereich eine Angelegenheit fällt, wird in den Materiengesetzen und subsidiär wiederum im AVG geregelt. § 3 AVG stellt dabei bei Verwaltungssachen, die sich auf unbewegliche Güter (zB Betriebsanlagen) beziehen, auf den Standort ab, in allen anderen Fällen auf den Sitz der Unternehmen bzw den Wohnsitz der Antragsteller.

Auf diese Weise lassen sich für alle Sachmaterien und Verfahren eindeutige Zuständigkeiten feststellen.

2. Zuständigkeit im Betriebsanlagenverfahren

Zuständig für Betriebsanlagenverfahren ist die örtlich zuständige BVB, das ist grundsätzlich der BH, in Städten mit eigenem Statut der Bürgermeister und in Wien kraft der Sonderregelung in Art 109 B-VG der Magistrat der Stadt Wien.

Ihr Lokal soll in der Wiener Innenstadt errichtet werden. Zuständig für die behördliche Bewilligung Ihrer Betriebsanlage ist der Magistrat der Stadt Wien. Der Antrag auf Bewilligung der Betriebsanlage kann daher bei jedem magistratischen Bezirksamt eingebracht werden. Durch den Antrag beginnt das Verwaltungsverfahren (verfahrenseinleitender Antrag). Sollte über den Antrag allerdings nicht der Magistrat der Stadt Wien, sondern etwa die Landespolizeidirektion Wien mittels Bescheides entscheiden, hätte eine unzuständige Behörde entschieden und der Bescheid würde Sie im Grundrecht auf ein Verfahren vor dem gesetzlichen Richter (Art 83 Abs 2 B-VG, siehe dazu LE 3) verletzen.

B. Die Parteistellung

1. Allgemeines: Beteiligte & Parteien

Eine entscheidende Frage ist, wer an einem Verwaltungsverfahren überhaupt – und wenn ja – mit welchen Rechten teilnehmen darf. Hinsichtlich der am Verfahren teilnehmenden Personen unterscheidet das AVG zwischen Beteiligten und Parteien. Wichtig ist diese Unterscheidung, weil nur Parteien aktiv am Verfahren teilnehmen können. Dies gilt grundsätzlich auch für mündliche Verhandlungen: Im Verfahren vor der Behörde herrscht der Grundsatz der sog „Parteiöffentlichkeit" (im Gegensatz zur „Volksöffentlichkeit", wie sie etwa im Verfahren vor den VwG und in den meisten zivilgerichtlichen oder strafgerichtlichen Verhandlungen besteht). Parteiöffentlichkeit bedeutet, dass nur die Parteien des konkreten Verfahrens teilnehmen dürfen. Beteiligte sind einer mündlichen Verhandlung zwar beizuziehen, sie verfügen dort (und sonst im Verfahren) aber lediglich über ein Anhörungsrecht.

„Beteiligte" sind Personen, welche die Tätigkeit einer Behörde in Anspruch nehmen oder auf die sich die Tätigkeit einer Behörde bezieht. Als „Partei" wird demgegenüber eine Person bezeichnet, die an der Verwaltungssache (am Verfahren) aufgrund eines „Rechtsanspruches" oder eines „rechtlichen Interesses" beteiligt ist (§ 8 AVG). Der Beteiligtenbegriff ist weiter und bezieht Parteien mit ein. Eine Partei ist immer auch gleichzeitig Beteiligter eines Verfahrens, hingegen kann ein Beteiligter auch Partei eines Verwaltungsverfahrens sein, muss es aber nicht.

Beispiel

Personen, denen bloße Anhörungsrechte im Verfahren zukommen, sind Beteiligte, aber keine Parteien. Das betrifft zB Verfahren, in denen den Gemeinden Gelegenheit zur Stellungnahme eingeräumt wird – die Gemeinden erlangen dadurch aber keine Parteistellung. Bloße Beteiligte sind darüber hinaus Personen, deren Interessen durch das betreffende Verfahren in faktischer, meist wirtschaftlicher Hinsicht, nicht aber in rechtlicher Hinsicht berührt werden. Das gilt zB für Mieter hinsichtlich der Erhaltung der Bausubstanz; in einem baurechtlichen Räumungs- und Abbruchverfahren kommt zwar dem Hauseigentümer Parteistellung zu, nicht aber den Mietern.

2. Parteistellung bei rechtlichem Interesse

Ob in einer konkreten Angelegenheit ein „Rechtsanspruch" oder ein „rechtliches Interesse" und damit Parteistellung besteht, ist vor allem den Materiengesetzen, etwa in einem gewerberechtlichen Verfahren der GewO oder in einem Bauverfahren der jeweiligen Bauordnung, zu entnehmen. So enthalten diese Gesetze oftmals eine explizite Regelung über die Parteistellung, woraus abzuleiten ist, dass den damit erfassten Personen ein „Rechtsanspruch" oder ein „rechtliches Interesse" eingeräumt werden soll. Nicht immer legen die betreffenden Verwaltungsvorschriften aber explizit fest, ob einer Person ein subjektives öffentliches Recht bzw Parteistellung eingeräumt werden soll. Für die Klärung dieser Frage ist darauf abzustellen, ob die Person durch die Tätigkeit einer Behörde rechtlich „betroffen" ist, indem sie ihre rechtlich geschützten Interessen gegenüber der Behörde verfolgt (zB eine Unternehmerin will eine Betriebsanlage errichten; ein Nachbar wehrt sich gegen Gestank, der aus einer Fabrik strömt) oder ihr von der Rechtsordnung eine

Verpflichtung auferlegt wird (zB die Verpflichtung zur Erhaltung eines Hauses, wenn dieses Haus aufgrund des Denkmalschutzgesetzes zum „Denkmal“ erklärt wird).

In diesem Zusammenhang spricht man von „subjektiven Rechten“:

Partei ist eine Person, die durch den Gegenstand des Verfahrens in ihren subjektiven Rechten unmittelbar berührt wird. Ein subjektives Recht liegt vor, wenn gesetzliche Bestimmungen ein konkretes Interesse einer Person mit der Zielsetzung schützen, dass die Person ihr geschütztes Interesse auch unmittelbar selbst vor Gerichten oder Verwaltungsbehörden durchsetzen können soll. Ob gesetzliche Bestimmungen ein „subjektives Recht“ einräumen, ist oft eine Auslegungsfrage, die insb im Hinblick auf den „Schutzzweck der Norm“ (sog Schutznormtheorie) geklärt werden muss: Zu fragen ist, ob der Gesetzgeber mit einer bestimmten Regelung nur allgemein öffentliche Interessen bzw allgemein die Interessen von Personen oder Personengruppen (zB aller Verkehrsteilnehmer durch Geschwindigkeitsbeschränkungen) oder die konkreten Interessen einer (individuellen) Person gesetzlich besonders schützen will, indem er der Person ein „subjektives Recht“ einräumt, ihr also die eigenständige Durchsetzung des Interesses in einem verwaltungsbehördlichen oder gerichtlichen Verfahren ermöglicht (zB das Interesse des Nachbarn einer gewerblichen Betriebsanlage am Schutz vor unzumutbaren Belästigungen, siehe Abschnitt II.B.4.b.).

Beispiel

Wenn Sie einen Verstoß eines Autofahrers gegen die Straßenverkehrsordnung (StVO) beobachten und diesen zur Anzeige bringen, sind Sie im Verfahren zur Bestrafung des Verkehrssünders grundsätzlich nicht Partei. Ihnen kommt kein subjektives Recht auf Bestrafung eines Verkehrssünders zu. Sie sind allenfalls Zeuge (oder im Einzelfall eventuell Privatbeteiligter). Soll allerdings in Ihrer Nachbarschaft eine Fabrik errichtet werden, haben Sie ein subjektives Recht darauf, dass Ihr Leben und Ihre Gesundheit nicht durch Emissionen dieser neuen Fabrik gefährdet werden. Dieses Recht räumt Ihnen § 74 Abs 2 Z 1 GewO ein, und Sie können dieses Recht im Verfahren zur Bewilligung der Fabrik vor der Behörde durchsetzen. Ebenso begründen Regelungen über den Abstand zum Nachbargrundstück im Baurecht ein subjektives Recht (und vermitteln dadurch Parteistellung), demgegenüber sind Bestimmungen über den Ortsbildschutz bloß „objektives Recht“.

3. Parteirechte

Wer aufgrund eines „Rechtsanspruches“ oder eines „rechtlichen Interesses“, also zur Geltendmachung seiner subjektiven Rechte, am Verwaltungsverfahren teilnimmt, ist Partei. Nur Parteien kommen die grundlegenden Verfahrensrechte („Parteirechte“) zu, auf deren Grundlage sie das Verwaltungsverfahren aktiv beeinflussen können: Das Recht auf Stellungnahme (Parteiengehör), das Recht auf Akteneinsicht, das Recht auf Zustellung des Bescheides und das Recht auf die Erhebung von Rechtsmitteln. Darüber hinaus kommt auch nur Parteien das Recht zu, nichtamtliche Sachverständige oder Dolmetscher wegen Befangenheit abzulehnen. Diese Verfahrensrechte – sie schützen das Interesse der Partei auf Durchsetzung ihres materiellen subjektiven Rechts, also zB des subjektiven Rechts des Nachbarn auf Abwehr unzumutbarer Belästigungen aus einer Betriebsanlage – stellen selbst wieder subjektive Rechte dar, auf deren Einhaltung die Partei einen Rechtsanspruch hat. Wird also einer Partei eines dieser Rechte im Verfahren verwehrt (zB die Behörde erlässt einen Bescheid, ohne die Partei zu den Ergebnissen ihres Ermittlungsverfahrens anzuhören und ihr damit Gelegenheit zu geben, dazu Stellung zu nehmen), ist das Verfahren rechtswidrig und die Partei kann die Verletzung ihrer subjektiven Verfahrensrechte mit einem Rechtsmittel (idR mit Beschwerde an das VwG) bekämpfen.

Personen, die einen verfahrenseinleitenden Antrag stellen, sind immer Partei des Verfahrens und behalten diese Rechtsstellung bis zum Abschluss des Verfahrens (zB Unternehmer, die einen Antrag auf eine Betriebsanlagenbewilligung stellen; Personen, die einen Antrag auf Gewährung von Mindestsicherung stellen).

Bloßen Beteiligten kommen diese Verfahrensrechte hingegen nicht zu. Beteiligte sind aber, wenn eine mündliche Verhandlung stattfindet, von der Behörde darüber in Kenntnis zu setzen und dürfen an der Verhandlung teilnehmen.

Ein fundamentales Recht der Parteien im Verwaltungsverfahren ist das Recht auf Akteneinsicht. Das Recht auf Akteneinsicht ist eng mit dem Recht auf Gehör verbunden, denn erst die Möglichkeit, sich im Verfahren über alle relevanten Tatsachen und Anträge sowie behördliche Erhebungen informieren zu können, ermöglicht es der Partei, sich im Verfahren zu diesen Fragen zu äußern und so das Parteiengehör vollumfänglich wahrzunehmen.

Die Parteien können daher in Verfahrensunterlagen (Schriftstücke, Protokolle, Pläne, Videos, elektronische Daten etc) Einsicht nehmen und davon Abschriften verfassen bzw Kopien erstellen. Zudem kann auch ein elektronischer Zugriff auf Akten(-bestandteile) gewährt werden.

Das Recht auf Akteneinsicht umfasst grundsätzlich sämtliche Verfahrensunterlagen und ist allen Parteien des Verfahrens in gleichem Umfang und in der gleichen Weise zu gewähren (es darf zB nicht einer Partei die elektronische Einsichtnahme gestattet, eine andere aber davon ausgeschlossen werden). Seine Grenze findet dieses weitreichende Einsichtsrecht dort, wo eine

Einsichtnahme Interessen Dritter gefährden könnte. Soweit die berechtigten Interessen einer Partei des Verfahrens oder dritter Personen gefährdet sind oder eine Einsichtnahme eine Gefährdung der Aufgaben der Behörde herbeiführen oder den Zweck des Verfahrens beeinträchtigen würde, hat die Behörde die Akteneinsicht hinsichtlich der von der Gefährdung betroffenen Aktenbestandteile zu verweigern. Gegen die Verweigerung der Akteneinsicht ist kein gesondertes Rechtsmittel zulässig, sie kann also nicht direkt bekämpft werden. Eine rechtswidrige Verweigerung der Akteneinsicht kann allerdings von den Verfahrensparteien im Zuge des Rechtsmittels gegen den das Verfahren abschließenden Bescheid bekämpft werden.

Beispiel

Verweigerung der Akteneinsicht, wenn es sich um staatspolizeiliche Erhebungen handelt, die der Geheimhaltung unterliegen; Verweigerung der Akteneinsicht, um den Zweck des Verwaltungsstrafverfahrens nicht dadurch zu unterlaufen, dass der Einsicht nehmende Beschuldigte frühzeitig über Verdachtsmomente oder Beweismittel informiert werden würde.

4. Parteistellung im Betriebsanlagenverfahren

a. Antragsteller

Wer eine Betriebsanlage errichten und betreiben will, ist Partei des Verfahrens. Das ergibt sich daraus, dass im Bewilligungsverfahren über die Interessen des Betriebsanlagenwerbers entschieden wird und dass dieser vom Ausgang des Verfahrens direkt betroffen ist. Erfüllt eine Anlage alle gesetzlichen Voraussetzungen, hat der Antragsteller (Unternehmer) ein subjektives Recht, also einen Rechtsanspruch, auf Erteilung der Bewilligung.

b. Nachbarn

Darüber hinaus haben auch Nachbarn grundsätzlich Parteistellung im betriebsanlagenrechtlichen Bewilligungsverfahren.

Nachbarn sind all jene Personen, die durch die Errichtung, den Bestand oder den Betrieb einer Betriebsanlage gefährdet oder belästigt werden könnten oder deren Eigentum gefährdet werden könnte (§ 75 Abs 2 GewO). Sie erhalten durch die Verleihung der Parteistellung die Möglichkeit, sich gegen negative Einwirkungen von Betriebsanlagen, die in ihrer unmittelbaren Nachbarschaft gelegen oder geplant sind, zur Wehr zu setzen. Die Nachbarn haben ein subjektives Recht auf körperliche Unversehrtheit, Freiheit von unzumutbaren Belästigungen und Schutz ihres Eigentums. Diese subjektiven Rechte werden ihnen durch die GewO (vgl § 74 Abs 2) verliehen, zusammen mit § 8 AVG begründen sie die Parteistellung der Nachbarn im

Bewilligungsverfahren. Damit Nachbarn die ihnen grundsätzlich zukommende Parteistellung bewahren, müssen sie aber rechtzeitig Einwendungen gegen die Betriebsanlage erheben (siehe Abschnitt II.C.2.c.).

Zusätzlich zum Bewilligungswerber und den Nachbarn kommt im Betriebsanlagenverfahren auch Inhabern von Beherbergungsbetrieben, Krankenanstalten, Heimen und Schulen, jeweils in dem Ausmaß, in dem es um den Schutz der beherbergten Personen geht, Parteistellung zu. Demgegenüber haben die sich bloß vorübergehend im benachbarten Gebäude aufhaltenden Personen, also zB die Schulkinder, die Hotelgäste etc, keine Parteistellung.

Die durch die GewO geschützten öffentlichen Interessen (insb die Schutzgüter des § 74 Abs 2 GewO: Leben und Gesundheit von Gewerbetreibenden, Kunden und Nachbarn, Eigentum oder sonstige dingliche Rechte von Nachbarn, Schutz vor Belästigung der Nachbarn durch Geruch, Lärm, Rauch, Staub, Erschütterungen oder in anderer Weise) hat die Behörde von Amts wegen, also ohne Parteienaufforderung, wahrzunehmen. Sofern es um den Schutz der Gesundheit und des Lebens sowie den Schutz vor Beeinträchtigungen und Belästigungen geht, muss die Gemeinde, in deren Ortsgebiet die Anlage errichtet werden soll, von der Behörde im Verfahren gehört werden. Der Gemeinde kommt dabei aber lediglich Beteiligtenstellung zu.

Als Unternehmer, der die Diskothek errichten und betreiben will, sind Sie Partei des Bewilligungsverfahrens vor dem Magistrat der Stadt Wien. Sofern Sie sämtliche Voraussetzungen erfüllen, haben Sie ein subjektives Recht auf Erteilung der betriebsanlagenrechtlichen Bewilligung. Auch Ihrem Nachbarn, dem Hotelbesitzer, kommt hinsichtlich des Schutzes der beherbergten Gäste Parteistellung zu. Er kann seine Einwendungen bezüglich belästigender Lärmentwicklung bis zum Schluss der mündlichen Verhandlung erheben.

C. Der Ablauf des Verwaltungsverfahrens

Das Verfahren vor der Verwaltungsbehörde gliedert sich in drei Abschnitte: Einleitung des Verfahrens, Ermittlungsverfahren und Erledigung.

1. Einleitung des Verfahrens

a. Einleitung auf Antrag oder von Amts wegen

Grundsätzlich müssen Verfahren, die eine Partei begünstigen sollen, von dieser mit Antrag eingeleitet werden (zB Erteilung einer Betriebsanlagenbewilligung oder einer Baubewilligung, Ausstellung eines Reisepasses, Erteilung der Lenkberechtigung). Verfahren, die hauptsächlich im öffentlichen Interesse geführt werden, werden amtswegig, also von der Behörde selbst, eingeleitet (zB zum Schutz des öffentlichen Verkehrs wird die Lenkberechtigung wegen Alkohol am Steuer entzogen; eine bestehende Betriebsanlage wird daraufhin überprüft, ob die vorgeschriebenen Auflagen eingehalten werden; ein Haus wird unter Denkmalschutz gestellt etc).

Das Betriebsanlagenbewilligungsverfahren beginnt mit der Einbringung des Antrags auf Erteilung der Bewilligung zur Errichtung und zum Betrieb einer Anlage durch die Unternehmer bei der zuständigen Behörde. Diese Eingabe hat insb zu umfassen (§ 353 GewO):

- die Betriebsbeschreibung (samt Auflistung von verwendeten Maschinen);
- die erforderlichen Pläne und Skizzen;
- die Beschreibung der durch den Betrieb der Anlage zu erwartenden Abfälle und die Vorkehrungen zur Vermeidung, Verwertung und Entsorgung dieser (Abfallwirtschaftskonzept);
- technische Unterlagen bezüglich der Beurteilung des Projekts und bezüglich der zu erwartenden Emissionen.

b. Verkehr zwischen Behörde und Partei

Einer Partei stehen (meist) sämtliche Wege der modernen Kommunikation zur Kontaktaufnahme mit der Behörde zur Verfügung (schriftlich, per Brief, Fax, E-Mail oder andere Technologien). Weist ein Anbringen einer Partei Mängel auf, muss die Behörde auf die Behebung dieser Mängel hinwirken und die Eingabe unter Setzung einer angemessenen Frist mit dem Hinweis auf das Verbesserungserfordernis an die Partei zurückstellen (sog Verbesserungsauftrag). Wird diesem Auftrag nicht binnen der von der Behörde festgesetzten Frist nachgekommen, ist das Anbringen von der Behörde zurückzuweisen (§ 13 Abs 3 AVG).

Ist eine Partei im Verfahren vor einer Verwaltungsbehörde nicht durch einen berufsmäßigen Vertreter vertreten (zB Rechtsanwalt), muss die Behörde der Partei die zur Vornahme ihrer Verfahrenshandlungen nötigen Anleitungen geben, der Partei also helfen, dh ihrer „Manuduktionspflicht“ nachkommen (von lat „manu ducere“ = an der Hand führen).

c. Befangenheit der Behörde

Damit das Verfahren fair abläuft und die Entscheidung sachlich richtig ist, sieht das AVG entsprechende Regelungen vor, welche die Unparteilichkeit der Behörde sicherstellen. Wenn das Verwaltungsorgan befangen ist, etwa weil der Ehegatte oder ein Verwandter am Verfahren beteiligt ist, hat es seine Befangenheit selbst von Amts wegen wahrzunehmen, sich der Ausübung seines Amtes zu enthalten und seine Vertretung zu veranlassen. Ein Recht der Parteien auf Ablehnung befangener Verwaltungsorgane sieht das AVG demgegenüber nicht vor. Setzt ein befangenes Organ eine Amtshandlung, kann das (nur) im Rechtsmittelweg, insb im Rahmen der Beschwerde gegen den verfahrensbeschließenden Bescheid von den Parteien angefochten werden.

2. Das Ermittlungsverfahren

Der Entscheidung der Behörde geht ein Ermittlungsverfahren voraus, in dem die Behörde den maßgeblichen Sachverhalt erhebt, um auf Grundlage dieser Sachverhaltsermittlung eine Entscheidung fällen zu können.

a. Grundsätze des Ermittlungsverfahrens

Das Ermittlungsverfahren ist das Herzstück des Verwaltungsverfahrens. Es dient allen Parteien dazu, ihre rechtlichen Standpunkte darzulegen und ihre Interessen geltend zu machen. Folgende Grundsätze prägen das Ermittlungsverfahren:

(1) Offizialmaxime und Grundsatz der materiellen Wahrheit

Die Behörde muss den maßgeblichen Sachverhalt von Amts wegen feststellen (Offizialmaxime). Sie ist dabei nicht an Parteienanträge gebunden. Sie ist vielmehr verpflichtet, alles zu unternehmen, bis sie sich selbst über die wahre Situation im Klaren ist (Grundsatz der materiellen Wahrheit). Ein „Außerstreitstellen" von Tatsachen durch die Parteien ist nicht möglich.

Beispiel

Die Gewerbetreibende einigt sich mit dem Nachbarn darauf, dass dieser auf seine Einwendung, die sich auf eine Gefährdung seiner Gesundheit bezieht, gegen eine Betriebsanlage verzichtet, wenn er dafür ein stattliches Entgelt als „Entschädigung" erhält. Die Behörde muss dennoch alle Interessen der GewO (auch den Schutz des Nachbarn vor Gefährdungen seiner Gesundheit) verfolgen, unabhängig davon, ob ein Nachbar das wünscht oder nicht.

(2) Grundsatz der arbiträren Ordnung

Der Behörde steht es grundsätzlich frei, wie sie das Ermittlungsverfahren durchführt, also ob sie Sachverständige hört, welche Zeugen sie vernimmt etc. Die Behörde bestimmt den Gang des Verfahrens, sie ist „Herrin des Verfahrens".

Im Betriebsanlagenverfahren prüft die Behörde nach Einbringen des Ansuchens, ob die gesetzlichen Voraussetzungen für die Erteilung der Betriebsanlagenbewilligung erfüllt sind. Sie stellt fest, ob die Schutzinteressen der

GewO berührt werden. Dazu wird sie die Unterlagen selbst prüfen oder kann sie Sachverständigengutachten heranziehen, um festzustellen, ob eines der Schutzgüter der GewO berührt wird. Allenfalls veranlasst die Behörde die Antragsteller, fehlende Unterlagen nachzureichen.

(3) Grundsatz der freien Beweiswürdigung

Es gibt keine festen Beweisregeln. Die Behörde würdigt die Beweise nach freier Überzeugung. Sie kann zB dem Gutachten einer Sachverständigen oder der Aussage eines Zeugen glauben oder auch nicht. Allerdings muss die Behörde ihre Entscheidung in der Sache (also über den Bewilligungsantrag für die Betriebsanlage) begründen und somit nachvollziehbar erklären, welche Bedeutung sie welchen Beweismitteln zugemessen hat.

Als Beweismittel kann alles verwendet werden, was zur Feststellung des maßgeblichen Sachverhalts geeignet ist. Beweismittel können zB sein: Urkunden, Zeugenaussagen, Vernehmung von Beteiligten, Sachverständigengutachten oder ein Augenschein (unmittelbare Wahrnehmung durch die Behörde selbst).

(4) Recht auf Parteiengehör

Die Behörde muss den Parteien die Gelegenheit geben, alles vorzubringen, was den Rechtsstandpunkt der Partei stützt und sich mit jedem Parteivorbringen auseinandersetzen (auch dann, wenn der Behörde die Sinnhaftigkeit eines Vorbringens nicht einsichtig ist). Das Parteiengehör ist ein besonders wichtiger Grundsatz des Verwaltungsverfahrens. So ist sichergestellt, dass die Interessen und Rechte der Parteien ausreichend berücksichtigt werden.

Grundsätzlich kann im Verwaltungsverfahren das Parteiengehör auch ausschließlich schriftlich wahrgenommen werden. Eine Partei kann aber ihr Vorbringen auch mündlich bei der Behörde zu Protokoll geben. In der Praxis laufen viele Verwaltungsverfahren ausschließlich schriftlich ab (zB Verleihung der Staatsbürgerschaft, Anerkennung von Prüfungen nach § 78 Universitätsgesetz [UG], Verleihung akademischer Grade etc). Insb sieht das AVG keine verpflichtende mündliche Verhandlung vor. Die Behörde hat daher zu entscheiden, ob sie die Durchführung einer mündlichen Verhandlung zur vollständigen Ermittlung des Sachverhalts für erforderlich hält. In besonderen Konstellationen (zB Betriebsanlagengenehmigungsverfahren, Baugenehmigungsverfahren etc) schreiben aber die Materiengesetze die zwingende Durchführung einer mündlichen Verhandlung vor (so etwa für bestimmte bewilligungspflichtige Bauten die einzelnen Bauordnungen, siehe Abschnitt II.C.2.e.).

(5) Effizienzprinzip

Die Behörde hat bei der Führung des Verfahrens auf mögliche Zweckmäßigkeit, Raschheit, Einfachheit und Kostenersparnis Rücksicht zu nehmen. Dadurch darf aber weder das Recht auf Parteiengehör geschmälert werden, noch darf die Feststellung der materiellen Wahrheit darunter leiden.

b. Die mündliche Verhandlung

Wenn die Behörde beschließt, eine mündliche Verhandlung durchzuführen, muss sie den Grundsatz der Parteiöffentlichkeit beachten. Das bedeutet, dass alle am Verfahren teilnehmenden Parteien ein Recht auf Teilnahme an der Verhandlung haben.

Im Betriebsanlagenverfahren wird in aller Regel eine Augenscheinsverhandlung, also eine mündliche Verhandlung an Ort und Stelle der zu errichtenden Betriebsanlage, durchgeführt. Sie wird von einem Behördenvertreter geleitet. Ziel der Verhandlung ist es, der Behörde durch unmittelbare Wahrnehmung, Informationen über tatsächliche Vorgänge oder Gegebenheiten zu verschaffen. Gleichzeitig wird allen Parteien die Gelegenheit gegeben, zum Projekt Stellung zu nehmen und Einwendungen zu erheben.

c. Präklusion

Das Institut der Präklusion spielt im Mehrparteienverfahren eine Rolle, also in Verfahren, in denen neben dem Antragsteller noch anderen Personen Parteistellung zukommt, wie etwa Nachbarn im Betriebsanlagengenehmigungsverfahren. Der Antragsteller hat während des gesamten Verfahrens Parteistellung und kann diese Rechtsstellung auch nicht verlieren. Damit andere Parteien als der Antragsteller die ihnen zukommende Stellung im Verfahren bewahren, müssen sie Einwendungen erheben. Diese Einwendungen müssen rechtserheblich, also rechtlich relevant, und rechtzeitig sein. Rechtserheblich sind Einwendungen dann, wenn sie sich auf ein sich aus einer gesetzlichen Norm ergebendes subjektives öffentliches Recht der Partei beziehen.

Beispiel

Aus § 74 Abs 2 Z 2 GewO, wonach Betriebsanlagen bewilligungspflichtig sind, wenn sie geeignet sind, „(...) die Nachbarn durch Geruch, Lärm, Rauch, Staub, Erschütterung oder in anderer Weise zu belästigen (...)“, ergibt sich ein subjektives Recht des Nachbarn, nicht durch die genannten Emissionen in unzumutbarer Weise belästigt zu werden. Darauf kann sich der Nachbar stützen und mittels Einwendung im Verfahren behaupten, durch Lärm, der durch die Betriebsanlage verursacht wird, unzumutbar belästigt zu werden.

Kein subjektives Recht der Nachbarn ist hingegen betroffen, wenn die Fabrik ihrer Meinung nach die Gegend „verschandelt“ oder den öffentlichen Verkehr beeinträchtigt. Diese öffentlichen Interessen können nicht im Rahmen von Einwendungen im Verfahren vorgebracht werden, sondern sind von der Behörde gegebenenfalls selbst aufzugreifen und von Amts wegen wahrzunehmen, weil sie im öffentlichen Interesse, aber nicht im individuellen Interesse bestimmter einzelner Personen liegen. Einwendungen müssen rechtzeitig, also spätestens am Tag vor Beginn der Verhandlung während der Amtsstunden in mündlicher oder schriftlicher Form bei der Behörde oder während der mündlichen Verhandlung vorgebracht werden.

Gibt eine Partei ihre Einwendung zu spät ab oder ist diese nicht rechtserheblich, verliert sie ihre Parteistellung; man spricht von „Präklusion“. Der Verlust der Parteistellung tritt aber nur dann ein, wenn eine mündliche Verhandlung stattgefunden hat und die Partei über die Anberaumung der Verhandlung im Wege persönlicher Verständigung oder durch eine entsprechende Kundmachung (zB durch Kundmachung an der Amtstafel und durch Verlautbarung im elektronischen Amtsblatt der Gemeinde) informiert wurde. Hat keine mündliche Verhandlung stattgefunden oder wurde die Partei hiervon nicht in Kenntnis gesetzt, präkludiert sie nicht, dh sie bleibt Partei des Verfahrens.

Beispiel

Ihr Nachbar errichtet eine Betriebsanlage und die Behörde setzt eine mündliche Verhandlung an Ort und Stelle (Augenscheinsverhandlung) an. Zu dieser Verhandlung werden Sie als Nachbar geladen. Die Ladung erfolgt durch persönliche Verständigung und durch Anschlag am „Schwarzen Brett“ in Ihrem Haus. Lesen Sie die Ladung und den Anschlag nicht und versäumen Sie deshalb die Verhandlung, so verlieren Sie Ihre Parteistellung.

Die Präklusion hat zur Folge, dass die Partei ihre Parteistellung und damit die ihr ursprünglich zugekommenen Parteirechte verliert. Insb kann sie fortan keine Einsicht in die Akten des laufenden Verfahrens nehmen, sie wird von der Behörde nicht mehr gehört, ihr wird der Bescheid über die Erteilung der Bewilligung nicht zugestellt und sie kann gegen die Entscheidung der Behörde kein Rechtsmittel ergreifen. Kurz: Die betroffene Person kann auf das Verfahren keinen Einfluss mehr nehmen. Bei Vorliegen bestimmter Voraussetzungen kann die Person ihre Parteistellung jedoch mittels der sog Quasi-Wiedereinsetzung (§ 42 Abs 3 AVG) wieder erlangen.

Durch die Präklusionswirkung wird der Kreis der Parteien eines Verfahrens also auf jene Personen eingegrenzt, die sich aktiv am Verfahren beteiligen. Jene Parteien, die keine Einwendungen erheben und somit keine Initiative im Verfahren zeigen, werden demgegenüber vom Verfahren als Parteien ausgeschieden. Auf diese Weise kommt es zu einer Konzentration des Verfahrens: Die Behörde hat sich in weiterer Folge auf die Wahrnehmung der von den verbliebenen Parteien geltend gemachten subjektiven Rechtspositionen und die von Amts wegen wahrzunehmenden Interessen zu beschränken. Einwendungen präkludierter Parteien sind hingegen im weiteren Verfahren unbeachtlich.

Um eine Bewilligung der Betriebsanlage zu erlangen, haben Sie einen entsprechenden Antrag an die zuständige Behörde (Magistrat der Stadt Wien) gestellt. Die Behörde hat den Antrag geprüft und eine Augenscheinsverhandlung anberaumt, in welcher der Betreiber des Hotels seine Einwendungen vorgebracht hat. Er hat seine Parteistellung gewahrt.

d. Das vereinfachte Verfahren bei Bagatellanlagen

Wenn nicht ausgeschlossen werden kann, dass von einer gewerblichen Betriebsanlage eine abstrakte Gefährdung ausgeht, es aber sicher erscheint, dass Gefährdungen und Belästigungen nicht oder nur in geringem Maß tatsächlich auftreten werden, findet ein vereinfachtes Bewilligungsverfahren statt. Den Nachbarn kommt dabei grundsätzlich keine Parteistellung zu, sie können weder Einwendungen erheben noch gegen eine Bewilligung Beschwerde führen. Allein die Behörde ist zum Schutz der Interessen der GewO berufen.

Welche Anlagen dem vereinfachten Verfahren zu unterziehen sind, ergibt sich aus § 359b Abs 1 GewO (Verwendung ausschließlich von typenzugelassenen Maschinen oder solchen, die in erster Linie in Privathaushalten Verwendung finden; Betriebsanlagen, deren gesamte Betriebsfläche nicht mehr als 800 m^2 beträgt und deren elektrische Anschlussleistung 300 kW nicht übersteigt) und Verordnungen gem § 359b Abs 2 und 3 GewO (siehe dazu LE 6).

Beachte: Die Bewilligungskriterien sind auch im vereinfachten Bewilligungsverfahren dieselben wie bei einer Normalanlage.

e. Exkurs: Verfahren in Bausachen

Das Verfahren in Bausachen richtet sich in erster Linie nach dem AVG (siehe Abschnitt I.). Daneben sind Verfahrensvorschriften der Bauordnungen der einzelnen Länder zu berücksichtigen, weil Angelegenheiten des Baurechts in die Generalklausel des Art 15 Abs 1 B-VG fallen und daher in die Gesetzgebungskompetenz der Länder fallen. Für jedes Bundesland gibt es daher eine eigene Bauordnung.

Im Baurecht findet in der Regel – vergleichbar mit dem Betriebsanlagenrecht – eine Bauverhandlung (Augenscheinsverhandlung) statt, zu der neben dem Bauherrn (= Antragsteller bzw Person, die ein Bauwerk errichten will) auch sämtliche Nachbarn zu laden sind. Während dieser Bauverhandlung haben die Nachbarn die Möglichkeit, Einwendungen zu erheben. Die subjektiven Rechte, die zu einer Einwendung berechtigen, sind denen des Betriebsanlagenrechts ähnlich. Subjektive Rechte sind: Einhaltung der Abstandsregeln, Einhaltung der Regeln über die Gebäudehöhe, Bestimmungen zum Schutz vor Emissionen etc (vgl § 134a BauO für Wien). Vereinzelt sehen gesetzliche Bestimmungen für den Fall, dass der Schutz vor Emissionen bereits durch andere Bestimmungen bzw durch ein anderes Verfahren (etwa das Betriebsanlagengenehmigungsverfahren) gewährleistet ist, vor, dass aus diesem Grund der Schutz vor Emissionen in einem anderen Verfahren (etwa dem Bauverfahren) kein subjektives Recht mehr begründet (zB § 134a Abs 2 BauO für Wien).

Dem trägt § 134a Abs 2 BauO für Wien Rechnung: Sofern der Hotelbetreiber seine Einwendung bezüglich belästigender Lärmentwicklung schon im Betriebsanlagenverfahren erhoben hat, stünde ihm diese Einwendung in einem Bauverfahren nicht mehr offen. In diesem Fall hat sich der Problematik bereits eine Behörde angenommen. Müsste sich nun auch noch eine andere Behörde mit diesem Vorbringen auseinandersetzen, könnte das zu Konflikten führen. Es sollte reichen, wenn eine Behörde im öffentlichen Interesse das Notwendige unternimmt, um den von der Anlage ausgehenden Gefahren entgegenzuwirken.

3. Die Erledigung des Verfahrens: Der Bescheid

a. Was ist ein Bescheid?

Bescheide sind

- aufgrund eines Verfahrens erlassene
- konkrete normative Erledigungen
- einer Verwaltungsbehörde,
- die sich ihrem Inhalt nach an individuell bestimmbare Rechtsunterworfene (zB Max Mustermann) richten.

Was in der ordentlichen Gerichtsbarkeit das Urteil ist, ist für den Bereich der Verwaltung der Bescheid. Er ist eine individuelle Rechtsquelle und das zentrale Element des österreichischen Verwaltungsrechts. Im Bereich der Verwaltungsgerichtsbarkeit ergehen Entscheidungen in Form von Beschlüssen und Erkenntnissen (siehe Abschnitt III.C.8.), die – weil Akte der Gerichtsbarkeit – keine Bescheide darstellen!

Bescheide ergehen grundsätzlich schriftlich. Sie können zwar grundsätzlich auch mündlich verkündet (und diesfalls bloß schriftlich protokolliert) werden, dies stellt aber in der Praxis die Ausnahme dar.

Keine Bescheide sind:

- Verordnungen einer Behörde. Diese sind nicht individuell an bestimmte Personen, sondern wie Gesetze an einen generellen Adressatenkreis gerichtet (zB eine auf Basis der StVO erlassene Verordnung, mit der im Ortsgebiet von Baden eine Geschwindigkeitsbeschränkung von 30 km/h angeordnet wird; diese ist an alle Lenker eines Kfz im Ortsgebiet von Baden adressiert).
- Rechtsgeschäfte, die der Staat im Rahmen der Privatwirtschaftsverwaltung abschließt, weil der Staat in diesem Fall nicht mit behördlicher Hoheitsgewalt (= imperium) handelt, sondern privatrechtliche Verträge wie jeder Private abschließt (zB eine Behörde kauft Computer für ihr Amt).
- Akte unmittelbarer verwaltungsbehördlicher Befehls- und Zwangsgewalt (AuvBZ) (zB Festnahme eines randalierenden Fußballrowdies durch die Polizei; Beschlagnahme verdorbener Lebensmittel durch Organe der Lebensmittelaufsicht; im Zuge der Überprüfung einer Betriebsanlage ergehende Anordnung der behördlichen Aufsichtsorgane, eine bestimmte Maschine aufgrund bestehender Explosionsgefahr sofort stillzulegen oder das Lokal wegen Einsturzgefahr sofort zu schließen). Im Unterschied zur Erlassung eines Bescheides wird in diesen Fällen kein Ermittlungsverfahren durchgeführt und es bestehen auch nur vereinzelt Formvorschriften (zB Ausstellung einer Bestätigung über eine erfolgte Beschlagnahme); man spricht daher auch von der „relativen Verfahrens- und Formfreiheit“ der AuvBZ.

Bescheide weisen gelegentlich Fehler auf; einige davon führen zur Nichtigkeit des Bescheides, andere hingegen berühren das gültige Zustandekommen eines Bescheides nicht, sondern machen den Bescheid bloß rechtswidrig und aus diesem Grund anfechtbar bzw vernichtbar (man spricht in diesem Zusammenhang vom sog „Fehlerkalkül“: Damit ist gemeint, dass die Rechtsordnung zwischen der normativen Existenz, die gegeben ist, und der Rechtmäßigkeit eines Rechtsaktes, die in einem solchen Fall fehlt, unterscheidet; darauf baut in weiterer Folge das Rechtsschutzsystem auf). Welche Folgen bestimmte Fehler haben, ergibt sich aus der Rechtsordnung. Im Rahmen des Fehlerkalküls ist die Fehlerhaftigkeit für die Qualifikation eines Rechtsaktes als Bescheid irrelevant. Innerhalb dieses Fehlerkalküls liegen auch Mängel, die überhaupt keine Auswirkungen auf die Rechtmäßigkeit eines Aktes haben, zB die Angabe des Datums der Bescheiderlassung.

Ein Bescheid unterliegt nach § 58 AVG bestimmten Inhalts- und Formerfordernissen. Insb ist der Bescheid ausdrücklich als solcher zu bezeichnen, er hat die bescheiderlassende Behörde und den Bescheidadressaten zu benennen, das Datum der Genehmigung und den Namen des bzw der Genehmigenden zu enthalten. Zudem muss der Bescheid einen Spruch und eine Rechtsmittelbelehrung enthalten. Bescheide sind darüber hinaus zu begründen, wenn dem Standpunkt des Antragstellers nicht vollinhaltlich entsprochen wird oder wenn – wie im Betriebsanlagenbewilligungsverfahren zumeist der Fall – über Einwendungen von Parteien abgesprochen wird.

Fehlt die Angabe der bescheiderlassenden Behörde oder des Bescheidadressaten, der Spruch oder der Name des bzw der Genehmigenden, liegt im Sinne des Fehlerkalküls absolute Nichtigkeit vor; dh der Bescheid ist in diesen Fällen nicht wirksam zustande gekommen. Das Fehlen dieser Merkmale bewirkt somit absolute Nichtigkeit. Bei Fehlen der anderen Merkmale, etwa der Rechtsmittelbelehrung, liegt allenfalls eine Rechtswidrigkeit des wirksam zustande gekommenen Bescheids, aber keine absolute Nichtigkeit des Bescheides vor.

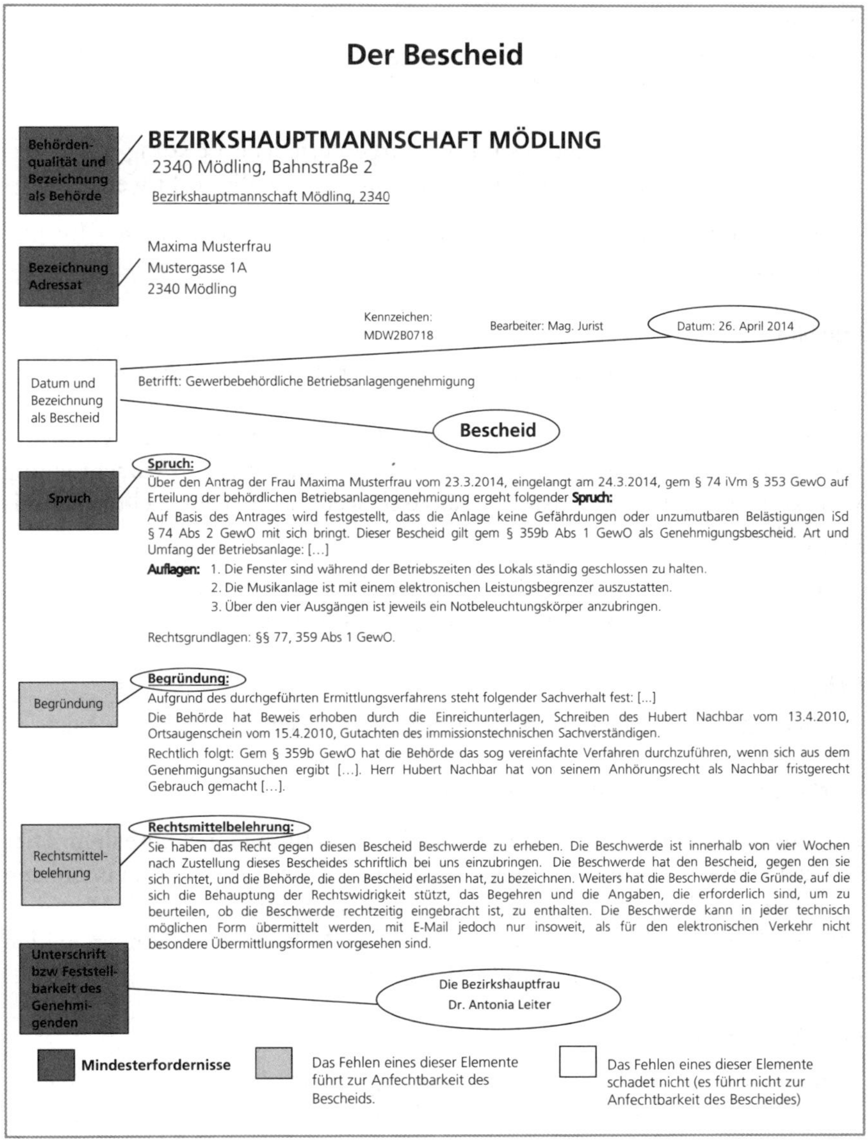

b. Welche Bescheide gibt es?

Im Allgemeinen wird zwischen Leistungs-, Rechtsgestaltungs- und Feststellungsbescheiden unterschieden.

– Leistungsbescheide schreiben die Erfüllung einer bestimmten Leistung vor.

Beispiel

Strafbescheid, mit dem eine Geldstrafe verhängt wird; Abbruchauftrag nach der Bauordnung; Vorschreibung einer Steuer.

Leistungsbescheide können, wenn die vorgeschriebene Leistung nicht freiwillig erbracht wird, von der Behörde zwangsweise vollstreckt werden.

- Rechtsgestaltungsbescheide begründen, gestalten oder heben ein Rechtsverhältnis auf.

Beispiel

Baugenehmigung, Betriebsanlagengenehmigung, Entzug der Gewerbeberechtigung.

Im Betriebsanlagenverfahren entscheidet die Behörde und erlässt einen Bescheid, der die Anlage entweder genehmigt (eventuell unter Vorschreibung von Auflagen) oder das Ansuchen abweist, weil das Projekt nicht genehmigungsfähig ist.

- Feststellungsbescheide stellen das Bestehen oder Nichtbestehen eines Rechtsverhältnisses mit rechtlicher Verbindlichkeit fest.

Beispiel

Feststellung, ob es sich um eine Bagatellanlage oder um eine Normalanlage handelt.

c. Nebenbestimmungen in Bescheiden

Der Spruch des Bescheides kann auch Nebenbestimmungen enthalten. Diese ergänzen die Haupterledigung und können daher nur in Zusammenhang mit dieser ergehen. Sie können idR auch nur gemeinsam mit dem Hauptinhalt des Spruches bekämpft werden. Zu den Nebenbestimmungen zählen insb Auflagen, Bedingungen und Befristungen.

(1) Auflagen

Auflagen können in Zusammenhang mit begünstigenden Bescheiden ergehen. Durch die Auflage werden dem Bescheidadressaten, wenn er die zuerkannte Berechtigung in Anspruch nimmt, Verpflichtungen auferlegt.

Gerade im Betriebsanlagenrecht werden den Bewilligungswerbern häufig im Bewilligungsbescheid Auflagen vorgeschrieben, insb im Anschluss an ein Sachverständigengutachten. In der Regel wirkt die Behörde dabei darauf hin, dass ihre Entscheidung im Konsensweg zwischen Gewerbetreibenden, Nachbarn und Behörde erreicht wird. Dadurch wird sichergestellt, dass sowohl die Interessen der Gewerbetreibenden ausreichend berücksichtigt werden und somit die Einhaltung der Auflagen gewährleistet erscheint, als auch den Bedenken der Nachbarn angemessen entsprochen wird.

Die Behörde hat die Einwendungen des Hotelbesitzers gewürdigt und einen Bescheid mit folgenden Auflagen vorgeschrieben: Verwendung von schalldichten Türen und Fenstern, Geschlossenhalten von Türen und Fenstern während der Betriebszeiten.

(2) Bedingungen

Bedingungen machen demgegenüber den Eintritt oder das Erlöschen der im Bescheid angeordneten Berechtigung oder Verpflichtung von einem zukünftigen ungewissen Ereignis (zB vom Handeln einer dritten Person) abhängig. Aufschiebende Bedingungen knüpfen den Rechtserwerb bzw das Entstehen einer Verpflichtung, auflösende Bedingungen das Erlöschen eines Rechts bzw einer Verpflichtung an den Eintritt eines solchen Ereignisses.

Beispiel

Die Bewilligung zum Bau eines Schleppliftes wird, um eine sinnvolle Erschließung des Schigebiets zu gewährleisten, an die Bedingung geknüpft, dass in demselben Schigebiet auch mit der Errichtung eines Sesselliftes begonnen wird. Dabei handelt es sich um eine aufschiebende Bedingung: Wird mit der Errichtung eines Sesselliftes nicht begonnen, liegt auch keine Bewilligung zum Bau eines Schleppliftes vor.

(3) Befristung

Die Befristung verknüpft den Eintritt oder die Beendigung der im Bescheid ausgesprochenen Berechtigung oder Verpflichtung mit einem zukünftigen gewissen Ereignis (zB Datum, Ablauf einer Zeitspanne).

Beispiel

Eine Genehmigung wird für den Zeitraum von 1. Mai bis 30. September eines bestimmten Jahres erteilt.

d. Wie wird ein Bescheid erlassen?

In der österreichischen Rechtsordnung kann – der von der Bundesverfassung vorgesehenen strikten Bindung der Verwaltung an das Gesetz zufolge (sog Legalitätsprinzip gem Art 18 B-VG, vgl Abschnitt III.A.) – ein Bescheid immer nur das Ergebnis der Anwendung eines Gesetzes oder einer Verordnung auf einen Sachverhalt durch eine Behörde sein. Die Behörde hat dabei grundsätzlich von der Rechtslage im Zeitpunkt ihrer Entscheidung auszugehen, sie muss also Rechtsänderungen bis zu ihrer Entscheidung berücksichtigen. Bei der Entscheidungsfindung kann der Behörde vom Gesetz mitunter auch Ermessen, also ein gewisser Entscheidungsspielraum, eingeräumt sein (siehe dazu LE 1).

„Erlassen" ist der Bescheid erst mit der mündlichen Verkündung oder – was praktisch der Regelfall ist – mit der Zustellung an den Adressaten (siehe Abschnitt II.C.4.).

Der Zeitpunkt der Erlassung ist wichtig, weil damit die Fristen zur Erhebung von Rechtsmitteln zu laufen beginnen.

e. Wann ist der Bescheid rechtskräftig und was bedeutet das?

Rechtskraft bedeutet Unabänderlichkeit des Bescheides: Grundsätzlich sollen ab einem gewissen Zeitpunkt Bescheide nicht mehr abgeändert werden können, selbst dann nicht, wenn sie rechtswidrig sind. Dadurch wird dem Wert der Rechtssicherheit und des Rechtsfriedens Vorrang vor jenem der Rechtsrichtigkeit (Rechtmäßigkeit) eingeräumt.

Man unterscheidet zwischen formeller und materieller Rechtskraft:

Formell rechtskräftig ist ein Bescheid, wenn er mit ordentlichen Rechtsmitteln nicht mehr bekämpft werden kann. Eine solche „Unanfechtbarkeit" tritt grundsätzlich erst ein, wenn während der Rechtsmittelfrist kein Rechtsmittel gegen einen Bescheid erhoben wird oder das VwG über eine gegen den Bescheid erhobene Beschwerde entschieden hat. Die Erhebung einer Erkenntnisbeschwerde an den VfGH (siehe Abschnitt IV.C.3.) oder einer Revision an den VwGH (siehe Abschnitt IV.B.3.) gegen eine Entscheidung des VwG stellt ein außerordentliches Rechtsmittel dar, das den Eintritt der formellen Rechtskraft grds nicht hemmt.

Folge der formellen Rechtskraft ist die *materielle* Rechtskraft, derzufolge der betreffende Bescheid grundsätzlich unwiderrufbar, unwiederholbar und verbindlich ist. Das bedeutet, dass die Behörde in derselben Angelegenheit ihre frühere Entscheidung nicht widerrufen oder abändern kann. Auch die Partei kann in derselben Sache nicht nochmals eine Entscheidung begehren. Der Bescheid wird durch den Eintritt der Rechtskraft zu einer auf die Bescheidempfänger speziell zugeschnittenen (individuellen) verbindlichen Rechtsnorm: So sind etwa der Unternehmer und die Nachbarn an den rechtskräftigen Bescheid über die Bewilligung der Errichtung bzw des Betreibens der Betriebsanlage gebunden.

Die durch die Rechtskraft bewirkte Unabänderlichkeit des Bescheides ist aber relativ. Denn die Rechtsordnung sieht ausnahmsweise Durchbrechungen der Rechtskraft vor (zB Antrag auf Wiederaufnahme, wenn etwa nachträglich neue Tatsachen oder neue Beweismittel hervorkommen, die zu einer anderen Entscheidung geführt hätten; Vorschreibung nachträglicher Auflagen für Betriebsanlagen).

f. Persönliche und dingliche Wirkung des Bescheides

Bescheide entfalten grundsätzlich persönliche Wirkung. Das bedeutet, sie richten sich an einen individuell-konkreten Adressaten oder Adressatenkreis (das sind jene Personen, die am Verfahren teilgenommen haben und denen gegenüber der Bescheid erlassen wurde) und entfalten diesen gegenüber ihre Rechtswirkungen (durch Berechtigung oder Verpflichtung). Da es dabei auf persönliche Umstände des Berechtigten bzw des Verpflichteten ankommt, gelten die mit dem Bescheid verbundenen Rechte und Pflichten nur gegenüber den Bescheidadressaten (zB sind die Gewerbeberechtigung, die Verleihung der Staatsbürgerschaft oder die sich aus dem Sponsionsbescheid ergebende Berechtigung zur Führung eines akademischen Grades nicht übertragbar).

Der anlagenrechtliche Bewilligungsbescheid ist demgegenüber ein Beispiel für einen Bescheid, dem dingliche Wirkung zukommt. Damit wird zum Ausdruck gebracht, dass der Bescheid an der Betriebsanlage und nicht am Unternehmer „haftet“. Gegenstand der Bewilligung ist die Anlage, nicht ihr jeweiliger Inhaber. Wird die Betriebsanlage veräußert, geht die Bewilligung daher auf die Erwerber der Betriebsanlage über.

Beispiel

Ein Gasthaus wird verkauft. Der Erwerber kann die Betriebsanlage weiterführen, weil der Betriebsanlagenbescheid auf ihn übergeht. Er benötigt aber eine Gewerbeberechtigung, weil es sich dabei um keinen dinglichen Bescheid handelt, sondern der entsprechende Bescheid nur persönliche Wirkung entfaltet.

g. Der Mandatsbescheid

Ausnahmsweise darf eine Verwaltungsbehörde einen Bescheid ohne vorausgegangenes Ermittlungsverfahren erlassen (siehe Abschnitt II.C.2.). Ein derartiger Bescheid wird als Mandatsbescheid bezeichnet und ist nur unter zwei Voraussetzungen zulässig (§ 57 AVG). Entweder will die Behörde Geldleistungen nach einem feststehenden Maßstab vorschreiben oder es liegt Gefahr im Verzug vor und die Behörde muss unaufschiebbare Maßnahmen setzen.

Beispiel

Ein russischer Oligarch beabsichtigt die Errichtung einer Betriebsanlage in Kitzbühel. Die Behörde zieht der mündlichen Verhandlung einen Dolmetscher bei, weil er der deutschen Sprache nicht hinreichend kundig ist. Die der Behörde dadurch entstandenen Dolmetschergebühren werden dem Oligarchen mittels Mandatsbescheides auferlegt.

Einem maroden Geldinstitut droht der Ausfall, weshalb es erforderlich ist, dass die zuständige Behörde rasch Abwicklungsmaßnahmen setzen muss, damit ein volkswirtschaftlicher Schaden verhindert wird. Diese Maßnahmen können mittels Mandatsbescheides angeordnet werden (siehe § 116 Bundesgesetz über die Sanierung und Abwicklung von Banken).

h. Exkurs: Akte unmittelbarer verwaltungsbehördlicher Befehls- und Zwangsgewalt (AuvBZ)

Prinzipiell bedarf ein verwaltungsbehördlicher Eingriff in subjektive Rechte der Rechtsunterworfenen einer bestimmten Form, nämlich jener des Bescheides. Voraussetzung für die Erlassung eines Bescheides ist die Durchführung eines Verwaltungsverfahrens. Mitunter ist in Gesetzen und Verordnungen aber vorgesehen, dass Verwaltungsbehörden ohne ein vorangehendes Verfahren in die subjektiven Rechte von Personen eingreifen dürfen. Das B-VG bezeichnet solche „verfahrensfreien Verwaltungsakte" oder „Maßnahmen" als Akte der Ausübung unmittelbarer verwaltungsbehördlicher Befehls- und Zwangsgewalt. Darunter ist eine individuell an einen bestimmten Adressaten gerichtete einseitige Erteilung eines Befehls bzw die Ausübung von Zwang durch ein Verwaltungsorgan im Rahmen der Hoheitsverwaltung zu verstehen. Das B-VG unterwirft derartige Akte einem speziellen Rechtsschutz (Maßnahmenbeschwerde an das VwG, Art 130 Abs 1 Z 2 B-VG, vgl Abschnitt III.C.4.).

Beispiel

Festnahme durch die Polizei auf Grundlage des VStG; Entnahme von Warenproben durch die Lebensmittelbehörde; Beschlagnahme von Gegenständen durch Organe der öffentlichen Aufsicht auf Grundlage des VStG; Schließung eines Gewerbebetriebes durch die Gewerbebehörde; vorläufige Abnahme des Führerscheins durch die Polizei.

4. Zustellung und Fristen

Ein Bescheid muss, sofern er nicht mündlich verkündet wird, allen am Verfahren beteiligten Parteien zugestellt werden. Die Zustellung ist Voraussetzung dafür, dass ein Bescheid gegenüber den Bescheidadressaten rechtlich wirksam wird. Die Zustellung kann entweder durch die Post (Regelfall) oder durch Organe der Behörden vorgenommen werden oder aber elektronisch über sog Zustelldienste erfolgen, sofern sich die Empfänger bei einem solchen Zustelldienst registriert haben. Zudem besteht die Möglichkeit, dass der Bescheid im Akt hinterlegt wird und die Zustellung durch Kundmachung an der Amtstafel der Behörde erfolgt, wenn die Behörde den Bescheidadressaten nicht erreichen kann. Näher geregelt wird das Zustellwesen im Zustellgesetz.

Auf nichtelektronischem Weg können behördliche Dokumente entweder ohne Zustellnachweis (zB durch Einwurf in den Postkasten der Empfänger) oder mit einer Bestätigung der Übergabe an die Empfänger durch die Zusteller (Postbote) auf einem sog Rückschein (RS) zugestellt werden. Dabei wird unterschieden, ob das Dokument ausschließlich dem Empfänger zuzustellen ist (RSa) oder ob das Schriftstück bei Abwesenheit des Empfängers auch von Ersatzempfängern an der gleichen Adresse (zB Eltern, Ehepartnern, Angestellten) entgegengenommen werden darf (RSb). RSa-Zustellungen werden in besonders wichtigen Fällen vorgenommen, etwa wenn es um Ladungsbescheide geht, die für den Fall des Nichterscheinens vor der Behörde Zwangsmittel androhen. RSb-Zustellungen werden in jenen Fällen vorgenommen, in denen es etwa für Rechtsmittelfristen wichtig ist, dass der Zeitpunkt der Zustellung eindeutig nachweisbar ist.

Bei der elektronischen Zustellung wird der Empfänger – im Regelfall per E-Mail – verständigt, dass das zuzustellende Dokument auf einem Server zur Abholung bereit liegt.

Der Zeitpunkt der Zustellung ist vor allem deshalb so wichtig, weil ab diesem Zeitpunkt die Fristen für die Erhebung von Rechtsmitteln zu laufen beginnen. Bspw muss eine Beschwerde an das VwG binnen vier Wochen ab Bescheidzustellung erhoben werden (§ 7 Abs 4 VwGVG).

Der mit Auflagen versehene Bescheid des Magistrats der Stadt Wien über die betriebsanlagenrechtliche Genehmigung Ihrer Disco muss Ihnen und dem Hotelbesitzer zugestellt werden.

Der Ablauf des Verfahrens vor den Verwaltungsbehörden

Einleitung	Einleitung des Verfahrens durch Antrag oder amtswegig
Ermittlungsverfahren	Behörde muss materielle Wahrheit feststellen
	Behörde kann Augenscheinsverhandlung durchführen, Zeugen vernehmen, Urkunden prüfen, Sachverständigengutachten einholen, Beteiligte einvernehmen; sie muss die Parteien hören
Erledigung	Behörde entscheidet (erlässt Bescheid)

III. Rechtsschutz

Unter Rechtsschutz versteht man die Sicherung der Einhaltung des Rechts. Diese Einhaltung wird durch Rechtsschutzeinrichtungen gewährleistet. Mit Hilfe eines Rechtsmittels ist es einer Partei eines Verfahrens möglich, die Entscheidung einer Verwaltungsbehörde auf ihre Richtigkeit überprüfen zu lassen. Das ist ein wesentliches Element des Rechtsstaates, weil es möglich sein muss, dass Fehler von Staatsorganen verhindert oder korrigiert werden.

Auch für den Staat (Bund, Länder und Gemeinden) und seine Organe können, wie bei jeder juristischen Person, letztlich nur Menschen handeln („Organwalter", siehe dazu LE 1). Wo Menschen tätig sind, passieren Fehler. Die Rechtsordnung rechnet von vornherein mit diesem Umstand und der Rechtsstaat als „Rechtsschutzstaat" muss entsprechende Verfahren zur Verfügung stellen, in denen behauptete Fehler von Vollzugsakten beseitigt werden können. Das hat auch die Konsequenz, dass der Rechtsstaat davon ausgeht, dass der Einzelne „seine Sache" auch selbst in die Hand nimmt und betreibt. Auf der anderen Seite gibt es auch ein wesentliches Interesse an Rechtssicherheit, also daran, dass Vollzugsakte – insb dann, wenn Personen daraus eine Berechtigung, also ein „Recht" erwachsen ist (zB Betriebsanlagengenehmigungsbescheid im Hinblick auf den Anlagenbetreiber) – nicht zeitlich unbegrenzt von einer Aufhebung im Rechtsmittelweg bedroht sind. Wer etwa aus einem Bescheid ein Recht erhalten hat, möchte sich darauf auch zukünftig verlassen können. Daher knüpft die Rechtsordnung typischerweise die Geltendmachung von Rechtsmitteln und damit die Bekämpfung von Fehlern an Fristen („Rechtsmittelfristen"). Wer einen an ihn als Partei gerichteten Bescheid nicht innerhalb der Rechtsmittelfristen wegen einer allfälligen Rechtswidrigkeit bekämpft, nimmt in Kauf, dass der Bescheid, so wie er ist, unabänderlich verbindlich wird (man spricht von „Rechtskraft", siehe Abschnitt II.C.3.e.).

Beispiel

Sie stellen bei der zuständigen Behörde einen Feststellungsantrag auf Gleichhaltung Ihrer im Ausland absolvierten Ausbildung. Die Behörde stellt einen negativen Bescheid aus und verneint somit die Gleichhaltung. Aufgrund Ihres neuen Berufes machen Sie sich keine weiteren Gedanken darüber und akzeptieren den negativen Bescheid. Der Bescheid wird damit rechtskräftig. Erst ein Jahr später entdecken Sie, dass Sie durch eine Unachtsamkeit vergessen haben, ein ausschlaggebendes Dokument dem Antrag anzuhängen, welches mit Sicherheit zu einem positiven Bescheid geführt hätte. Da Sie den Bescheid nicht innerhalb der Rechtsmittelfrist bekämpft haben, wird dieser trotzdem rechtskräftig.

Ihr Einkommensteuerbescheid weist im Spruch eine bestimmte Bemessungsgrundlage und auf dieser Basis die Festsetzung der Einkommensteuer für das konkrete Steuerjahr aus. Sie lesen den Bescheid nicht so genau, die Summe der zu entrichtenden Einkommensteuer kommt Ihnen plausibel vor und Sie erheben daher kein Rechtsmittel. Im Folgejahr kommen Sie bei der Erstellung Ihrer Steuererklärung zur Einsicht, dass das Finanzamt bei der Festsetzung der Bemessungsgrundlage einen Anlagegegenstand nicht als Betriebsvermögen anerkannt und daher die entsprechende, im Vorjahr erstmals von Ihnen geltend gemachte AfA (Absetzung für Abnutzung) ebenfalls nicht als Betriebsausgabe anerkannt hat. Sie können daher auch in diesem nachfolgenden Steuerjahr keine AfA mehr geltend machen.

A. Rechtsstaatsprinzip und Rechtsschutz

Eines der Grundprinzipien der österreichischen Bundesverfassung ist das Rechtsstaatsprinzip (siehe dazu auch LE 1). Das diesem Prinzip zugehörige Legalitätsprinzip (Art 18 B-VG) besagt, dass die gesamte staatliche Verwaltung nur aufgrund der Gesetze ausgeübt werden darf. Staatliches Handeln erfährt somit eine strikte Bindung an das Gesetz. Um die Einhaltung der Bindung an das Gesetz auch sicherstellen zu können, ist der Rechtsstaat daher notwendigerweise auch Rechtsschutzstaat. Daraus ergibt sich die Notwendigkeit eines effektiven Systems von Rechtsschutzeinrichtungen, die diese Bindung gewährleisten.

Sinn und Zweck eines Rechtsmittels oder Rechtsbehelfes ist die (Ermöglichung der) Kontrolle der Rechtmäßigkeit des staatlichen Handelns. Dadurch wird dem einzelnen Bürger die Möglichkeit gegeben, seine gesetzlichen Rechte zu sichern. Ziel dieses Rechtsschutzsystems ist es, rechtswidriges staatliches Handeln zu beseitigen, um zu verhindern, dass rechtswidrigerweise in subjektive Rechte des Rechtsmittelwerbers eingegriffen wird.

B. Die Rechtsschutzeinrichtungen

1. Allgemeines

Vorweg sei nochmals betont (siehe dazu auch LE 1), dass sich die Gerichtsbarkeit in Österreich in die ordentliche Gerichtsbarkeit und die Gerichtsbarkeit des öffentlichen Rechts gliedert. Zusammen bilden diese ein umfassendes System von Rechtsschutzeinrichtungen, welche es ermöglichen, dass die Rechtmäßigkeit jedes staatlichen Handelns von einem unabhängigen Gericht überprüft werden kann und – im Fall der ordentlichen Gerichtsbarkeit – Streitigkeiten zwischen Privaten geschlichtet werden.

Zentrales Unterscheidungsmerkmal zwischen Gerichtsbarkeit und Verwaltung ist die organisatorische Stellung. Die Gerichtsbarkeit ist nur dem Gesetz verpflichtet und wird von unabhängigen (weisungsfreien), unabsetzbaren und unversetzbaren Organen (Richtern) ausgeübt.

Unter der ordentlichen Gerichtsbarkeit versteht man die Gerichte, die für Zivil- und Strafsachen (ausgenommen das Verwaltungsstrafrecht) zuständig sind. Oberste Instanz in Zivil- und Strafsachen und eines der drei Höchstgerichte in Österreich (neben VwGH und VfGH) ist der Oberste Gerichtshof (OGH).

Die Gerichtsbarkeit des öffentlichen Rechts lässt sich weiter in die Verwaltungsgerichtsbarkeit und Verfassungsgerichtsbarkeit unterteilen. Dabei wird die Verwaltungsgerichtsbarkeit von den VwG des Bundes und der Länder (siehe Abschnitt III.C.) sowie dem VwGH (siehe Abschnitt IV.B.) wahrgenommen. Die Kontrolle der VwG bezieht sich unmittelbar auf individuell hoheitliche Akte (zB Bescheid, AuvBZ) von Behörden. Der VwGH prüft mögliche Verletzungen in einem einfach gesetzlich gewährleisteten subjektiven Recht durch die Entscheidung eines VwG. Die Verfassungsgerichtsbarkeit wird vom VfGH (siehe Abschnitt IV.C.) wahrgenommen. Dieser prüft die Verletzung in verfassungsgesetzlich gewährleisteten Rechten oder ob eine Verletzung durch Anwendung einer rechtswidrigen generellen Norm (Gesetz oder Verordnung) vorliegt. Der VfGH ist als einziges Gericht befugt, verfassungswidrige Normen aufzuheben, also aus dem Rechtsbestand zu entfernen. Diese beiden Rechtsschutzmöglichkeiten vor den Gerichtshöfen des öffentlichen Rechts werden unten (siehe Abschnitt IV.) näher beleuchtet.

Beispiel

Sie erwerben ein Grundstück und entdecken erst nach Abschluss des Kaufvertrages, dass der Boden dieses Grundstückes kontaminiert ist und somit einen Mangel aufweist. Da Sie sich vom Verkäufer getäuscht und ungerecht behandelt fühlen, machen Sie sich Gedanken über den Rechtsschutz. Da es sich hier um einen zivilrechtlichen Vertrag zwischen Privaten handelt und niemand mit Hoheitsgewalt auftritt, fällt dieser Rechtsstreit in die Zuständigkeit der ordentlichen Gerichtsbarkeit.

Auf Ihrem neu erworbenen Grundstück möchten Sie ein Wohnhaus errichten und beantragen daher eine Baubewilligung bei der zuständigen Behörde. Die zuständige Baubehörde entscheidet über die Bewilligung mit Bescheid und versagt Ihnen dieses Vorhaben. Sie wollen gegen diesen Bescheid vorgehen und machen sich Gedanken über den Rechtsschutz. Da es sich hier um einen Akt der (hoheitlichen) Verwaltung handelt, fällt dieser Sachverhalt in die Gerichtsbarkeit des öffentlichen Rechts.

2. Rechtsschutzeinrichtungen 1. Instanz

Das öffentlich rechtliche Rechtsschutzsystem hat nach jahrelangen Diskussionen vor nicht allzu langer Zeit eine umfassende Reform erfahren und sich dadurch grundlegend verändert. Zur Sicherung der Gesetzmäßigkeit der öffentlichen Verwaltung wurde (mit 1. Jänner 2014) durch die Verwaltungsgerichtsbarkeits-Novelle 2012 eine zweistufige Verwaltungsgerichtsbarkeit eingeführt. Vor allem hat sich gezeigt, dass die Anforderungen des Unionsrechts und des Völkerrechts (Art 6 EMRK und Art 47 GRC) die Gewährleistung des Rechtsschutzes durch unabhängige gerichtliche Stellen verlangen. Seit dieser Novelle gibt es grundsätzlich keinen administrativen Instanzenzug mehr, gegen Bescheide der Behörden kann vielmehr in der Regel sogleich mit Beschwerde an das jeweils zuständige VwG vorgegangen werden. Ein von einer Behörde erlassener Bescheid kann daher prinzipiell von zwei nachgelagerten verwaltungsgerichtlichen Instanzen (VwG und VwGH) überprüft werden. Daher kann ein Bescheid zunächst durch ein VwG und anschließend durch den VwGH kontrolliert werden. Daneben besteht gegen Entscheidungen der VwG die Möglichkeit einer Entscheidungsbeschwerde an den VfGH. Auf diesem Weg können Entscheidungen der Behörden auf ihre Übereinstimmung mit der Verfassung (VfGH) sowie mit einfachen Gesetzen und Verordnungen (VwGH) überprüft werden.

Mit der angesprochenen Verwaltungsgerichtsbarkeits-Novelle 2012 wurde in Österreich das sog „9+2-Modell" eingeführt, somit gibt es 11 Verwaltungsgerichte 1. Instanz. Für jedes Bundesland besteht ein VwG des Landes (LVwG). Zusätzlich besteht auf Bundesebene neben dem Bundesverwaltungsgericht (BVwG) auch das Bundesfinanzgericht (BFG). Die VwG der Länder sind Landesorgane; das BVwG und BFG sind Bundesorgane.

Eine Ausnahme von der nach der Reform der Verwaltungsgerichtsbarkeit bestehenden Regel, dass es gegen verwaltungsbehördliche Entscheidungen keinen administrativen Instanzenzug gibt, bildet der eigene Wirkungsbereich der Gemeinden (siehe Abschnitt III.C.2.c.). Hier ist nach wie vor ein administrativer (zweistufiger) Instanzenzug möglich. Gegen erstinstanzliche Bescheide des Bürgermeisters ist grundsätzlich mit Berufung gem §§ 63 ff AVG an die zuständige Berufungsbehörde der Gemeinde (idR der Gemeinderat) vorzugehen. Die Berufung kann sich allerdings stets nur gegen einen Bescheid richten. Gegen die Entscheidung der Berufungsbehörde steht dann die Beschwerde an das VwG offen. Dieser administrative Instanzenzug wurde in einigen Bundesländern ganz oder teilweise abgeschafft; in diesem Fall kann gegen den erstinstanzlichen Bescheid sogleich Beschwerde beim VwG erhoben werden.

3. Rechtsmittel im Verwaltungsverfahren

Grundsätzlich bestehen im Verwaltungsrecht aufsteigende (devolutive) und nicht aufsteigende (remonstrative) Rechtsmittel. Aufsteigend bedeutet, dass eine übergeordnete Verwaltungsbehörde (Gemeinderat oder Gemeindevorstand) oder ein übergeordnetes VwG zur Entscheidung berufen ist. Nicht aufsteigend bedeutet, dass dieselbe Behörde, die den angefochtenen Bescheid erlassen hat, über das Rechtsmittel zu erkennen hat. Erst gegen diesen Bescheid kann ein devolutives Rechtsmittel erhoben werden.

Es kann weiters einerseits zwischen ordentlichen und außerordentlichen Rechtsmitteln und andererseits zwischen Rechtsmitteln und Rechtsbehelfen unterschieden werden:

- Ordentliche Rechtsmittel richten sich gegen einen Bescheid und schließen bei rechtzeitiger Einbringung den Eintritt der formellen Rechtskraft aus. Dazu gehören zB die Beschwerde an das VwG (Art 130 Abs 1 Z 1 B-VG), die Berufung und der Devolutionsantrag in den Angelegenheiten des eigenen Wirkungsbereiches der Gemeinde (§§ 63 ff AVG), welche devolutiv sind. Daneben gilt auch die remonstrative Vorstellung gegen einen Mandatsbescheid (§ 57 AVG, siehe Abschnitt II.C.3.g.) als ordentliches Rechtsmittel.
- Außerordentliche Rechtsmittel sind entweder gegen Entscheidungen des VwG oder gegen Bescheide einer Behörde gerichtet, die bereits rechtskräftig ergangen sind. Nur unter bestimmten Umständen soll ein rechtskräftig abgeschlossenes Verfahren wegen Bedenken gegen die Richtigkeit der Entscheidung nochmals durchgeführt werden. Dazu gehören die Revision an den VwGH (Art 133 Abs 1 Z 1 B-VG) und die Erkenntnisbeschwerde an den VfGH (Art 144 B-VG) sowie der Antrag auf Wiederaufnahme des behördlichen Verfahrens gem § 69 AVG und des verwaltungsgerichtlichen Verfahrens gem § 32 VwGVG.
- Rechtsbehelfe schließlich erfordern keinen Bescheid und keine verwaltungsgerichtliche Entscheidung, sie dienen idR dazu, eine ungünstige prozessuale Situation zu beseitigen (hat man etwa eine Rechtsmittelfrist versäumt, so dient der Antrag auf Wiedereinsetzung in den vorigen Stand gem § 71 AVG oder gem § 33 VwGVG dazu, dass man wieder so gestellt wird, als hätte man die Frist nicht versäumt; ob im konkreten Fall ein Bescheid erlassen wurde, ist demgegenüber nicht relevant).

Im Bereich des Verwaltungsrechts ist das zentrale Rechtsmittel gegen einen vermeintlich rechtswidrigen Bescheid die Beschwerde an das VwG (Art 130 Abs 1 Z 1 B-VG). In Angelegenheiten des eigenen Wirkungsbereiches der

Gemeinde (siehe Abschnitt III.C.2. und auch LE 1) kann – außer der Instanzenzug wurde ausgeschlossen – in der Regel mit Berufung (§§ 63 ff AVG) vorgegangen werden.

Bei Untätigkeit der Behörde im Hinblick auf eine Bescheiderlassung steht die Säumnisbeschwerde an das VwG offen (Art 130 Abs 1 Z 3 B-VG), ausnahmsweise – in Angelegenheiten des eigenen Wirkungsbereichs der Gemeinden – der Devolutionsantrag (§ 73 Abs 2 AVG).

C. Das Verfahren vor den Verwaltungsgerichten

1. Organisation

Die VwG sind „echte“ Gerichte im Sinne des B-VG. Die Richter an den VwG verfügen über dieselben richterlichen Unabhängigkeitsgarantien (Unabhängigkeit, Unabsetzbarkeit, Unversetzbarkeit) wie die Richter der ordentlichen Gerichte.

Die Zuständigkeit zur Regelung der Organisation der VwG ist zwischen dem Bund und den Ländern geteilt: Der Bund regelt die Organisation der VwG des Bundes (siehe das Bundesverwaltungsgerichtsgesetz und das Finanzverwaltungsgerichtsbarkeitsgesetz) und des VwGH (siehe das Verwaltungsgerichtshofgesetz), die Länder die Organisation der Landesverwaltungsgerichte (jeweils ein Organisationsgesetz für jedes LVwG).

Grundsätzlich entscheiden die VwG durch Einzelmitglieder. Die Bundesverfassung ermächtigt allerdings den einfachen Gesetzgeber dazu, Fachsenate einzurichten und die Mitwirkung von fachkundigen Laienrichtern vorzusehen. Ferner können bestimmte Entscheidungsbefugnisse an Rechtspfleger übertragen werden, wobei gegen deren Entscheidungen gem § 54 VwGVG die Vorstellung an das zuständige Mitglied des VwG zulässig ist.

2. Sachliche Zuständigkeiten

Welche Rechtsschutzeinrichtung über Rechtsmittel und Rechtsbehelfe gegen Entscheidungen von Verwaltungsbehörden zu befinden hat, bestimmt sich nach dem B-VG (bspw nach der Kompetenzverteilung und nach den Bestimmungen über die Verwaltungsgerichtsbarkeit) und den aufgrund des B-VG erlassenen Gesetzen (Verfahrens- und Materiengesetzen).

Die sachliche Zuständigkeit der Rechtsschutzeinrichtungen richtet sich danach, ob ein Rechtsakt in mittelbarer oder unmittelbarer Bundesverwaltung, in Landesverwaltung oder im Rahmen der Gemeindeverwaltung gesetzt wurde. Grundsätzlich kann man jedoch bei der Verteilung der Zuständigkeiten zwischen den VwG von einer Generalklausel (Art 131 Abs 1 B-VG) zugunsten der VwG der Länder sprechen. Diese Verteilung der Zuständigkeiten zwischen den VwG kann allerdings durch den einfachen Bundesgesetzgeber oder Landesgesetzgeber idR unter Einhaltung bestimmter Zustimmungserfordernisse verschoben werden (Art 130 Abs 4 und 5 B-VG).

a. Bundesverwaltung

Im Bereich der unmittelbaren Bundesverwaltung wird der Bund organisatorisch durch eigene Behörden (zB Bundeswettbewerbsbehörde, Datenschutzbehörde, Bundesamt für Fremdenwesen und Asyl, Militärkommanden, Finanzverwaltung, Arbeitsmarktverwaltung) tätig. In diesen Angelegenheiten besteht gem Art 131 Abs 2 B-VG grundsätzlich eine Zuständigkeit des BVwG.

Beispiel

Den Bereich des Asyl- und Fremdenwesens vollzieht der Bund durch eigene Organe. Wenn etwa ein Antrag auf internationalen Schutz gestellt wird, ist das Bundesamt für Fremdenwesen und Asyl zur Prüfung des Antrags zuständig, welches im Gegensatz zu den BVB eine bundeseigene Behörde ist. In Asyl- und Fremdenrechtssachen ist im Rechtsmittelweg das BVwG als Verwaltungsgericht 1. Instanz zuständig.

Neben der unmittelbaren Bundesverwaltung gibt es die mittelbare Bundesverwaltung, welche den „Normalfall" darstellt. Diese liegt immer dann vor, wenn eine Angelegenheit grundsätzlich im Bereich der Vollziehung aufgrund der Kompetenzverteilung des B-VG dem Bund zugewiesen ist, aber durch Behörden der Länder vollzogen wird. In diesen Angelegenheiten besteht grundsätzlich eine Zuständigkeit der LVwG (Art 131 Abs 1 B-VG).

Beispiel

Das VwG des Landes entscheidet über eine Beschwerde gegen einen Bescheid einer BVB, in dem Auflagen zum Betrieb einer Betriebsanlage vorgeschrieben sind.

Den Bescheid der Behörde, mit dem Ihnen zusätzliche Auflagen auferlegt werden, können Sie mit dem Rechtsmittel der Beschwerde bekämpfen. Zuständig ist das jeweils örtlich zuständige LVwG, hier also das VwG Wien.

Dies gilt grundsätzlich auch für Wien, das eine Sonderstellung als Bundesland und Gemeinde (womit Landes-, Bezirksverwaltungs- und Gemeindezuständigkeiten „zusammenfallen") einnimmt. Als „Faustregel" kann man davon ausgehen, dass zumeist der Magistrat der Stadt Wien als Behörde zuständig ist (in der Praxis hat man es dabei mit den weitgehend eigenständig agierenden „Magistratsabteilungen" zu tun, rechtlich gesehen bildet der Magistrat der Stadt Wien jedoch eine Einheit). Der Magistrat der Stadt Wien untersteht dem Weisungsrecht des Bürgermeisters als Landeshauptmann (vgl Art 109 B-VG). Bescheide des Magistrats der Stadt Wien in Angelegenheiten der mittelbaren Bundesverwaltung sind mit Beschwerde an das VwG Wien zu bekämpfen.

b. Landesverwaltung

Besteht nach den Kompetenzartikeln keine ausdrückliche Bundeskompetenz in einer Sache, wird diese im Wirkungsbereich der Länder geregelt und vollzogen (sog Generalklausel in Art 15 B-VG: alles, was nicht dem Bund zugewiesen ist, ist zwingend Landessache; Art 15 B-VG enthält keine ausdrückliche Auflistung der Landeskompetenzen, daher die Bezeichnung als „Generalklausel“). Darüber hinaus werden auch im Bereich des Art 11 B-VG Bundesgesetze durch die Länder vollzogen und Art 12 B-VG sieht vor, dass der Bund in bestimmten Materien Grundsatzgesetze erlassen kann, die von den Landesgesetzgebern durch Landesgesetze ausgestaltet werden. Auch Letztere werden von den Ländern vollzogen.

In diesen Angelegenheiten besteht grundsätzlich eine Zuständigkeit der VwG der Länder.

Beispiel

Auf Ihrem Grundstück in Lilienfeld (NÖ) befindet sich eine hundertjährige Eiche, die Sie zum Naturdenkmal erklären lassen wollen. Einen diesbezüglichen Antrag stellen Sie an den BH Lilienfeld (BVB). Sollten Sie mit der Entscheidung des BH Lilienfeld nicht zufrieden sein, können Sie mittels Beschwerde an das LVwG NÖ eine Überprüfung des Bescheides des BH Lilienfeld erreichen.

c. Gemeindeverwaltung

Für den Bereich der Gemeindeverwaltung muss zwischen Angelegenheiten des eigenen und solchen des übertragenen Wirkungsbereiches unterschieden werden.

Der eigene Wirkungsbereich umfasst Angelegenheiten, die im ausschließlichen oder überwiegenden Interesse der Gemeinde liegen und geeignet sind, innerhalb der örtlichen Grenzen durch die Gemeinde besorgt zu werden (Art 118 Abs 2 B-VG). In Angelegenheiten des eigenen Wirkungsbereiches ist der (administrative) gemeindeinterne Instanzenzug in den meisten Gemeindeordnungen (= Landesgesetze) beibehalten worden. In der Regel entscheidet hier der Bürgermeister in erster Instanz, in zweiter und letzter administrativer Instanz die zuständige Berufungsbehörde der Gemeinde (idR der Gemeinderat). Erst gegen deren Entscheidung, somit nach Ausschöpfung des gemeindeinternen Instanzenzugs, steht dann die Beschwerde an das VwG offen. Die Gemeindeordnung (oder auch das einschlägige Materiengesetz) kann aber auch eine Zuständigkeit des Gemeindevorstands als Berufungsbehörde vorsehen oder den gemeindeinternen Instanzenzug gänzlich ausschließen (Art 118 Abs 4 B-VG); im zuletzt genannten Fall ist sogleich die Erhebung einer Beschwerde an das VwG möglich.

Beispiel

In Baden (NÖ) entscheidet über den Antrag auf Erlassung einer Baubewilligung in erster Instanz der Bürgermeister, der gemeindeinterne Instanzenzug geht zum Gemeinderat (§ 60 NÖ Gemeindeordnung 1973). Erst gegen den Bescheid des Gemeinderates kann Beschwerde an das LVwG NÖ erhoben werden. Wurde der gemeindeinterne Instanzenzug gesetzlich ausgeschlossen, kann gegen die Entscheidung über die Erteilung einer Baubewilligung sogleich Beschwerde an das VwG erhoben werden. So kann etwa gegen die Entscheidung des Bürgermeisters von Kitzbühel (Tirol) über einen Antrag auf Erlassung einer Baubewilligung direkt Beschwerde an das LVwG Tirol erhoben werden (§ 17 Tiroler Gemeindeordnung 2001).

Angelegenheiten des übertragenen Wirkungsbereiches besorgt die Gemeinde nach Maßgabe von Bundes- oder Landesgesetzen im Auftrag und nach den Weisungen des Bundes bzw der Länder. Organ des übertragenen Wirkungsbereiches ist der Bürgermeister (Art 119 Abs 1 B-VG). Im Unterschied zum eigenen Wirkungsbereich der Gemeinde gibt es hier keinen (administrativen) innergemeindlichen Instanzenzug. Bescheide des Bürgermeisters unterliegen unmittelbar der Kontrolle des zuständigen VwG.

Beispiel

Gem § 13 Meldegesetz sind die Meldebehörden die Bürgermeister. Über Beschwerden gegen Bescheide der Meldebehörden hat stets das VwG des jeweiligen Landes zu entscheiden.

3. Örtliche Zuständigkeit

Jene Angelegenheiten, die in die sachliche Zuständigkeit der VwG der Länder fallen, benötigen auch eine Zuordnung hinsichtlich ihrer örtlichen Zuständigkeit. Der Amtssprengel der LVwG umfasst das jeweilige Gebiet des Bundeslandes. Die Bestimmung des VwGVG knüpft dabei an die Zuständigkeitsregelung des AVG an. Demnach ist auf die Lage der Sache, auf den Ort des Betriebes einer Tätigkeit oder auf den Wohnsitz einer Person abzustellen.

Als Ausnahme davon ist für Verwaltungsstrafsachen stets jenes LVwG zuständig, in dessen Sprengel der Sitz der Behörde liegt, die den Bescheid erlassen bzw nicht erlassen hat. Bei Maßnahmenbeschwerden gegen AuvBZ richtet sich die örtliche Zuständigkeit nach dem Ort, an dem der Akt begonnen wurde. Falls sich die Zuständigkeit nicht gem § 3 Abs 1 und 2 VwGVG bestimmen lässt, ist das VwG Wien zuständig.

4. Aufgaben

Die VwG sind insb zur Entscheidung über folgende Beschwerden berufen:

- Bescheidbeschwerden gegen den Bescheid einer Verwaltungsbehörde wegen Rechtswidrigkeit (Art 130 Abs 1 Z 1 B-VG),
- Maßnahmenbeschwerden gegen Akte unmittelbarer verwaltungsbehördlicher Befehls- und Zwangsgewalt wegen Rechtswidrigkeit (Art 130 Abs 1 Z 2 B-VG) und
- Säumnisbeschwerden wegen Verletzung der Entscheidungspflicht durch eine Verwaltungsbehörde innerhalb der gesetzlichen Frist (Art 130 Abs 1 Z 3 B-VG).

Angenommen, es findet aufgrund der Anzeige des Hotelbesitzers, dass von Ihrem Lokal Lärmbelästigungen ausgehen, kein behördliches Verfahren statt, sondern Sie erhalten in Ihrem Lokal „Besuch" von behördlichen Organen, die unter Ihrem wütenden Protest die Stromversorgung der Musikanlage lahmlegen und Ihre Gäste des Lokals verweisen. Dies stellt einen Akt unmittelbarer verwaltungsbehördlicher Befehls- und Zwangsgewalt dar. Mangels Verfahrens haben Sie keinen Bescheid in der Hand, gegen den Sie eine Bescheidbeschwerde einlegen könnten. Sie erwägen daher, eine Maßnahmenbeschwerde an das VwG zu erheben.

Daneben können durch Bundes- oder Landesgesetz sonstige Zuständigkeiten der VwG zur Entscheidung übertragen werden:

- Beschwerden wegen Rechtswidrigkeit eines Verhaltens einer Verwaltungsbehörde in Vollziehung der Gesetze (Art 130 Abs 2 Z 1 B-VG) oder
- Beschwerden wegen Rechtswidrigkeit eines Verhaltens eines Auftraggebers in den Angelegenheiten des öffentlichen Auftragswesens (Art 130 Abs 2 Z 2 B-VG) oder
- Streitigkeiten in dienstrechtlichen Angelegenheiten der öffentlich Bediensteten (Art 130 Abs 2 Z 3 B-VG) oder
- Beschwerden, Streitigkeiten oder Anträge in sonstigen Angelegenheiten (Art 130 Abs 2 Z 4 B-VG).

5. Verfahrensrechtliche Besonderheiten

Die VwG verfügen über eine eigene Verfahrensordnung, das Verwaltungsgerichtsverfahrensgesetz (VwGVG); ausgenommen davon ist das BFG. Subsidiär sind ua das AVG sowie die Sonderverfahrensbestimmungen der Materiengesetze anwendbar, in Verwaltungsstrafsachen das VStG (vgl die §§ 17 und 38 VwGVG).

Folgende Besonderheiten des verwaltungsgerichtlichen Verfahrens sind hervorzuheben:

- Parteistellung der Behörde, deren Rechtsakt oder Untätigkeit bekämpft wird.
- Volksöffentlichkeit: Die VwG haben eine öffentliche, mündliche Verhandlung durchzuführen (Volksöffentlichkeit aufgrund Art 6 EMRK und Art 47 GRC). Die mündliche Verhandlung kann aus bestimmten Gründen entfallen. Unter gewissen Umständen kann die Öffentlichkeit von der Verhandlung ausgeschlossen werden.

Aufgrund Ihrer Beschwerde beraumt das VwG Wien eine mündliche Verhandlung an, zu der Sie, Ihre Rechtsvertretung und der Magistrat der Sadt Wien geladen werden. Im Zuge des Verfahrens beantragen Sie ein neuerliches Sachverständigengutachten (Messung der Lärmbeeinträchtigung), weil Sie die Unabhängigkeit des vom Magistrat der Stadt Wien beauftragten Amtssachverständigen bezweifeln. Ohne jedoch auf Ihren Antrag näher einzugehen, wird die Verhandlung geschlossen und das VwG Wien weist ihre Beschwerde mit Erkenntnis ab.

Da das VwG Wien nicht auf Ihren Antrag auf Bestellung eines weiteren Sachverständigen eingegangen ist, rät Ihnen Ihr Rechtsvertreter zu einer Revision an den VwGH (siehe Abschnitt IV.B.), weil es eine Verletzung von Verfahrensvorschriften darstellt, Anträge einer Partei ohne Begründung nicht zu behandeln bzw die Verhandlung zu schließen, ohne die Partei zu hören.

6. Beschwerdelegitimation und Beschwerdefrist

Zur Beschwerde an das VwG ist legitimiert, wer durch den Bescheid einer Verwaltungsbehörde in seinen Rechten verletzt zu sein behauptet. Die Verletzung in eigenen Rechten muss zumindest möglich sein. Der angefochtene Bescheid muss daher tatsächlich über subjektive Rechte oder Pflichten des Beschwerdeführers absprechen und dessen Rechtssphäre nachteilig berühren. Wird nach der Zustellung oder Verkündung des Bescheides auf die Erhebung der Beschwerde verzichtet, geht die Beschwerdelegitimation verloren. Ein solcher Verzicht ist unwiderruflich.

Die Frist für die Erhebung der Bescheidbeschwerde beträgt vier Wochen ab Zustellung oder Verkündung des Bescheides. Diese Frist ist durch die Behörde nicht verlängerbar, aber einer Wiedereinsetzung in den vorigen Stand zugänglich. Im Mehrparteienverfahren kann unter der Voraussetzung, dass der Bescheid bereits einer anderen Partei zugestellt oder verkündet worden ist, die Beschwerde bereits ab dem Zeitpunkt erhoben werden, in dem der Beschwerdeführer von dem Bescheid Kenntnis erlangt hat. Sollte diese Frist nicht eingehalten werden, bewirkt dies die Rechtskraft des Bescheides. Eine verspätet eingebrachte Beschwerde ist von der Behörde oder dem VwG zurückzuweisen.

Einzubringen ist die Beschwerde bei der belangten Behörde, also jener, die den angefochtenen Bescheid erlassen hat.

Gegen den Bescheid können Sie Beschwerde an das VwG Wien erheben, weil Sie sich durch den Bescheid, mit dem Ihnen zusätzliche Auflagen auferlegt werden, in Ihren Rechten verletzt fühlen. Somit sind Sie beschwerdelegitimiert. Sie müssen die Beschwerde binnen vier Wochen ab Zustellung bei der bescheiderlassenden Behörde, also dem Magistrat der Stadt Wien, einbringen.

7. Form und Inhalt der Beschwerde

Die Beschwerde ist schriftlich (auf dem Postweg, durch Boten, aber auch per Telefax oder E-Mail) einzubringen und hat folgenden Mindestinhalt zu enthalten:

- Bezeichnung des angefochtenen Bescheides: Die Beschwerde muss den angefochtenen Bescheid bezeichnen (idR durch Angabe des Datums und der Geschäftszahl).
- Bezeichnung der belangten Behörde: In der Beschwerde muss die Behörde benannt werden, die den angefochtenen Bescheid erlassen hat.
- Gründe, auf die sich die Behauptung der Rechtswidrigkeit stützt: Die Beschwerde hat zu begründen, warum der angefochtene Bescheid rechtswidrig ist. Als Beschwerdegründe kommen die Unzuständigkeit der belangten Behörde, die inhaltliche Rechtswidrigkeit des Bescheides, unrichtige Beweiswürdigung oder die Verletzung von Verfahrensvorschriften in Betracht. Ob diese Gründe tatsächlich vorliegen, ist für die Zulässigkeit der Beschwerde irrelevant.
- Begehren: Das Beschwerdebegehren lautet idR auf die Abänderung des angefochtenen Bescheides im Sinne des Beschwerdeführers (zB auf Stattgabe eines Antrags auf Erteilung einer Betriebsanlagengenehmigung), auf die ersatzlose Behebung des Bescheides (zB auf die ersatzlose Behebung einer Verwaltungsstrafe oder einer mittels Bescheides verfügten Betriebsschließung) oder auf die Aufhebung des Bescheides unter Zurückverweisung der Angelegenheit zur Erlassung eines neuen Bescheides an die Behörde (zB dann, wenn es die belangte Behörde unterlassen hat, wesentliche Ermittlungsschritte zu setzen).

- Angaben zur Rechtzeitigkeit der Beschwerde: Die Beschwerde hat jene Angaben zu umfassen, die eine Beurteilung dahingehend erlauben, ob die Beschwerde rechtzeitig erhoben wurde. Dies geschieht idR durch die Angabe des Datums der Zustellung oder der Verkündung des Bescheides.

In der Beschwerde können Sie vorbringen, dass die vorgeschriebenen neuen Auflagen nicht der GewO entsprechen. Gem § 79 GewO müssen nachträgliche Auflagen nämlich verhältnismäßig sein. Der mit der Erfüllung verbundene Aufwand muss mit dem durch die Auflage angestrebten Erfolg im Verhältnis stehen. Um diese Verhältnismäßigkeit zu gewährleisten, muss einerseits der durch die Auflage erwartete Erfolg und andererseits der mit der Auflage verbundene Aufwand von der Behörde festgestellt werden, um eine Verhältnismäßigkeitsprüfung durchführen zu können. Dies ist hier nicht geschehen, weil die Behörde eine Lärmbelästigung um 5 dB in einem einzigen Hotelzimmer gemessen und festgestellt hat. Es ist Ihrer Meinung nach unverhältnismäßig, dass Sie die Lautstärke Ihrer Musikanlage beschränken müssen, damit in einem einzigen Hotelzimmer (dort wo gemessen wurde) keine Lärmbelästigung in der Höhe von 5 dB auftritt. Ob auch in anderen Hotelzimmern Belästigungen auftreten, wurde von der Behörde nicht festgestellt.
Somit zeigt sich, dass der mit der Auflage verbundene Aufwand (Beschränkung der Musiklautstärke und dadurch verursachte schwere Umsatzeinbußen) nicht im Verhältnis zum angestrebten Erfolg (Einschränkung der Lärmbelästigung um 5 dB auf das zumutbare Maß in einem einzigen Hotelzimmer) steht.

Im Beschwerdeverfahren besteht kein Neuerungsverbot. Es können im Beschwerdeverfahren demnach durch den Beschwerdeführer sowohl neue Tatsachen als auch neue Beweise vorgebracht werden, welche der bescheiderlassenden Behörde nicht bekannt waren. In diesem Fall hat eine sog Beschwerdemitteilung an die anderen Parteien zu erfolgen; ihnen ist Gelegenheit zu geben, vom Inhalt der Beschwerde Kenntnis zu nehmen und sich dazu zu äußern.

Eine rechtzeitig eingebrachte und zulässige Bescheidbeschwerde hat aufschiebende Wirkung (dh der angefochtene Bescheid ist nicht vollstreckbar). Dies hat zur Folge, dass die in dem angefochtenen Bescheid auferlegten Leistungen vorläufig nicht zu erbringen sind, die zuerkannten/aberkannten Rechte vorläufig nicht eintreten und die allenfalls getroffenen Feststellungen nicht verbindlich sind. Die aufschiebende Wirkung kann jedoch von der Behörde oder vom VwG ausgeschlossen werden. In Verwaltungsstrafsachen kann die aufschiebende Wirkung allerdings nicht ausgeschlossen werden.

8. Entscheidung über die Beschwerde

Sie bringen Ihre Beschwerde beim Magistrat der Stadt Wien als Einbringungsstelle ein. Kurz darauf erhalten Sie eine vom Magistrat gefällte „Entscheidung“ über Ihre Beschwerde und Sie fragen sich, warum schon wieder der Magistrat der Stadt Wien entscheidet.

a. Beschwerdevorentscheidung

Es liegt im Ermessen der Behörde, ob sie die Beschwerde unter Anschluss des Verfahrensakts entweder dem VwG vorlegt oder eine Beschwerdevorentscheidung erlässt. Bei einer Bescheidbeschwerde steht es der Behörde frei, den angefochtenen Bescheid innerhalb von zwei Monaten aufzuheben, abzuändern oder die Beschwerde zurückzuweisen oder abzuweisen (Beschwerdevorentscheidung, § 14 VwGVG). Dabei ist sie, wie das VwG, an die Beschwerdegründe und das Beschwerdebegehren gebunden. Diese Beschwerdevorentscheidung stellt einerseits eine „Selbstkontrolle“ der Verwaltung, andererseits eine „zweite Chance“ für die Verwaltungsbehörde dar.

Erlässt die Behörde eine Beschwerdevorentscheidung, steht es jeder Partei des Verfahrens frei, binnen zwei Wochen nach Zustellung der Beschwerdevorentscheidung bei der Behörde den Antrag zu stellen, dass die Beschwerde dem VwG zur Entscheidung vorgelegt wird (Vorlageantrag, § 15 VwGVG). Aufgrund des Vorlageantrags tritt eine Beschwerdevorentscheidung nicht außer Kraft. Das VwG hat daher aufgrund eines Vorlageantrages die Beschwerdevorentscheidung (und nicht den ursprünglichen Bescheid der Behörde) auf ihre Rechtmäßigkeit zu kontrollieren, wobei dies nach den Beschwerdebehauptungen zu erfolgen hat.

Nachdem die Beschwerdevorentscheidung des Magistrats der Stadt Wien den Bescheid zwar in manchen Punkten abgeändert hat, dieser aber noch immer nicht Ihren Vorstellungen entspricht, stellen Sie einen Vorlageantrag, weil Sie wollen, dass die Beschwerdevorentscheidung vom VwG überprüft wird.

b. Entscheidung durch das Verwaltungsgericht

Das VwG entscheidet grundsätzlich „in der Sache selbst“, also meritorisch. Entscheidet das VwG in der Sache, ist die Rechtssache durch Erkenntnis zu erledigen. Hierbei ist das VwG bei seiner Entscheidung an das Beschwerdevorbringen (die Beschwerdegründe und das Begehren) gebunden, hat jedoch im Regelfall eine (meritorische, dh die Angelegenheit inhaltlich erledigende) Entscheidung in der Sache zu treffen, die an die Stelle des verwaltungsbehördlichen Bescheides tritt.

Über Bescheidbeschwerden hat das VwG grundsätzlich dann in der Sache zu entscheiden, wenn der maßgebliche Sachverhalt feststeht oder die Feststellung des maßgeblichen Sachverhaltes durch das VwG selbst im Interesse der Raschheit gelegen oder mit einer erheblichen Kostenersparnis verbunden ist. Diese Kriterien werden von der Judikatur sehr weit interpretiert, sodass im Regelfall eine Sachentscheidung zu ergehen hat.

Hat die Behörde notwendige Ermittlungen des Sachverhalts unterlassen, kann das VwG den angefochtenen Bescheid mit Beschluss aufheben und die Angelegenheit zur Erlassung eines neuen Bescheides an die Behörde zurückverweisen. Die belangte Behörde hat sodann einen neuen Bescheid zu erlassen, wobei sie an die Rechtsansicht des VwG gebunden ist. Dies kommt nach der Judikatur allerdings nur bei besonders schwerwiegenden Ermittlungsmängeln der Behörde in Betracht.

Hebt das VwG den angefochtenen Bescheid auf, ist die Behörde verpflichtet, in der betreffenden Rechtssache unverzüglich den der Rechtsanschauung des VwG entsprechenden Rechtszustand herzustellen.

Wenn die Beschwerde verspätet oder unzulässig ist, hat sie das VwG zurückzuweisen. Zurückweisung bedeutet in diesem Zusammenhang, dass das VwG in der Sache selbst keine neue Entscheidung zu treffen hat. Vielmehr bleibt der angefochtene Bescheid der belangten Behörde in Kraft. Wird die Beschwerde zurückgezogen, ist das Verfahren einzustellen. Beides geschieht durch Beschluss.

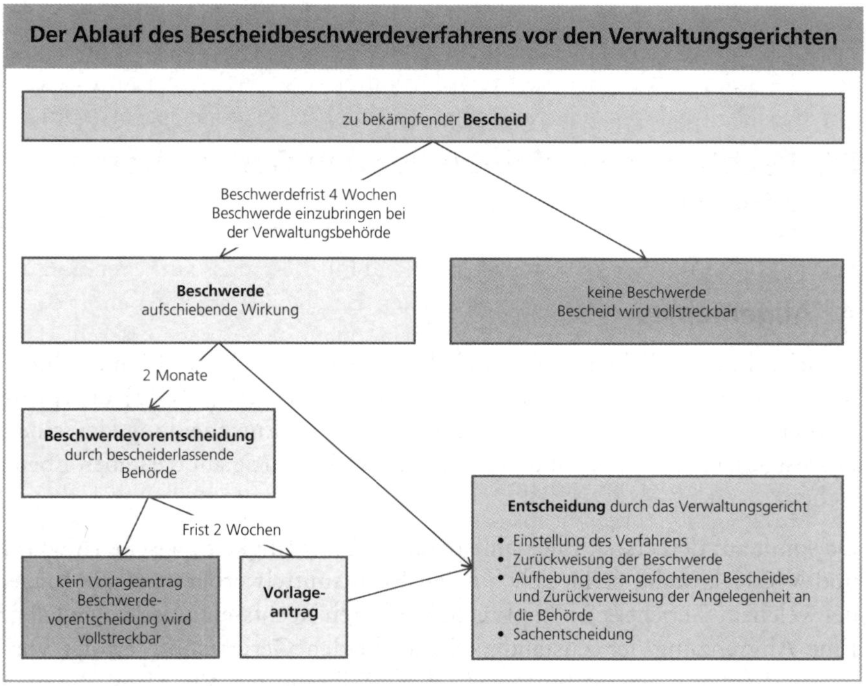

Die Erkenntnisse der VwG sind im Namen der Republik zu verkünden und auszufertigen. Sie sind stets zu begründen. Hat eine Verhandlung in Anwesenheit von Parteien stattgefunden, hat in der Regel das VwG das Erkenntnis mit den wesentlichen Entscheidungsgründen sogleich zu verkünden. Die Verkündung des Erkenntnisses entfällt allerdings, wenn eine Verhandlung nicht durchgeführt (fortgesetzt) worden ist oder wenn das Erkenntnis nicht sogleich nach Schluss der mündlichen Verhandlung gefasst werden kann und jedermann die Einsichtnahme in das Erkenntnis gewährleistet ist. Den Parteien ist (auch in den Fällen einer mündlichen Verkündung) eine schriftliche Ausfertigung des Erkenntnisses zuzustellen, wenn dies zumindest von einer Partei beantragt wurde. Wird kein derartiger Antrag gestellt oder verzichten alle Parteien auf die Erhebung einer Revision an den VwGH und einer Erkenntnisbeschwerde an den VfGH, kann die Ausfertigung des Erkenntnisses in gekürzter Form erfolgen. In diesen Fällen kommt daher weder eine Revision an den VwGH noch eine Erkenntnisbeschwerde an den VfGH in Betracht.

IV. Rechtsmittelverfahren vor den Gerichtshöfen öffentlichen Rechts

A. Allgemeines

Entscheidungen (Erkenntnisse und Beschlüsse) eines VwG können durch die Gerichtshöfe des öffentlichen Rechts (VwGH und VfGH) überprüft werden. Ausgeschlossen ist die Kontrolle einer Entscheidung des einen Höchstgerichts durch das andere, weil diese gleichwertig auf derselben Ebene stehen.

Da somit auf den ersten Blick eine parallele Zuständigkeit zwischen VwGH und VfGH besteht, stellt sich für den Rechtsmittelwerber stets die Frage, bei welchem Gericht er im konkreten Verfahren Rechtsschutz erlangen kann. Eine Abgrenzung der Zuständigkeit der beiden Gerichtshöfe erfolgt vorwiegend anhand des Prüfungsmaßstabes. Während der VfGH im Rahmen der sog Sonderverwaltungsgerichtsbarkeit (Art 144 B-VG) darüber entscheidet, inwieweit der Rechtsmittelwerber durch eine Entscheidung eines VwG in seinen verfassungsgesetzlich gewährleisteten Rechten (zB Grundrechte, siehe dazu LE 3) verletzt wurde oder eine Verletzung durch Anwendung einer rechtswidrigen generellen Norm vorliegt, überprüft der VwGH lediglich eine mögliche Verletzung eines einfachgesetzlich gewährleisteten subjektiven Rechts.

Wichtig ist zu verstehen, dass ein Rechtsmittelwerber durch die Entscheidung eines VwG sowohl in einem verfassungsgesetzlich gewährleisteten Recht (zB der Erwerbsfreiheit) als auch in einem einfachgesetzlich gewährleisteten Recht (zB Ausübung eines spezifischen Gewerbes nach der GewO bei Vorliegen gewisser Voraussetzungen) verletzt sein kann. Die Zuständigkeit des VwGH bzw VfGH begründet sich daher maßgeblich durch die vom Beschwerdeführer behauptete Rechtsverletzung (diese muss zumindest möglich sein). Somit ist es auch zulässig, sich gleichzeitig an beide Gerichtshöfe zu wenden (sog Parallelbeschwerde). Zudem ist es möglich, zunächst eine Beschwerde an den VfGH zu stellen und für den Fall, dass dieser die Beschwerde ablehnt oder abweist, einen Antrag auf Abtretung an den VwGH zu stellen (umgekehrt ist dies nicht möglich!).

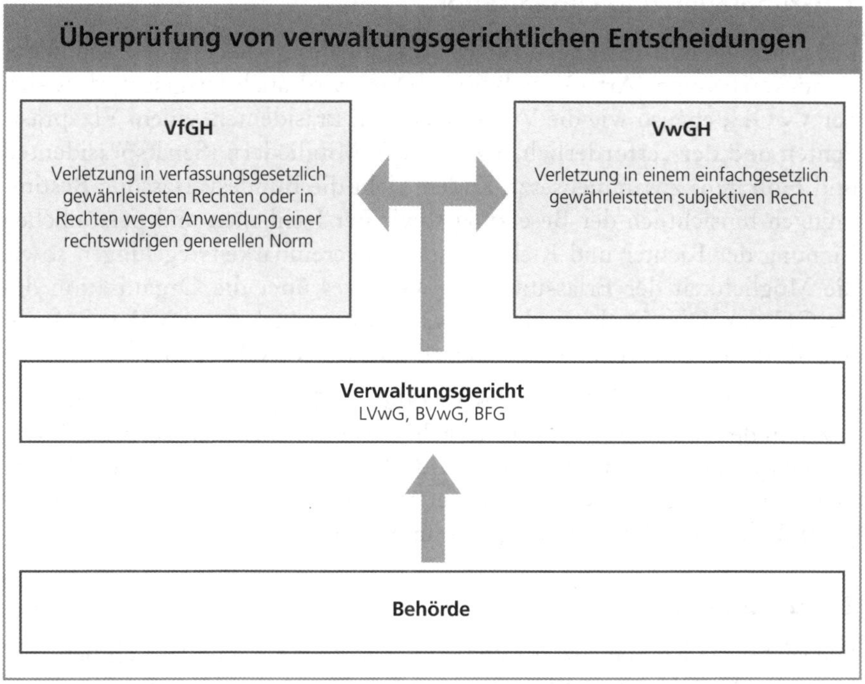

Nach dieser Abgrenzung der Zuständigkeiten von VwGH und VfGH soll im Folgenden ein kurzer Überblick über Organisation und Verfahren der beiden Gerichtshöfe gegeben werden. Insbesondere die Zuständigkeit des VfGH ist nicht nur auf die Überprüfung von verwaltungsgerichtlichen Entscheidungen beschränkt, sondern viel breiter gestreut.

B. Der Verwaltungsgerichtshof

Während sich die Zuständigkeit der VwG nach der zu vollziehenden Kompetenz bestimmt (siehe Abschnitt III.C.2.), ist der VwGH als Höchstgericht für sämtliche Rechtsmaterien des öffentlichen Rechts sachlich zuständig. Auch Überlegungen zur örtlichen Zuständigkeit (wie bei den LVwG) müssen beim VwGH nicht angestellt werden, weil dieser für das gesamte Bundesgebiet zuständig ist. Der VwGH entscheidet daher in letzter Instanz bspw sowohl über Gewerberechtssachen (vorherige Entscheidung eines LVwG), Abgabenrechtssachen (vorherige Entscheidung des BFG) oder auch Asylrechtssachen (vorherige Entscheidung des BVwG).

1. Grundlagen und Organisation

Die zentralen Bestimmungen zur Einrichtung des VwGH finden sich in der Bundesverfassung (Art 133 ff B-VG). Dort wird auch festgelegt, dass sich der VwGH, ebenso wie die VwG, aus einem Präsidenten, einem Vizepräsidenten und der „erforderlichen Zahl“ von Mitgliedern (Senatspräsidenten und Hofräten) zusammensetzt. Zudem sieht die Bundesverfassung Bestimmungen hinsichtlich der Besetzung sowie der fachlichen und persönlichen Eignung der Richter und Richterinnen, Unvereinbarkeitsregelungen sowie die Möglichkeit der Erlassung eines Gesetzes über die Organisation des VwGH vor. Dies ist durch das Verwaltungsgerichtshofgesetz (VwGG) sowie die darauf basierende Geschäftsordnung des VwGH erfolgt.

Die Richterinnen und Richter des VwGH sind hauptberuflich tätig und besitzen in der Ausübung ihres richterlichen Amtes die richterlichen Unabhängigkeitsgarantien (siehe Abschnitt III.C.1.). Dabei entscheidet der VwGH in Senaten, die sich entweder aus drei, fünf oder neun (sog „verstärkter Senat“) Richtern und Richterinnen zusammensetzen.

2. Zuständigkeit

Die wichtigste Kompetenz des VwGH ist die Revision, mit der sich Betroffene an den VwGH wenden können, wenn sie die Entscheidungen eines VwG (aufgrund der Verletzung eines einfachgesetzlich gewährleisteten Rechts) bekämpfen wollen. Außerdem entscheidet der VwGH über Fristsetzungsanträge, die erhoben werden können, wenn ein VwG nicht innerhalb der in der Regel sechs Monaten betragenden Entscheidungsfrist entscheidet. Daneben entscheidet der VwGH über Kompetenzkonflikte zwischen VwG oder einem VwG und dem VwGH und kann auf Antrag eines ordentlichen Gerichts die Rechtswidrigkeit eines Bescheides oder einer verwaltungsgerichtlichen Entscheidung feststellen. Nicht in die Zuständigkeit des VwGH fallen bereits aufgrund expliziter Anordnung der Bundesverfassung all jene Kompetenzen, die in die Zuständigkeit des VfGH fallen. Stützt sich somit eine Revision (siehe zugleich) lediglich auf die Verletzung von verfassungsgesetzlich gewährleisteten Rechten, ist diese wegen der Unzuständigkeit des VwGH zurückzuweisen.

Da nur im Revisionsverfahren eine inhaltliche Überprüfung einer Entscheidung eines VwG möglich ist, soll dieses kurz näher beleuchtet werden.

3. Revision

Voraussetzung für eine Revision ist das Vorliegen eines Erkenntnisses oder Beschlusses eines VwG sowie die Erhebung der Revision innerhalb von sechs

Wochen ab Zustellung des Erkenntnisses oder Beschlusses. Die Revision muss gewissen Formalvoraussetzungen entsprechen und unter anderem ausführen, in welchen (einfachgesetzlich gewährleisteten) Rechten der Revisionswerber verletzt zu sein behauptet.

Im Rahmen einer Revision kann der VwGH nämlich nur dann angerufen werden, wenn die Entscheidung von der Lösung einer Rechtsfrage von „grundsätzlicher Bedeutung" abhängt. Eine solche Rechtsfrage liegt dann vor, wenn die Entscheidung des VwG von der bisherigen Rechtsprechung des VwGH abweicht, eine solche Rechtsprechung fehlt oder die zu lösende Rechtsfrage in der bisherigen Rechtsprechung nicht einheitlich beantwortet wurde.

Ob eine Revision zulässig ist, hat das VwG bereits bei Erlassung seines Erkenntnisses auszusprechen. Bei Beschlüssen ist eine Revision nur eingeschränkt zulässig. Lässt das VwG die Revision zu, spricht man von einer ordentlichen Revision. Wird die Zulässigkeit verneint, kann der Rechtsmittelwerber dennoch eine Revision (sog außerordentliche Revision) erheben. In deren Rahmen muss der Beschwerdeführer selbst darlegen, warum eine Rechtsfrage von grundsätzlicher Bedeutung vorliegt. Der VwGH ist weder im Fall einer ordentlichen noch einer außerordentlichen Revision dazu verpflichtet, die Revision auch tatsächlich zu behandeln, sondern kann das Vorliegen einer Rechtsfrage grundsätzlicher Bedeutung selbständig beurteilen und daher auch zu einer abweichenden Einschätzung kommen.

Abschließend ist anzumerken, dass eine Revision nicht nur von einer (Privat-)Person im Verfahren vor dem VwG erhoben werden kann, sondern ebenso von der vor dem VwG belangten Behörde (das ist die Verwaltungsbehörde) und in Ausnahmefällen vom zuständigen Bundesminister. Ist die Revision zulässig, hat der VwGH verschiedene Entscheidungsmöglichkeiten.

4. Entscheidungsmöglichkeiten

Der VwGH entscheidet grundsätzlich mittels Erkenntnis in der Sache selbst, wenn die anhängige Rechtssache entscheidungsreif ist. Dies ist regelmäßig dann der Fall, wenn bereits das VwG in der Sache selbst, also inhaltlich, entschieden hat und eine Sachentscheidung im Interesse der Einfachheit, Zweckmäßigkeit und Kostenersparnis liegt.

Hierzu muss der Sachverhalt bereits durch die bescheiderlassende Behörde oder das VwG umfänglich festgestellt worden sein. Der VwGH kann den maßgeblichen Sachverhalt feststellen und kann zu diesem Zweck auch das VwG mit der Ergänzung des Ermittlungsverfahrens beauftragen. Er ist daher an die Tatsachenfeststellung gebunden, solange die Entscheidung des

VwG nicht gerade wegen der Verletzung von Verfahrensvorschriften oder der fehlerhaften Sachverhaltserhebung aufgehoben werden muss.

Sollte aufgrund der gerade angeführten Gründe also keine Sachentscheidung in Frage kommen, hebt der VwGH (durch Erkenntnis) die Entscheidung des VwG lediglich auf (man spricht in diesem Zusammenhang von einer Kassation). Eine solche Aufhebung erfolgt in der Regel entweder dann, wenn ein unzuständiges VwG entschieden hat oder die Entscheidung inhaltlich rechtswidrig ist. In diesen Fällen tritt das Verfahren wieder in den Stand zurück, in dem es vor Entscheidung des VwG war; das VwG muss neuerlich in der Sache entscheiden und ist dabei an die Rechtsansicht des VwGH gebunden.

Sollte die Entscheidung des VwG hingegen inhaltlich rechtskonform sein, hat der VwGH die Revision mit Erkenntnis abzuweisen. Fehlen prozessuale Voraussetzungen (zB fehlende Darstellung, warum eine Rechtsfrage von grundsätzlicher Bedeutung vorliegt), ist die Revision hingegen (mit Beschluss) zurückzuweisen. In Sonderfällen ist zudem auch eine Einstellung durch Beschluss möglich.

C. Der Verfassungsgerichtshof

1. Einleitung

Wie bereits einleitend erwähnt, obliegt dem VfGH zunächst die Kontrolle von Entscheidungen der VwG mit Blick auf die Einhaltung der Grundrechte (siehe dazu LE 3). Der VfGH ist insofern Grundrechtsgerichtshof, als er in seinen zahlreichen Prüfungsverfahren insb die Grundrechte als Kontrollmaßstab heranziehen kann. Neben der Kontrolle der VwG kommen dem VfGH unter anderem folgende Kompetenzen zu:

- **Kompetenzgerichtskarkeit**: Kompetenzkonflikte zwischen Gerichten und VwG oder VwGH und VfGH bzw Ländern (auch untereinander) und dem Bund (Art 138 B-VG); bei Kompetenzkonflikten zwischen den VwG untereinander oder einem VwG und dem VwGH entscheidet jedoch der VwGH: Art 133 B-VG,
- **Verordnungsprüfung**: Überprüfung von Verordnungen auf ihre Gesetzmäßigkeit (Art 139 B-VG; siehe dazu näher unten),
- **Gesetzesprüfung**: Überprüfung von Gesetzen auf ihre Verfassungsmäßigkeit (Art 140 B-VG; siehe dazu näher unten),
- **Wahlgerichtsbarkeit**: Überprüfung und gegebenenfalls Aufhebung von Wahlen (Art 141 B-VG),

- **Staatsgerichtsbarkeit**: Entscheidung über Anklagen gegen die obersten Bundes- und Landesorgane (Art 142 und Art 143 B-VG).

Ähnlich wie beim VwGH finden sich nähere Bestimmungen über die einzelnen Zuständigkeiten sowie über Organisation und Verfahren im Verfassungsgerichtshofgesetz (VfGG) und in der Geschäftsordnung des VfGH. In der Folge wird die Organisation des VfGH kurz dargestellt.

2. Organisation

a. Mitglieder

Der VfGH besteht aus einem Präsidenten, einer Vizepräsidentin, zwölf weiteren Mitgliedern und sechs Ersatzmitgliedern. Die Mitglieder werden vom Bundespräsidenten ernannt, ein Vorschlagsrecht besitzen die Bundesregierung (Präsident, Vizepräsidentin, 6 Mitglieder, 3 Ersatzmitglieder), der Nationalrat (3 Mitglieder, 2 Ersatzmitglieder) und der Bundesrat (3 Mitglieder, 1 Ersatzmitglied). Das Amt endet mit dem 31. Dezember des Jahres, in dem das Mitglied das 70. Lebensjahr vollendet hat. Die Ausübung des Amts des Verfassungsrichters ist formal eine nebenberufliche Tätigkeit, wobei Mitglieder der Bundesregierung, der Landesregierung oder von allgemeinen Vertretungskörpern dem VfGH nicht angehören dürfen. In Ausübung ihrer Tätigkeit sind die Mitglieder des VfGH an keinerlei Weisungen gebunden.

b. Spruchkörper

Grundsätzlich entscheidet der VfGH im Plenum, das aus dem Präsidenten, der Vizepräsidentin und den zwölf Mitgliedern besteht. Beschlussfähig ist das Plenum, wenn neben einem Vorsitzenden mindestens acht Mitglieder anwesend sind.

Bestimmte Angelegenheiten (zB wenn die Rechtsfrage durch die bisherige Judikatur bereits genügend klargestellt ist) können in der sog „Kleinen Besetzung“ (Präsident, Vizepräsidentin und vier Mitglieder) entschieden werden. Entscheidungen werden grundsätzlich mit Stimmenmehrheit getroffen.

Im Gegensatz zum VwGH tagt der VfGH nicht permanent, sondern in vierteljährlichen Sessionen.

3. Erkenntnisbeschwerde (Sonderverwaltungsgerichtsbarkeit)

Entscheidungen der VwG können vom VfGH überprüft werden, soweit der Beschwerdeführer in seinen verfassungsgesetzlich gewährleisteten Rechten oder durch Anwendung von rechtswidrigen Verordnungen, Gesetzen oder

Staatsverträgen in seinen Rechten verletzt zu sein behauptet (Sonderverwaltungsgerichtsbarkeit).

Voraussetzung für eine Beschwerde nach Art 144 B-VG sind das Vorliegen eines Erkenntnisses oder Beschlusses eines VwG sowie die Erhebung der Beschwerde innerhalb von sechs Wochen ab Zustellung des Erkenntnisses oder Beschlusses. In der Beschwerde müssen konkrete Angaben über den Sachverhalt enthalten sein, wie auch die ausdrückliche Behauptung, in verfassungsgesetzlich gewährleisteten Rechten oder durch die Anwendung einer rechtswidrigen generellen Norm in Rechten verletzt zu sein. Diese Rechtsverletzung muss zumindest möglich sein. Das Beschwerdebegehren muss auf Aufhebung des angefochtenen Erkenntnisses oder Beschlusses lauten.

Kommen dem VfGH im Rahmen der Sonderverwaltungsgerichtsbarkeit Bedenken der Verfassungs- bzw Gesetzeskonformität der im verwaltungsgerichtlichen Verfahren anwendbaren generellen Rechtsnormen, hat er ein Gesetzes- bzw Verordnungsprüfungsverfahren (siehe sogleich) von Amts wegen einzuleiten. Falls der VfGH ein solches Verfahren mittels Prüfungsbeschlusses einleitet, wird das Entscheidungsbeschwerdeverfahren unterbrochen. Nach Abschluss des Gesetzes- bzw Verordnungsprüfungsverfahrens ist das Entscheidungsbeschwerdeverfahren weiterzuführen und zu entscheiden.

Die Entscheidung des VfGH im Beschwerdeverfahren nach Art 144 B-VG lautet auf

- Ablehnung durch Beschluss
- Zurückweisung oder Einstellung durch Beschluss oder
- Entscheidung in der Sache durch Erkenntnis.

Eine Ablehnung der Behandlung der Beschwerde kann dann erfolgen, wenn die Beschwerde keine hinreichende Aussicht auf Erfolg hat oder von der Entscheidung die Klärung einer verfassungsrechtlichen Frage nicht zu erwarten ist (Art 144 Abs 2 B-VG). Die Ablehnung muss einstimmig erfolgen und wird zumeist in „Kleiner Besetzung“ getroffen.

Mangelt es an einer Prozessvoraussetzung oder weist die Beschwerde an sich einen Mangel auf, der trotz Verbesserungsauftrags nicht beseitigt wurde, ist sie zurückzuweisen.

Eine Sachentscheidung kann entweder in der Aufhebung des Erkenntnisses oder Beschlusses (wegen Verletzung von verfassungsgesetzlich gewährleisteten Rechten oder als Folge der Anwendung einer rechtswidrigen generellen Bestimmung) bestehen oder in der Abweisung der Beschwerde, weil eine solche Verletzung nicht vorliegt. Eine inhaltliche Entscheidung „in der Sache“

durch den VfGH kommt – anders als beim VwGH – nicht in Betracht. Hebt der VfGH die Entscheidung des VwG auf, hat dies dieselbe Wirkung wie eine Kassation durch den VwGH. Das Verfahren wird in den Stand vor der Entscheidung des VwG „zurückgesetzt"; das VwG muss erneut entscheiden und ist dabei an die Rechtsansicht des VfGH gebunden.

4. Verordnungs- und Gesetzesprüfungsverfahren (Art 139 und 140 B-VG)

Dem VfGH obliegt die Prüfung von generellen Rechtsvorschriften („Normenkontrolle"). Gegenstand dieser Prüfung sind einerseits Verordnungen (Art 139 B-VG) und andererseits Gesetze (Art 140 B-VG). Nach ähnlichen Gesichtspunkten werden vom VfGH auch Staatsverträge auf ihre Rechtmäßigkeit überprüft (vgl Art 140a B-VG).

a. Maßstab der Prüfung

Generelle Normen (Verordnungen und Gesetze) können vom VfGH jeweils auf ihre Übereinstimmung mit höherrangigem Recht überprüft werden. Verordnungen werden daher auf ihre Gesetzmäßigkeit geprüft, dh es wird überprüft, ob die Verordnung ihrer gesetzlichen Grundlage entspricht. Maßstab der Gesetzesprüfung ist das Verfassungsrecht. Grundsätzlich kann der VfGH auch Verfassungsgesetze prüfen, und zwar auf ihre Übereinstimmung mit den Grundprinzipien der Bundesverfassung (zum Stufenbau der Rechtsordnung siehe LE 1).

Unionsrecht stellt im verfassungsgerichtlichen Verfahren prinzipiell keinen Prüfungsmaßstab dar. Ausgenommen von diesem Grundsatz sind Rechte der EU-Grundrechte-Charta, die in ihrer Formulierung und Bestimmtheit verfassungsgesetzlich gewährleisteten Rechten der österreichischen Bundesverfassung gleichen. Sie bilden im Anwendungsbereich der EU-Grundrechte-Charta einen Prüfungsmaßstab im Verfahren der generellen Normenkontrolle.

b. Antragsberechtigung

Der VfGH kann ein Verordnungs- oder Gesetzesprüfungsverfahren von Amts wegen durch Beschluss einleiten, wenn er in einem bei ihm anhängigen Verfahren (bspw in einem Beschwerdeverfahren gem Art 144 B-VG) eine Gesetzesbestimmung anzuwenden hat und er gegen diese verfassungsrechtliche Bedenken hegt. Daneben besteht in unterschiedlichen Konstellationen eine Antragsberechtigung zur Einleitung eines Verordnungs- oder Gesetzesprüfungsverfahrens:

1. **Konkretes Normenkontrollverfahren**: Bei einem konkreten Normenkontrollverfahren (Verordnungs- und Gesetzesprüfung) sind sämtliche Gerichte (das sind die ordentlichen Gerichte, die VwG und der VwGH) antragsberechtigt. Zudem hat der VfGH von Amts wegen ein Verordnungs- oder Gesetzesprüfungsverfahren einzuleiten, wenn die betreffende Verordnung bzw das betreffende Gesetz vom VfGH in einem bei ihm anhängigen Verfahren anzuwenden ist und Bedenken gegen die Gesetzmäßigkeit der Verordnung bzw gegen die Verfassungsmäßigkeit des Gesetzes bestehen.

2. **Abstraktes Normenkontrollverfahren**: Im Gegensatz zum konkreten Normenkontrollverfahren kann das abstrakte Normenkontrollverfahren ohne einen Anlassfall eingeleitet werden. In diesem Verfahren besitzen hinsichtlich Landesgesetzen die Bundesregierung sowie ein Drittel der Mitglieder eines Landtages (sofern dies landesverfassungsrechtlich vorgesehen ist), hinsichtlich Bundesgesetzen die einzelnen Landesregierungen sowie ein Drittel der Mitglieder des Nationalrates bzw des Bundesrates das Recht, ein Normenkontrollverfahren zu initiieren (vgl Art 140 B-VG). Hinsichtlich Verordnungen kann das abstrakte Normenkontrollverfahren sinngemäß zu obigen Ausführungen beantragt werden; darüber hinaus bestehen Antragsbefugnisse weiterer Organe (vgl Art 139 B-VG).

3. In wenigen Ausnahmefällen und nur unter bestimmten Voraussetzungen können auch Einzelpersonen Gesetze oder Verordnungen direkt beim VfGH anfechten:

   a. **Parteiantrag auf Normenkontrolle**: Im Rahmen des Parteiantrags auf Normenkontrolle kann jede Person, die als Partei einer von einem ordentlichen Gericht in erster Instanz (idR Bezirksgericht oder Landesgericht) entschiedenen Rechtssache wegen Anwendung einer gesetzwidrigen Verordnung oder eines verfassungswidrigen Gesetzes in ihren Rechten verletzt zu sein behauptet, eine Normenkontrolle erreichen. Wird gegen eine erstinstanzliche Entscheidung eines Zivil- oder Strafgerichts ein Rechtsmittel erhoben, kann gleichzeitig ein Antrag auf Prüfung einer Verordnung oder eines Gesetzes beim VfGH gestellt werden. Dies setzt voraus, dass sich die Partei durch die Entscheidung des ordentlichen Gerichts wegen Anwendung einer gesetzwidrigen Verordnung oder eines verfassungswidrigen Gesetzes in ihren Rechten verletzt sieht.

   b. **Individualantrag**: Um Rechtsschutzlücken zu vermeiden, steht es einer Einzelperson über den sog Individualantrag offen, ein Gesetz oder eine Verordnung direkt beim VfGH anzufechten. Voraussetzung dafür ist, dass die betreffende Person durch die Verfassungswidrigkeit eines Gesetzes oder durch die Gesetzeswidrigkeit einer Verordnung in Rechten verletzt ist und das Gesetz oder die Verordnung ohne gerichtliche oder verwaltungsbehördliche Entscheidung für sie unmittelbar und aktuell wirksam geworden ist. Zusätzlich muss es – etwa, weil sich die Person rechtswidrig verhalten müsste, um ein entsprechendes Strafverfahren zu provozieren – unzumutbar sein, diese Frage im Rahmen eines Gerichts- oder Verwaltungsverfahrens anhängig zu machen.

c. Entscheidung

Kommt der VfGH zu dem Ergebnis, dass die betreffende Verordnung gesetzwidrig oder das betreffende Gesetz verfassungswidrig ist, hebt er die Verordnung bzw das Gesetz auf. Ist die betreffende Vorschrift nicht mehr in Kraft, spricht der VfGH aus, dass die Verordnung oder das Gesetz rechtswidrig war.

Kommt der VfGH zu dem Ergebnis, dass die angefochtene Verordnung oder das angefochtene Gesetz nicht gesetz- bzw verfassungswidrig war, weist er den Antrag ab. In einem von Amts wegen eingeleiteten Prüfungsverfahren spricht der VfGH in diesem Fall aus, dass die Norm nicht als verfassungswidrig (gesetzwidrig) aufgehoben wird. Ist die betreffende Vorschrift schon außer Kraft getreten, ist auszusprechen, dass die Vorschrift nicht gesetz- bzw verfassungswidrig war. Werden die Antragsvoraussetzungen nicht erfüllt, hat der VfGH den Antrag auf Normprüfung zurückzuweisen.

Wird eine Verordnung durch ein Erkenntnis des VfGH als gesetzwidrig aufgehoben, hat die zuständige oberste Verwaltungsbehörde des Bundes oder des Landes dies unverzüglich kundzumachen. Die Aufhebung tritt mit Ablauf des Tages der Kundmachung in Kraft.

Die Aufhebung eines verfassungswidrigen Gesetzes ist vom Bundeskanzler im Bundesgesetzblatt bzw vom jeweiligen Landeshauptmann im Landesgesetzblatt kundzumachen und tritt mit Ablauf des Tages der Kundmachung in Kraft.

Der VfGH kann für das Außerkrafttreten von Verordnungen und Gesetzen auch eine Frist bestimmen. In einem solchen Fall beginnt die Frist (bei Verordnungen höchstens sechs Monate, wenn gesetzliche Vorkehrungen erforderlich sind höchstens 18 Monate; bei Gesetzen höchstens 18 Monate) mit dem Tag der Kundmachung zu laufen. Die Verordnungs- oder Gesetzesbestimmung ist bis zum Ablauf der Frist weiterhin anzuwenden und kann auch nicht mehr bekämpft werden (der Rechtssicherheit und der Vermeidung von Regelungslücken – es wird bspw ein Steuertatbestand wegen Gleichheitswidrigkeit aufgehoben – wird hier der Vorrang vor der Einzelfallgerechtigkeit eingeräumt). Eine Ausnahme gilt nur für den „Anlassfall“, also für den oder die Beschwerdeführer, die eine Rechtssache beim VfGH anhängig gemacht haben. Für sie ist die aufgehobene Bestimmung jedenfalls nicht anzuwenden (sog „Ergreiferprämie“).

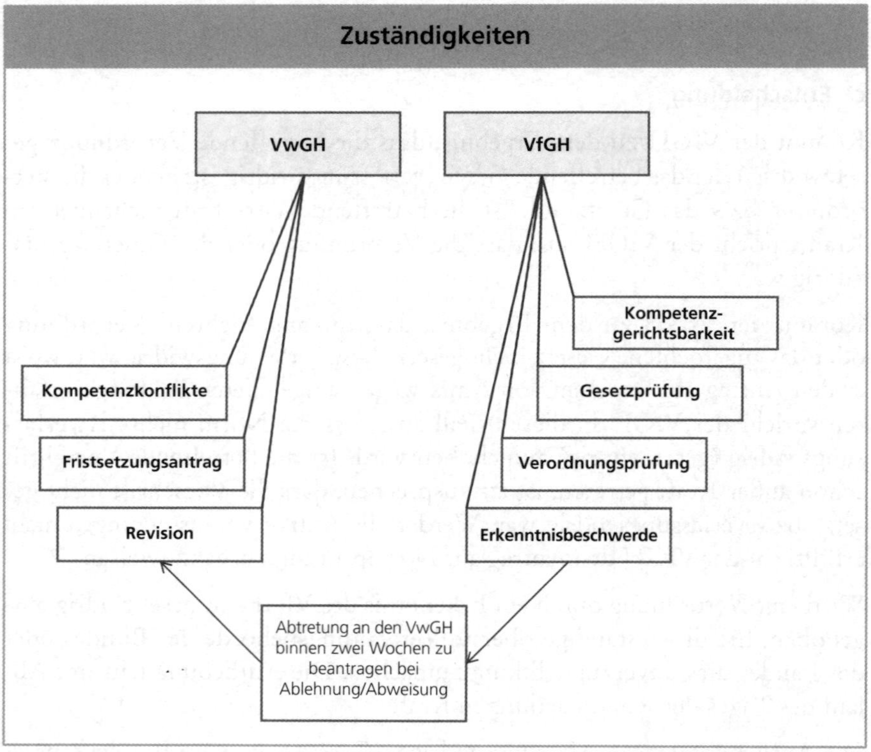

Weiterführende Literatur

Berka, Verfassungsrecht[8] (2021)
Grabenwarter/Fister, Verwaltungsverfahrensrecht und Verwaltungsgerichtsbarkeit[6] (2019)
Grabenwarter/Holoubek, Verfassungsrecht – Allgemeines Verwaltungsrecht[4] (2019)
Hengstschläger/Leeb, Verwaltungsverfahrensrecht[6] (2018)
Öhlinger/Eberhard, Verfassungsrecht[12] (2019)

Wiederholungsfragen

- Wie kann ein Verwaltungsverfahren in Gang gesetzt werden?
- Wo erfahren Sie etwas über verwaltungsbehördliche Zuständigkeiten?
- Erläutern Sie die Unterscheidung zwischen Partei und Beteiligter im Verwaltungsrecht!
- Welche Rechte hat eine Partei im Verwaltungsverfahren?
- Was unterscheidet das normale Betriebsanlagenverfahren vom vereinfachten Bewilligungsverfahren für Bagatellanlagen?
- Nennen Sie die Grundsätze des Ermittlungsverfahrens?
- Was versteht man unter dem sog Fehlerkalkül der Rechtsordnung?
- Welche rechtliche Konsequenz hat es, wenn der Bescheid von einer unzuständigen Behörde erlassen wurde?
- Was ist der Spruch des Bescheides und welche rechtliche Konsequenz knüpft sich an dessen Fehlen?
- Welche Konsequenz hat es, wenn die Bezeichnung „Bescheid“ fehlt?
- Wie wird ein Bescheid erlassen und wann ist er rechtskräftig?
- Was versteht man unter der Ausübung verwaltungsbehördlicher Befehls- und Zwangsgewalt?
- Welche Rechtsmittel und Rechtsbehelfe gegen einen Bescheid gibt es?
- Innerhalb welcher Frist muss eine Beschwerde an das Verwaltungsgericht grundsätzlich erhoben werden?
- Unter welchen Umständen kann die bescheiderlassende Behörde über eine Beschwerde entscheiden und welches Rechtsmittel kann dagegen erhoben werden?
- In welchen Fällen sind die Verwaltungsgerichte zuständig?
- Welche Besonderheiten gibt es im Verfahren vor den Verwaltungsgerichten gegenüber dem verwaltungsbehördlichen Verfahren?

- Was kann in einer Revision an den VwGH geltend gemacht werden?
- In welchen Spruchkörpern entscheidet der VfGH?
- Anhand welchen Maßstabs nimmt der VfGH Gesetzes- und Verordnungsprüfungen vor?
- Welche sonstigen Zuständigkeiten hat der VfGH?
- Wie kann der VfGH in einem Verfahren der Kontrolle von Entscheidungen der Verwaltungsgerichte entscheiden?
- Unter welchen Voraussetzungen kann eine von einem Gesetz betroffene Einzelperson dessen Verfassungskonformität durch den VfGH überprüfen lassen?
- Wie kann der VfGH in einem Normenkontrollverfahren entscheiden?

Stichwortverzeichnis